AF223194

Bildungsforschung – disziplinäre Zugänge

Waxmann Verlag GmbH
Steinfurter Straße 555, 48159 Münster
info@waxmann.com

Die Deutsche Schule

Zeitschrift für Erziehungswissenschaft, Bildungspolitik und pädagogische Praxis

Herausgegeben von der Gewerkschaft
Erziehung und Wissenschaft

Special Collection

Detlef Fickermann, Hans-Werner Fuchs (Hrsg.)

Bildungsforschung – disziplinäre Zugänge

Fragestellungen, Methoden und Ergebnisse

Waxmann 2016
Münster · New York

Bibliografische Informationen der Deutschen Nationalbibliothek
Die Deutsche Nationalbibliothek verzeichnet diese Publikation in der
Deutschen Nationalbibliografie; detaillierte bibliografische Daten sind
im Internet über http://dnb.dnb.de abrufbar.

Print-ISBN   978-3-8309-3406-6
E-Book-ISBN   978-3-8309-8406-1

© Waxmann Verlag GmbH, 2016
www.waxmann.com
info@waxmann.com

Umschlaggestaltung: Anna Breitenbach, Münster
Umschlagabbildung: © Cristovao31 – Fotolia.com
Satz: Stoddart Satz- und Layoutservice, Münster
Druck: BoD, Norderstedt

Gedruckt auf alterungsbeständigem Papier,
säurefrei gemäß ISO 9706

DDS – Die Deutsche Schule
Zeitschrift für Erziehungswissenschaft,
Bildungspolitik und pädagogische Praxis
Special Collection, 2016

INHALT

EDITORIAL

Editorial zur Special Collection:
Bildungsforschung – disziplinäre Zugänge
Fragestellungen, Methoden und Ergebnisse

„Bildungsforschung" ist ein heute in unterschiedlichsten Kontexten verwendeter Sammelbegriff für eine mittlerweile große Vielfalt an Disziplinen, in denen Bildungs-, Erziehungs- und Sozialisationsprozesse, ihre Voraussetzungen und Wirkungen, aber auch die Institutionen, in denen diese Prozesse intentional und professionalisiert verlaufen, untersucht werden. Unterschieden werden kann zugleich nach dem individuellen oder gesellschaftlichen Kontext, in dem sich Bildung, Erziehung und Sozialisation vollziehen, und der wissenschaftlichen Untersuchung dieses Kontextes im Rahmen der Bildungsforschung (vgl. den Artikel „Bildungsforschung" in: Tenorth/Tippelt (Hrsg.) 2007, S. 100).

Bildungsforschung ist in hohem Maße interdisziplinär verankert. Beteiligt ist zunächst die Erziehungswissenschaft mit ihren verschiedenen Teilbereichen, Themenfeldern und „...-pädagogiken", die in ihrer Summe auch als zentrale Bezugsdisziplin der Bildungsforschung angesehen werden können. Hinzu treten die Psychologie, hier insbesondere die pädagogische Psychologie und die Bildungspsychologie, die (Bildungs-)Soziologie, die Bildungsökonomie, die Politikwissenschaft, die sich unter anderem mit Fragen der politischen Steuerung von Bildung befasst, aber auch die Bildungsgeographie, die z.B. die räumliche Verteilung von Bildungseinrichtungen untersucht, welche über Zugangs- auch Lebenschancen beeinflussen. Mit dem Blick auf die Kodifizierung und die Durchsetzung von Normen für institutionalisierte Bildungsprozesse, aber auch auf die Bestimmung allgemeiner Rechtspositionen, wie der des Anspruchs jedes Individuums auf Bildung im Lebenslauf als allgemeines Menschenrecht, ist die Rechtswissenschaft (Bildungsrecht, Bildungsverfassungsrecht) Teil der Bildungsforschung. Seit einiger Zeit erheben zudem auch die Neurowissenschaften den Anspruch, sich empirisch zu Bildungsprozessen äußern zu können.

Mit der Pluralität der „Fächer", in denen Beiträge zur Bildungsforschung geleistet werden, korrespondiert die Vielfalt methodischer Zugänge. Bildungsforschung erfolgt qualitativ und quantitativ, auf der Basis normativer wie deskriptiver Theoriemodelle; sie ist gleichermaßen an historischen wie systematischen Fragestellungen orientiert und arbeitet (international) vergleichend. Ziel von Bildungsforschung ist dabei, sowohl theoretische Erkenntnisse als auch praktisch anwendbares Wissen zu generieren (vgl. ebd., S. 100). So sehr die Zahl der beteiligten Fächer oder die Breite des angewandten methodischen Instrumentariums hinsichtlich der Fülle generierter Forschungsbefunde als erfreulich angesehen werden können, so korrespondiert doch damit zugleich auch eine gewisse Unschärfe des Begriffs „Bildungsforschung" selbst, die eine präzise begriffliche Definition oder die Abgrenzung der Bildungsforschung von anderen Forschungsfeldern erschwert. Die damit hinsichtlich des Begriffs „Bildungsforschung" zu konstatierende Problematik korrespondiert allerdings mit der des zentralen Bezugsterminus des Forschungsfeldes – des Begriffs „Bildung" – selbst, dessen knappe, präzise Definition sich ebenfalls als komplexes Problem erweist. Dies allerdings wird in der Erziehungswissenschaft bisweilen sogar als für die Disziplin insoweit funktional angesehen (vgl. Fuchs 2003), als damit nahezu jedes Thema, das sich mit *Bildung* konnotieren lässt, zugleich auch zum Gegenstand von Bildungsforschung gemacht werden kann.

Als Initial der Bildungsforschung heutigen Verständnisses, zumindest im deutschsprachigen Kontext, gilt vielen eine Empfehlung des Deutschen Bildungsrats aus dem Jahr 1974, wonach Bildungsforschung die Untersuchung der Voraussetzungen und Möglichkeiten von Bildungsprozessen im institutionellen und gesellschaftlichen Kontext zum Gegenstand habe (vgl. Tippelt 2002, S. 9). Dieser eher soziologische bzw. organisatorisch-utilitaristische Fokus kann jedoch insoweit als überholt gelten, als die wahrnehmbare Breite, in der Themen der Bildungsforschung erforscht und diskutiert werden, belegt, dass Bildungsforschung diese disziplinäre Verengung mittlerweile weit hinter sich gelassen hat. Dies zeigt sich auch an dem Interesse, das Forscherinnen und Forscher ganz unterschiedlicher Provenienz motiviert, sich aus dem Blickwinkel ihres jeweiligen Faches Bildungsprozessen zuzuwenden. Zudem werden neben organisatorisch-institutionellen Formen von Bildung inzwischen auch Facetten nicht institutionalisierter Bildung im Rahmen der Bildungsforschung in den Blick genommen (vgl. URL: https://de.wikipedia.org/wiki/Bildungsforschung; Zugriffsdatum: 26.12.2015).

Die Disziplinen, die zur Bildungsforschung Beiträge leisten, haben vielfach eigene thematische Zugänge und Fragestellungen; die Produktivität der in diesem Bereich Forschenden ist hoch. Für jene, die Ergebnisse der Bildungsforschung rezipieren – seien dies, neben den in der Wissenschaft Tätigen selbst, Entscheidungsträgerinnen und -träger in Politik und Administration oder Praktikerinnen und Praktiker in Bildungseinrichtungen –, sind bereits die allein im Bereich der empirischen Bildungsforschung publizierten einschlägigen Titel in ihrer Zahl und thematischen Vielfalt mittlerweile kaum noch überschaubar. Zudem fällt eine Einordnung der Forschungsbefunde, die nicht selten vor allem auch dem jeweiligen innerdisziplinären Diskurs dienen, oftmals schwer, wenn auf Grund der primär ins Auge gefassten Zielgruppe z.B. thematische oder methodische Beschränkungen nicht expliziert werden. Nun ist es im Rahmen der Kommunikation innerhalb der wissenschaftlichen *Communities* selbstverständlich nicht erforderlich, stets auch das gemeinsame Verständnis des jeweils betrachteten Gegenstandsbereichs darzulegen. Besteht jedoch die Intention, Ergebnisse der Bildungsforschung einem breiteren Interessentinnen- und Interessentenkreis bekannt zu machen bzw. diese in einen administrativen und/oder politischen Diskurs einzuführen, ist es für die Adressatinnen bzw. Adressaten der Beiträge wichtig, die disziplinspezifischen Zugänge zum jeweiligen Gegenstandsbereich und auch gegebenenfalls bestehende disziplinäre Spezifika und Begrenzungen zu kennen, um sie angemessen berücksichtigen zu können.

Bildungsforschung und ihre Befunde sind relevant für Bildung und Schule, aber auch für Bildungspolitik und -administration. Vor diesem Hintergrund hatte sich die Redaktion der DDS zum Ziel gesetzt, in einer mit „Bildungsforschung – disziplinäre Zugänge" überschriebenen Reihe in loser Folge ausgewiesene Vertreterinnen und Vertreter der für die Bildungsforschung relevanten Fachrichtungen und Disziplinen zu Wort kommen zu lassen, um so die disziplinäre Breite des Forschungsfeldes abzubilden und der Leserschaft der DDS zentrale Ergebnisse aus der Bildungsforschung zugänglich zu machen. Mit dem hier vorgelegten Band werden die zwischen 2011 und 2015 publizierten Beiträge der Reihe noch einmal in einer Sammeledition präsentiert. Speziell an einem Überblick über die relevanten (Teil-)Disziplinen der Bildungsforschung interessierte Leserinnen und Leser finden so in konzentrierter Form Darstellungen der wichtigen Gegenstandsbereiche der Bildungsforschung sowie Themen, Inhalte und Forschungsbefunde, aber auch Einblicke in Methoden und Kontroversen in der jeweiligen Disziplin.

Die Abfolge, in der die in den Band aufgenommenen disziplinären Zugänge zu wichtigen Feldern der Bildungsforschung präsentiert werden, entspricht jener, in der die Texte in der DDS publiziert wurden. Eröffnet wurde die Reihe und wird auch diese Edition von *Christiane Spiel*, *Barbara Schober*, *Petra Wagner*, *Ralph Reimann* und *Dagmar Strohmeier*, die sich in ihrem mit dem Titel „Die Konzeption der Bildungspsychologie und das Potential ihres Strukturmodells" überschriebenen Beitrag mit Aspekten psychologischer Bildungsforschung auseinandersetzen. Dabei geht es um Bildungsprozesse aus psychologischer Perspektive und deren Bedingungen aus Sicht psychologischer Theoriebildung. Die Verfasserinnen und der Verfasser diskutieren, ob Bildungspsychologie eher ein Grundlagen- oder ein Anwendungsfach darstellt, und erläutern die Möglichkeiten, die das bildungspsychologische Strukturmodell bietet, am Beispiel das Handlungsfeldes „Gewaltprävention in Schulen".

Einem der quantitativ mittlerweile produktivsten Bereiche des Themenfeldes, der empirischen Bildungsforschung, ist der Beitrag von *Knut Schwippert* gewidmet. Er geht dabei zunächst von einer historisch orientierten Darstellung der wissenschaftlichen Wurzeln empirischer Bildungsforschung aus, die sich, so Schwippert, bereits in der zweiten Hälfte des 18. Jahrhunderts finden lassen. Hierauf aufbauend skizziert er die empirische Bildungsforschung heute als interdisziplinäres Forschungsfeld, das für eine Fülle thematischer, aber auch methodischer Zugänge offen sei, wobei jeweils aber auch nach der Reichweite der mit unterschiedlichen Ansätzen generierten

Forschungsbefunde differenziert werden müsse. Abschließend beleuchtet Schwippert Innovationen und Perspektiven der erziehungswissenschaftlichen empirischen Bildungsforschung am Beispiel der Methodendiskussion.

Manfred Weiß stellt mit der „Bildungsökonomie" ein Forschungsfeld vor, das in historischer Perspektive wechselhaften Konjunkturen ausgesetzt war. Nach einer „Hochkonjunktur" in den 1960er- und 1970er-Jahren wurde es zunächst ein wenig stiller um diese Teildisziplin der Wirtschaftswissenschaften, die aber seit der Jahrtausendwende nicht zuletzt auch im Kontext der Aktivitäten der OECD wieder einen starken Bedeutungs- und Wahrnehmungszuwachs erlebt. Weiß präsentiert mit der Humankapitalforschung, den Forschungen zur Frage der internen Effizienz von Bildungseinrichtungen und der Bildungsfinanzierung die tragenden thematischen Säulen der Bildungsökonomie.

Welchen Beitrag die Neurowissenschaften zur Erforschung von Bildungs- bzw. Lehr-Lernprozessen leisten können, ist fachwissenschaftlich nach wie vor durchaus umstritten. Diesem Umstand tragen *Elsbeth Stern* und *Ralph Schumacher* Rechnung, indem sie ihren Beitrag mit der Frage überschrieben haben, welches Wissen aus den Bereichen Neurowissenschaften und Lehr-Lern-Forschung zu lernwirksamem Unterricht beiträgt. Sie legen dar, dass z.B. mit bildgebenden Verfahren zwar die Informationsverarbeitung im Gehirn dargestellt und damit u.a. gezeigt werden könne, warum bestimmte Unterrichtsmethoden in manchen Fällen erfolglos blieben. Zugleich hätten die Neurowissenschaften aber keine Bedeutung für die Gestaltung schulischer Lerngelegenheiten; vielmehr seien sie u.a. für die Identifizierung der Ursachen kognitiver Leistungsstörungen relevant.

Peter Zedler beschreibt das Verhältnis von Allgemeiner Erziehungswissenschaft und Empirischer Bildungsforschung. Er skizziert die Erziehungswissenschaft als disziplinären Kern des ansonsten umfassenden thematischen Feldes der Bildungsforschung und zeichnet die historischen Entwicklungslinien des Umbaus des von ihm betrachteten Faches von der Allgemeinen Pädagogik zu einer Allgemeinen Erziehungswissenschaft nach, die sich durch die Einbindung sozialwissenschaftlicher Theorien und Methoden von einer eher an philosophischen Traditionsbeständen orientierten Disziplin hin zu einer Form von Sozialwissenschaft gewandelt habe. Im Rahmen dieses Prozesses einer sozialwissenschaftlichen Transformation Allgemeiner Pädagogik seien aber „Leerstellen", d.h. identifizierbare Defizite und Schwächen, aufgetreten bzw. verblieben, die Zedler im Weiteren darstellt und in ihren Konsequenzen diskutiert.

Bildungsforschung aus politik- und rechtswissenschaftlicher Perspektive ist das Thema des Beitrags von *Lutz R. Reuter*. Hier stellt der Verfasser die Schnittstelle von Bildung und politischem System bzw. von Bildung und Rechtsordnung als Foki einer politik- bzw. rechtswissenschaftlichen Bildungsforschung dar. Zunächst definiert er die zentralen Begriffe und Handlungsfelder und skizziert anschließend relevante Akteure und Entwicklungen in den beiden Bereichen der Bildungsforschung nach 1945.

Die Bildungssoziologie und ihre Bedeutung im Rahmen von Bildungsforschung werden von *Beate Krais* vorgestellt. So legt sie zunächst dar, dass sich Bildungssoziologie als eigenständige soziologische Teildisziplin in Deutschland erst nach dem Zweiten Weltkrieg, konkret erst in der zweiten Hälfte der 1950er-Jahre (alte Bundesrepublik, in der DDR noch später) zu etablieren begann. Im Anschluss an den kurzen historischen Abriss stellt Krais Fragen der Sozialisation vor dem Hintergrund sozialer Verhältnisse sowie Aspekte sozialer Ungleichheit als zentrale Forschungsfelder der Bildungssoziologie heraus. Abschließend zieht sie eine kritische, ernüchternde Bilanz mit Blick auf die – aktuell kaum noch vorhandene – Verortung der Bildungssoziologie im universitären Raum.

Die Schnittstelle von Bildungswissenschaften und Humangeographie analysieren *Tim Freytag*, *Holger Jahnke* und *Caroline Kramer*. Sie zeigen, wie die wechselseitigen Beziehungen zwischen Bildung und Raum im Rahmen wissenschaftlicher Betrachtung durch die geographische Bildungsforschung untersucht werden. Wenngleich sich die Bildungsgeographie als Teildisziplin der wissenschaftlichen Geographie zuordnen lasse, so bestünden doch sowohl ein interdisziplinärer Anspruch dieses Forschungsgebiets als auch das Bemühen, diesen Forschungsbereich noch stärker als bisher für internationale Akteure und Untersuchungsfragen zu öffnen.

„Wozu (noch) Bildungsgeschichte und historische Bildungsforschung?" fragt *Bernd Zymek* in seinem gleichnamigen Beitrag. Ähnlich wie Beate Krais dies für die Bildungssoziologie beschreibt, kommt auch Zymek zu dem Ergebnis, dass die Bildungsgeschichte in immer geringerem Maße als eigenständige Teildisziplin der Erziehungswissenschaft z.B. durch eigenständige Professuren an den Hochschulen vertreten sei. Er analysiert die Folgen, die diese Entwicklung für die Erziehungswissenschaft haben kann – insbesondere das Problem, dass eine Erziehungswissenschaft als rein empirische Bildungsforschung sich nicht mehr in hinreichendem Maße ihrer eigenen historischen Wissens- und Traditionsbestände versichere und sich damit von ihren Wurzeln abschneide.

Der abschließende Beitrag dieses Bandes ist dem Thema „Educational Governance" gewidmet. *Katharina Maag Merki* und *Herbert Altrichter* präsentieren dieses verhältnismäßig junge Forschungskonzept als Ansatz einer interdisziplinären Bildungsforschung, mit dem die Handlungskoordination zwischen Akteuren in komplexen Mehrebenensystemen und die Erhaltung bzw. Transformation sozialer Ordnung im Bildungswesen analysiert werden können. Im Anschluss an eine knappe Skizze der historischen Genese des Governance-Konzepts erläutern Maag Merki und Altrichter zentrale Begriffe und Annahmen, stellen Forschungsstrategien und -methoden dar und gehen auf Desiderate ein. So müsse es zukünftig darum gehen, „Educational

Governance" begrifflich zu schärfen, um das Konzept definitorisch von anderen Ansätzen ebenso abgrenzen zu können wie die Analyse von Governance-Prozessen von normativen Vorstellungen einer „Good Governance" auch im Bildungsbereich.

Hans-Werner Fuchs/Detlef Fickermann

Literatur

Fuchs, H.-W. (2003): Rezension von: Tippelt, R. (Hrsg.): Handbuch Bildungsforschung. In: Zeitschrift für Pädagogik 49, S. 145-148.

Tenorth, H.-E./Tippelt, R. (Hrsg.) (2007): Beltz Lexikon Pädagogik. Weinheim/Basel: Beltz.

Tippelt, R. (2002): Einleitung des Herausgebers. In: Ders. (Hrsg.): Handbuch Bildungsforschung. Opladen: Leske + Budrich, S. 9-18.

Zuerst veröffentlicht in:
DDS – Die Deutsche Schule
103. Jahrgang 2011, Heft 4, S. 381-392
© 2011 Waxmann

Christiane Spiel/Barbara Schober/Petra Wagner/
Ralph Reimann/Dagmar Strohmeier

Die Konzeption der Bildungspsychologie und das Potential ihres Strukturmodells

Zusammenfassung

Bildungspsychologie beschäftigt sich aus psychologischer Perspektive mit Bildungs-prozessen sowie mit den Bedingungen, die diese Prozesse gemäß psychologischer Theorien beeinflussen. Drei Dimensionen stecken den thematischen Rahmen des Faches ab: (I) die individuelle Bildungskarriere, welche die gesamte Lebensspanne inkludiert, (II) die Aufgabenbereiche sowie (III) die relevanten Handlungsebenen. Die Potentiale der Bildungspsychologie und ihres Strukturmodells werden anhand eines Beispiels zur Gewaltprävention in Schulen illustriert.
Schlüsselwörter: Bildungspsychologie, Bildungskarriere, Lebenslanges Lernen, Schul-programm, Gewaltprävention

The Conception of *Bildung*-Psychology and the Potential of Its Structural Model

Abstract

Bildung-Psychology is dealing with educational processes as well as with the conditions influencing these processes. This is always done from the perspective of psychology. The thematic frame of this discipline is defined by three dimensions: (I) the chronological educational career of an individual, (II) the fields of activities and (III) the several levels of these activities. The potential of Bildung-Psychology and its structural model will be illustrated using the sample case of violence prevention in school.
Keywords: Bildung-psychology, educational career, lifelong learning, school program, violence prevention

Bildung ist eine der zentralen Aufgaben jeder Gesellschaft. Sie ist einer der Grund-pfeiler für wirtschaftliche, soziale und individuelle Entwicklung. Schulleistungs-studien wie PISA und TIMSS haben die Bedeutung von Bildung für den Einzelnen sowie für die Gesellschaft als Ganzes in den letzten Jahren verstärkt ins Blickfeld der nicht-wissenschaftlichen Öffentlichkeit gerückt und die Notwendigkeit der Optimierung von Bildungsprozessen aufgezeigt. Umso erstaunlicher ist es, dass der Bildungsbegriff nicht viel früher von der Psychologie aufgegriffen und eine Bildungspsychologie etabliert wurde. Die Bezeichnung „Bildungspsychologie" wurde zwar schon 1931 von Werner Straub in seiner Arbeit über *Die Grundlagen einer experimentellen Bildungspsychologie* verwendet, der darunter eine „spezielle Psychologie des Tatbestandes Erziehung" in „unmittelbarem Zusammenhang mit der pädagogischen Theorie" verstand. Danach scheint der Begriff jedoch wieder in Vergessenheit geraten zu sein.

In diesem Beitrag präsentieren wir die Bildungspsychologie, die wir in den letzten Jahren konzipiert haben (vgl. Spiel/Reimann 2005, 2006; Spiel u.a. 2008; Spiel u.a. 2010). Sie geht weit über die formale Integration des Bildungsbegriffs in die Psychologie hinaus. Zur Pädagogischen Psychologie hat sie eine gewisse Nähe, jedoch auch eine klare Abgrenzung (vgl. Spiel/Reimann 2005). Bildungspsychologie beschäftigt sich mit Bildungsprozessen über die gesamte Bildungskarriere eines Individuums und setzt damit einen starken Fokus auf Lebenslanges Lernen. Das Konzept der Bildungspsychologie fußt auf einem Strukturmodell, das es gestattet, psychologisches Handeln in dem breiten Feld von Erziehen, Lernen und Bilden systematisch einzuordnen.

Im ersten Teil des Beitrags stellen wir das Konzept der Bildungspsychologie vor. Die Einordnung der Bildungspsychologie als Grundlagen- respektive Anwendungsfach ist Gegenstand des zweiten Teils. Im dritten Teil erörtern wir das Potential des Strukturmodells mit Blick auf den Transfer von Grundlagenforschung zu anwendungsorientierter Forschung. Das Beispiel dazu stammt aus dem Feld der Gewaltprävention in Schulen.

1. Konzeption der Bildungspsychologie

Der folgende Überblick über die *Bildungspsychologie* orientiert sich an früheren Arbeiten dazu (vgl. Spiel/Reimann 2005, 2006; Spiel u.a. 2008; Spiel u.a. 2010). Ausführliche Darstellungen der einzelnen Dimensionen des Strukturmodells der Bildungspsychologie finden sich bei Spiel, Schober, Wagner und Reimann (2010).

Bildung wird auf formaler Ebene übereinstimmend als Prozess und als Produkt, d.h. Ergebnis des Prozesses, aufgefasst (vgl. Hentig 2001; Langewand 1997; Pekrun 2002). Unter Bildung als Produkt werden überdauernde Ausprägungen der Persönlichkeit eines Menschen verstanden, die unter einer gesellschaftlich-normativen Perspektive wünschenswert sind. Als Prozess beinhaltet Bildung dementsprechend den Aufbau und die Art und Weise der sozialen Vermittlung dieser wünschenswerten Persönlichkeitsausprägungen. Die Frage, welche Persönlichkeitsausprägungen gesellschaftlich wünschenswert sind, betrifft die inhaltliche Ebene der Begriffsbestimmung. Wodurch sich ein „gebildeter" Mensch auszeichnet, unterliegt hierbei nicht nur einem historischen Wandel, sondern wird auch von verschiedenen sozialen Milieus unterschiedlich bewertet (vgl. Barz 1999). Allgemein historisch betrachtet pendelte die inhaltliche Bedeutung des Bildungsbegriffs in der Vergangenheit zwischen einem humanistischen (ganzheitlichen) Bildungsideal und einem Verständnis, das sich an gesellschaftlichen und arbeitsmarktpolitischen Anforderungen orientierte. Aktuelle Diskussionen über die Bedeutung des Bildungsbegriffs sind stark durch den Kontext, in dem sie stattfinden, beeinflusst (siehe dazu auch die Diskussionen in Folge der Umsetzung des Bologna-Prozesses in den deutschsprachigen Ländern). Dabei ist die starke, historisch erklärbare, ideologische Überfrachtung auch mit ein Grund für den eingeschränkten Transfer bildungswissenschaftlicher Erkenntnisse in Politik und Praxis (vgl. Slavin 2008; Spiel 2009). Barz (vgl. 1999, 2002) nennt jedoch zwei Komponenten, die gemäß Befragungen über verschiedene soziale Milieus hinweg für Bildung immer konstitutiv sind: a) verfügbare Wissensbestände und kulturelle Fähigkeiten sowie b) eine im sozialen Umgang erfahrbare kommunikative Kompetenz und Ausstrahlung.

Die Konzeption der Bildungspsychologie fußt auf Barz (1999, 2002), sowie auf den Ansätzen von Hentig (2001) und von Baumert (2000, 2002). Hentig (2001) betrachtet Bildung von einer theoretisch-normativen Warte aus und spricht von Maßstäben, an denen sich Bildung bewährt. Baumert (2000, 2002) identifiziert innerhalb der schulischen Bildung moderner Gesellschaften Grundmuster (Universalien) mit folgenden Zielperspektiven (Bildungszielen) für die allgemein bildende Schule: a) Vermittlung der kulturellen Basiskompetenzen; b) Vermittlung eines hinreichend breiten, in sich gut organisierten, vernetzten sowie in unterschiedlichen Anwendungssituationen erprobten Orientierungswissens in zentralen kulturellen Wissensbereichen; c) Aufbau sozial-kognitiver und sozialer Kompetenzen.

Gemeinsam demonstrieren die (sich zweifellos überschneidenden) Ansätze von Barz, Hentig und Baumert auf einer bestimmten Abstraktionsebene allgemeingültige Komponenten von Bildung, die noch durch berufsbezogene Kompetenzen und Fertigkeiten zu ergänzen sind.

Basierend auf diesen Ansätzen beschäftigt sich die Bildungspsychologie mit allen *Bildungsprozessen*, die zur Entwicklung von *Bildungskomponenten* (= wünschenswerten Persönlichkeitsausprägungen aus gesellschaftlich-normativer Perspektive) beitragen, sowie mit den Bedingungen, Aktivitäten und Maßnahmen (wie z.B. Instruktion durch Lehrpersonen, Wissensvermittlung durch Medien), die diese Prozesse gemäß psychologischer Theorien/Modelle beeinflussen (z.B. initiieren, aufrechterhalten, unterstützen, optimieren) können (vgl. auch Spiel u.a. 2010).

Die Bedingungen, Aktivitäten und Maßnahmen, die diese Bildungsprozesse beeinflussen können, beziehen sich auf (1) die unterschiedlichen Phasen einer individuellen Bildungskarriere, erfordern (2) unterschiedliche Aufgaben von Bildungspsychologen und -psychologinnen, die (3) auf unterschiedlichen Ebenen zu leisten sind. Diese drei Dimensionen – die Bildungskarriere eines Individuums, die Aufgabenbereiche von Bildungspsychologen und -psychologinnen und die Handlungsebenen, auf denen diese Aufgaben angesiedelt sind – spannen gemeinsam das *Strukturmodell der Bildungspsychologie* auf (siehe Abbildung 1).

Abb. 1:   Strukturmodell der Bildungspsychologie

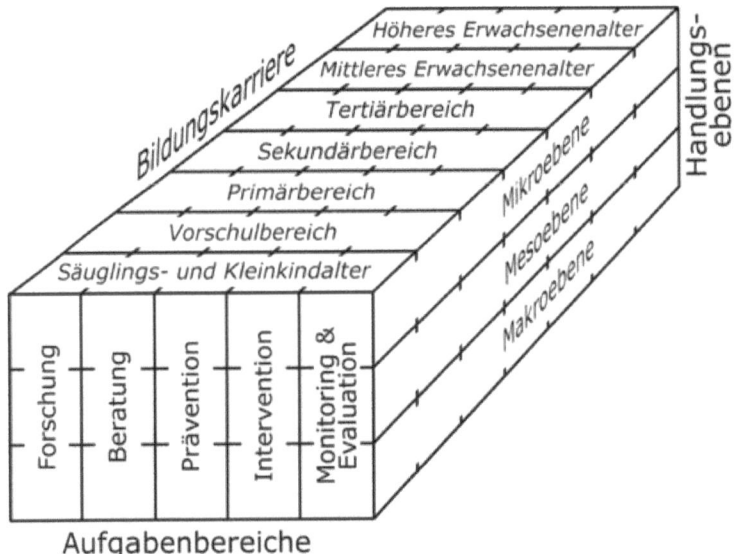

Quelle: Spiel/Reimann 2005, S. 292.

Jedes Individuum wird im Verlauf seiner chronologischen *Bildungskarriere* durch verschiedene Bildungsinstanzen beeinflusst. Im Zuge der Bildungskarriere sind viele Bildungsmomente für alle Individuen obligatorisch (insbesondere in Institutionen mit einem definierten Bildungsauftrag), einige jedoch nur für bestimmte Gruppen von Bedeutung. Generell ändern sich in den verschiedenen Karrierephasen die jeweils primären Ziele und Bedingungen von Bildungsprozessen. Die Bildungspsychologie unterscheidet insgesamt sieben Phasen der Bildungskarriere vom Säuglings- und Kleinkindalter bis zum hohen Erwachsenenalter (für detailliertere Ausführungen zur Bildungskarriere vgl. Spiel u.a. 2010).

Mit der Dimension der Bildungskarriere bekommt *Lebenslanges Lernen* (LLL) einen zentralen Stellenwert in der Bildungspsychologie. LLL hat auch politisch hohe Brisanz im Kontext der Entwicklung Europas zu einer „Wissensgesellschaft", die vor zahlreichen wirtschaftlichen, sozialen und strukturellen Herausforderungen steht.

Ziel der europäischen Bildungspolitik ist es, Bereitschaft, Interesse und Kompetenz zum kontinuierlichen und lebenslangen Lernen europaweit zu fördern (vgl. European Commission 2001). Lebenslanges Lernen ist jedoch primär ein politischer Begriff (vgl. OECD 2000). Anliegen der Bildungspsychologie ist es, LLL wissenschaftlich zu fundieren (vgl. Schober u.a. 2007) sowie durch die Dimension der Bildungskarriere und damit der Aufarbeitung der phasenspezifischen Bedürfnisse zur gezielten praktischen Umsetzung beizutragen (vgl. Schober/Spiel 2004; Spiel 2004; Spiel u.a. 2006).

Nicht nur die Erforschung der Bildungsprozesse und ihrer Produkte in verschiedenen Phasen der Bildungskarriere ist Aufgabe der Bildungspsychologie, sondern ebenso der aktive Eingriff in das Bildungsgeschehen zum Zwecke seiner Weiterentwicklung und Optimierung, z.B. durch Interventionen, woraus sich die *Aufgabenbereiche der Bildungspsychologie* ergeben. Die Bildungspsychologie unterscheidet fünf Aufgabenbereiche, die als gleichberechtigte bildungspsychologische Tätigkeitsfelder angesehen werden: Forschung, Beratung, Prävention, Intervention sowie Monitoring & Evaluation. Obgleich die Grenzen zwischen diesen Aufgabenbereichen fließend sind, erscheint schon allein aufgrund des Umfangs des Aufgabenspektrums von Bildungspsychologen und -psychologinnen eine Segmentierung sinnvoll (für detailliertere Ausführungen zu den Aufgabenbereichen der Bildungspsychologie vgl. Spiel u.a. 2010).

Die bildungspsychologischen Aufgaben sind auf verschiedenen *Handlungsebenen* zu leisten, die an dem ökologischen Modell von Bronfenbrenner (vgl. u.a. Bronfenbrenner/Morris 2006) orientiert sind: auf einer Makroebene (Ebene der bildungspolitisch relevanten Gesamtsysteme und ihrer Rahmenbedingungen; z.B. Diskussion um verpflichtende Kindergartenjahre, Strukturierung des tertiären Sektors), auf einer Mesoebene (Ebene der Institutionen und ihrer Rahmenbedingungen; z.B. Beratung von Schulen zur Profilentwicklung, Gestaltung von Aufnahmeverfahren an Fachhochschulen) sowie auf einer Mikroebene (Ebene der individuellen Lernbedingungen; z.B. Feedback von Lehrpersonen an Schüler und Schülerinnen). Diese Handlungsebenen systematisieren die oben angesprochenen Bedingungen und Maßnahmen, von denen gemäß „psychologischer Theorien" Effekte auf Bildungsprozesse angenommen werden (für detailliertere Ausführungen zu den Handlungsebenen vgl. Spiel u.a. 2010).

Auch für die Handlungsebenen gilt, dass sie weder isoliert voneinander bestehen noch klare Grenzen aufweisen. So erfordert LLL nicht nur Aktivitäten und Maßnahmen auf der individuellen Ebene (Mikroebene), sondern benötigt die aktive Beteiligung von Institutionen und Organisationen, um die notwendigen Rahmenbedingungen und Möglichkeiten für kontinuierliches Lernen zur Verfügung zu stellen (Mesoebene). Dies betrifft sowohl die Arbeitswelt (vgl. Mulholland/Ivergard/Kirk 2005) als auch die Schule (vgl. Hargreaves 2004; Schober u.a. 2007). Die Schaffung von Strukturen für effektive Bildungsbedingungen in den verschiedenen Lernsettings liegt in der Verantwortung der Bildungspolitik und damit auf der Makroebene.

2. Bildungspsychologie: Grundlagen- oder Anwendungsfach?

Die Frage der Grundlagen- versus Anwendungsorientierung wird in einer Reihe von Subdisziplinen der Psychologie, z.B. auch in der Pädagogischen Psychologie, immer wieder diskutiert (vgl. z.B. Fenstermacher/Richardson 1994; Heller 1986; Pintrich 2000; siehe dazu auch Kanning u.a. 2006). Die Bildungspsychologie betrachtet diesen Dualismus als überwunden (vgl. bereits Hofer 1987). Schon Brandstädter, Fischer, Kluwe, Lohmann, Schneewind und Wiedl (1974) wiesen darauf hin, dass die Effizienz pädagogisch-psychologischen Handelns von der Qualität des durch eigenes Forschen entwickelten Wissens abhängt; daher müssten Forschungs- und Praxistätigkeit eine funktionale Einheit bilden (vgl. auch MacKay 2002; Skowronek 1999), deren Vernachlässigung für den Bildungssektor problematisch ist. Denn bei der Separierung guter Konzepte (sprich Forschungsleistungen) von konkreten Realitäten (sprich Anwendungsmodalitäten) besteht die Gefahr, dass zukunftsweisende Ideen zu reinen Verbalisierungen verkommen und keinerlei Umsetzung erfahren (vgl. Prawat/Worthington 1998). Der Transfer wissenschaftlicher Erkenntnisse in Bildungspraxis und Bildungspolitik ist auch bei gleichzeitiger Grundlagen- und Anwendungsorientierung eine herausfordernde und schwierige Aufgabe (vgl. Nutley/Walter/Davies 2007; Slavin 2008; Spiel 2009).

Die Bildungspsychologie versteht sich daher weder eher als Grundlagen- noch eher als Anwendungsfach, sondern als ein Fach, das beide Komponenten gleichermaßen umfasst. Auf theoretischer Ebene lässt sich diese Haltung innerhalb des Quadranten-Modells wissenschaftlichen Arbeitens von Stokes (1997) verankern. Im Gegensatz zur eindimensionalen Sichtweise (Grundlagen- vs. Anwendungsfach) postuliert Stokes mit dem Erkenntnis- sowie dem Anwendungsziel zwei Dimensionen, in deren Raster sich Disziplinen einordnen können (siehe Abbildung 2).

Abb. 2:   Quadrantenmodell wissenschaftlichen Arbeitens

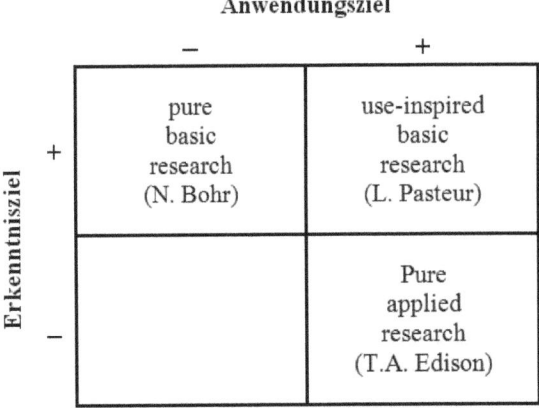

Quelle: Stokes 1997, S. 73.

Bildungspsychologie versteht sich danach als *„use-inspired basic research"*, wobei diese Einordnung die reine Grundlagenforschung, die für wissenschaftlichen Fortschritt unentbehrlich ist, keineswegs ausschließt. Die Verzahnung von Erkenntnis- und Anwendungsziel wird jedoch als Kernmerkmal bildungspsychologischer Identität aufgefasst.

3. Das Potential des Strukturmodells

Die Bildungspsychologie liefert mit dem Strukturmodell eine Rahmenstruktur, die es ermöglicht, bildungspsychologisches Handeln zu verorten (vgl. dazu auch Spiel u.a. 2011). Es ermöglicht auch, Schnittstellen mit anderen Disziplinen, wie z.B. mit der Entwicklungspsychologie der Lebensspanne, den Erziehungswissenschaften, der Bildungsökonomie und der Bildungssoziologie, systematisch darzustellen sowie Felder interdisziplinärer und multidisziplinärer Aktivitäten zu identifizieren. Darüber hinaus liefert das Strukturmodell auch einen wesentlichen Beitrag zur Förderung und Systematisierung der internen und externen Kommunikation und erleichtert damit die Kooperation mit Bildungspolitik, Bildungsverwaltung sowie den verschiedenen Praxisfeldern.

Es gilt jedoch das Potential von Verortung und Kommunikation, das das Strukturmodell der Bildungspsychologie liefert, aktiv zu nützen (vgl. auch Spiel u.a. 2011). Weder bilden die genannten Aufgabenbereiche separate Einheiten, noch bestehen die Handlungsebenen (Makro-, Meso- und Mikroebene) isoliert voneinander. Erkenntnisse einer reinen Grundlagenforschung müssen die Begründungen für und die Inhalte von anwendungsorientierten Forschungen liefern. Neu entwickelte theoriebasierte Maßnahmen und Interventionen müssen durch Evaluation auf ihre Wirksamkeit geprüft und Schwachstellen sowie Optimierungspotentiale identifiziert werden. Letztlich sollten evidenzbasierte Befunde systematisch in Bildungspolitik und Bildungspraxis Eingang finden (was zweifellos die größte Herausforderung darstellt; vgl. dazu Spiel/Lösel/Wittmann 2009a, 2009b; Spiel 2009). Dies inkludiert bzgl. des Strukturmodells, dass Erkenntnisse nicht auf „ihre" Dimension (respektive ihr Segment oder Modul) beschränkt bleiben, sondern dass Transfer gezielt angestrebt wird. Wie dies geschehen kann, soll anhand des folgenden Beispiels illustriert werden. Es stammt aus unseren Forschungen zur Gewaltprävention in Schulen.[1]

Aggressives Verhalten von Schülerinnen und Schülern wurde in den letzten Jahren in der Öffentlichkeit verstärkt als Problem erkannt, weshalb auch die Nachfrage nach theoretisch fundierten und evaluierten Präventionsprogrammen stark zugenommen hat. In einer Entwicklungsarbeit von mehreren Jahren, die vier Pilotprojekte

---

[1] Weitere Ausführungen über das Potential des Strukturmodells der Bildungspsychologie inklusive eines Beispiels zur Förderung von LLL finden sich bei Spiel u.a. 2011.

mit begleitenden Evaluationsstudien inkludierte, haben wir das „Wiener Soziales Kompetenztraining" (vgl. WiSK-Training: Atria/Spiel 2007) entwickelt, das darauf abzielt, soziale Kompetenz in der Klasse zu fördern und damit gleichzeitig Gewalt und Aggression zu reduzieren (Aufgabenbereich: Prävention, Handlungsebene: Mikroebene). Eine Grundannahme des WiSK-Trainings ist, dass sich aggressives Verhalten in bestimmten sozialen Kontexten manifestiert, d.h. dass sich Menschen in bestimmten situationalen und relationalen Kontexten aggressiv verhalten. Das WiSK-Training kombiniert damit einen Personen-orientierten mit einem Umwelt-orientierten Zugang. Zielpopulation des WiSK-Trainings sind Schulklassen, die gefährdet sind für hohe Gewaltraten. Das WiSK-Training basiert theoretisch auf dem *Modell der Sozialen Informationsverarbeitung* (vgl. Crick/Dodge 1994) und dem *Participant Role Approach* (vgl. Salmivalli u.a. 1996), die beide in einer Vielzahl von Studien empirisch bestätigt werden konnten. Zusätzlich wurden die empirischen Befunde zur Bedeutung der Schulklasse als sozialem Umfeld (vgl. Atria/Strohmeier/ Spiel 2007) in der Entwicklung des Konzepts berücksichtigt (Aufgabenbereich: Forschung). Zur Prüfung des Modells der Sozialen Informationsverarbeitung, das der reinen Grundlagenforschung zuzurechnen ist, wurde eine Reihe von Experimenten durchgeführt. Die Integration dieser theoretischen und empirischen Zugänge bildete die Grundlage für die zwei zentralen Prinzipien des WiSK-Trainings: Partizipation und Erweiterung des Verhaltensrepertoires (für Details vgl. Atria/Spiel 2007). Die Konzipierung des WiSK-Trainings ist damit ein typisches Beispiel für *use-inspired basic research* nach Stokes (1997).

Gemäß entwicklungspsychologischer Theorien (insbesondere von Theorien, die auf Piagets [1970] Modell der kognitiven Entwicklung basieren) setzt das WiSK-Training eine gewisse Stufe der kognitiven Kompetenz voraus. Es richtet sich damit an Schulklassen frühestens ab der fünften Schulstufe (Bildungskarriere: Sekundär-bereich). Zur Prüfung und Optimierung des WiSK-Trainings wurden vier unabhängige Anwendungen im Schulsetting durchgeführt und aufwändig mittels formativer und summativer Evaluation hinsichtlich Implementierungsqualität und Wirkung geprüft (Aufgabenbereich: Monitoring & Evaluation; für Details vgl. u.a. Atria/Spiel 2007; Gollwitzer u.a. 2006; Spiel/Strohmeier 2011). Als Konsequenz wurde das WiSK-Training von der Klassenebene zu einem ganzheitlichen Schulkonzept (*whole school policy approach*) erweitert und besteht in seiner Endfassung aus Maßnahmen auf Schulebene, Klassenebene und Individualebene (Handlungsebene: Mesoebene; für Details vgl. Strohmeier/Atria/Spiel 2008; Spiel/Strohmeier 2011). Die Umsetzung in der Schule wird durch WiSK-Begleiter und -Begleiterinnen gecoacht und supervidiert, die dafür an der Universität ausgebildet werden (Bildungskarriere: Mittleres Erwachsenenalter). Zusätzlich wurde das WiSK-Training auf Klassenebene auch für jüngere Schüler und Schülerinnen adaptiert (Bildungskarriere: Primärbereich).

Aufgrund der im internationalen Vergleich hohen Prävalenzzahlen hinsichtlich Gewalt in Schulen wurden wir vom Bildungsministerium gebeten, eine nationale Strategie zur Gewaltprävention in österreichischen Schulen und Kindergärten zu konzipieren (Aufgabenbereich: Beratung, Handlungsebene: Makroebene; für Details vgl. Spiel/Strohmeier 2007; URL: www.gemeinsam-gegen-gewalt.at). Die nationale Strategie wurde in das Koalitionsabkommen der Regierungsparteien aufgenommen und von 2008 bis 2013 umgesetzt. Die Implementierung des WiSK-Schulprogramms ist Teil der nationalen Strategie. Zur Dissemination des über die unterschiedlichen bildungspsychologischen Aktivitäten angehäuften Wissens an die Bildungspraxis wurden „Train-the-trainer"-Workshops für Mitarbeiter und Mitarbeiterinnen der Pädagogischen Hochschulen und ein Manual für Lehrpersonen (vgl. Strohmeier/ Atria/Spiel, in Vorbereitung) erstellt (Aufgabenbereich: Beratung, Bildungskarriere: Mittleres Erwachsenenalter). Zusätzlich wurden Online-Selfassessments entwickelt, die es Schulen und Klassen ermöglichen, selbstständig eine Bestandsaufnahme von Gewaltraten durchzuführen, zu der sie eine automatisierte verbale und grafische Rückmeldung erhalten.

Intention des hier präsentierten Beispiels war es zu illustrieren, wie das Potential von Verortung und Kommunikation, welches das Strukturmodell der Bildungspsychologie liefert, aktiv genützt werden kann. Darüber hinaus wollten wir aufzeigen, dass die Förderung evidenzbasierter Bildungspraxis ein systematisches Vorgehen von reiner Grundlagenforschung über wissenschaftliche Evaluation zu angewandten bildungspsychologischen Aktivitäten erfordert. Die Verortung im Strukturmodell sorgt für Transparenz und Nachvollziehbarkeit und erleichtert damit Kommunikation und Transfer.

Literatur

Atria, M./Spiel, C. (2007): The Viennese Social Competence (ViSC) Training for Students: Program and Evaluation. In: Zins, J.E./Elias, M.J./Maher, C.A. (Hrsg.): Bullying, Victimization and Peer Harassment: A Handbook of Prevention and Intervention. New York: The Haworth Press, S. 179-198.

Atria, M./Strohmeier, D./Spiel, C. (2007): The Relevance of the School Class as Social Unit for the Prevalence of Bullying and Victimization. In: European Journal of Developmental Psychology 4, H. 4, S. 372-387.

Barz, H. (1999): Bildungsverständnis und Lebensstil. In: Erwachsenenbildung 45, H. 2, S. 63-67.

Barz, H. (2002): Kultur und Lebensstile. In: Tippelt, R. (Hrsg.): Handbuch Bildungsforschung. Opladen: Leske + Budrich, S. 725-744.

Baumert, J. (2000): Lebenslanges Lernen und internationale Dauerbeobachtung der Ergebnisse von institutionalisierten Bildungsprozessen. In: Achtenhagen, F./Lempert, W. (Hrsg.): Lebenslanges Lernen im Beruf. Seine Grundlegung im Kindes- und Jugendalter, Bd. 5: Erziehungstheorie und Bildungsforschung. Opladen: Leske + Budrich, S. 121-127.

Baumert, J. (2002): Deutschland im internationalen Bildungsvergleich. In: Killius, N./Kluge, J./Reisch, L. (Hrsg.): Die Zukunft der Bildung. Frankfurt a.M.: Suhrkamp, S. 100-150.

Brandstädter, J./Fischer, M./Kluwe, R./Lohmann, J./Schneewind, K.A./Wiedl, K.H. (1974): Entwurf eines heuristisch-taxonomischen Schemas zur Strukturierung von Zielbereichen pädagogisch-psychologischer Forschung und Lehre. In: Zeitschrift für Entwicklungspsychologie und Pädagogische Psychologie, H. 6, S. 1-18.

Bronfenbrenner, U./Morris, P.A. (2006): The Bioecological Model of Human Development. In: Lerner, R.M. (Hrsg.): Theoretical Models of Human Development. Handbook of Child Psychology, Vol. 1. 6th Ed. Editors-in-chief: W. Damon/R.M. Lerner. Hoboken, NJ: Wiley, S. 793-828.

Crick, N.R./Dodge, K.A. (1994): A Review and Reformulation of Social Information-Processing Mechanisms in Children's Social Adjustment. In: Psychological Bulletin 115, H. 1, S. 74-101.

European Commission (2001): Making a European Area of Life-long Learning a Reality. Brussels: Commission for the European Communities.

Fenstermacher, G.D./Richardson, V. (1994): Promoting Confusion in Educational Psychology: How Is It done? In: Educational Psychologist 29, H. 1, S. 49-55.

Gollwitzer, M./Eisenbach, K./Atria, M./Strohmeier, D. (2006): Evaluation of Aggression-Reducing Effects of the „Viennese Social Competence Training". In: Swiss Journal of Psychology 65, H. 2, S. 125-135.

Hargreaves, D.H. (2004): Learning for Life: the Foundations of Lifelong Learning. Bristol, UK: The Policy Press.

Heller, K.A. (1986): Zur Lage der Pädagogischen Psychologie in Forschung und Lehre. In: Psychologie in Erziehung und Unterricht 33, H. 1, S. 1-9.

Hentig, H. v. (2001): Bildung. Weinheim/Basel: Beltz.

Hofer, M. (1987): Pädagogische Psychologie: Fünf Überlegungen zum Selbstverständnis eines Faches [Educational Psychology: Five Considerations on the Self-image of a Discipline]. In: Psychologische Rundschau 38, S. 82-95.

Kanning, U.P./Grewe, K./Hollenberg, S./Hadouch, M. (2006): From the Subjects' Point of View: Reactions to Different Types of Situational Judgment Items. In: European Journal of Psychological Assessment 22, H. 3, S. 168-176.

Langewand, A. (1997): Bildung. In: Lenzen, D. (Hrsg.): Erziehungswissenschaft. 3. Aufl. Reinbek b. Hamburg: Rowohlt, S. 69-98.

MacKay, T. (2002): The Future of Educational Psychology. In: Educational Psychology in Practice 18, H. 3, S. 245-253.

Mulholland, P./Ivergard, T./Kirk, S. (2005): Editorial: Contemporary Perspectives on Learning for Work. In: Applied Ergonomics 36, H. 2, S. 125-126.

Nutley, S.M./Walter, I./Davies, H.T.O. (2007): Using Evidence. How Research Can Inform Public Services. Bristol, UK: The Policy Press.

OECD (Hrsg.) (2000): Where Are the Resources for Lifelong Learning? Paris: OECD.

Pekrun, R. (2002): Psychologische Bildungsforschung. In: Tippelt, R. (Hrsg.): Handbuch Bildungsforschung. Opladen: Leske + Budrich, S. 61-79.

Pintrich, P.R. (2000): Educational Psychology at the Millennium: A Look Back and a Look Forward. In: Educational Psychologist 35, H. 4, S. 221-226.

Prawat, R.S./Worthington, V.L. (1998): Educational Psychology: Getting to the Heart of the Matter through Technology. In: Applied Psychology. An International Review 47, H. 2, S. 263-283.

Salmivalli, C./Lagerspetz, K./Björkqvist, K./Österman, K./Kaukiainen, A. (1996): Bullying as a Group Process: Participant Roles and Their Relations to Social Status within the Group. In: Aggressive Behavior 22, H. 1, S. 1-15.

Schober, B./Finsterwald, M./Wagner, P./Lüftenegger, M./Aysner, M./Spiel, C. (2007): TALK – A Training Program to Encourage Life-long Learning in School. In: Journal of Psychology 215, H. 3, S. 183-193.

Schober, B./Spiel, C. (2004): Der Beitrag der Schule zur Förderung von Bildungsmotivationen und Grundkompetenzen für LLL. In: Bundesministerium für Bildung, Wissenschaft und Kultur, Österreich (Hrsg.): Lebenslanges Lernen in der Wissensgesellschaft – Voraussetzungen und Rahmenbedingungen. Innsbruck: Studien Verlag, S. 205-217.

Skowronek, H. (1999): Bühler, Dewey und Pädagogische Psychologie im Kontext. In: Zeitschrift für Pädagogische Psychologie 13, H. 4, S. 187-190.

Slavin, R.E. (2008): Perspectives on Evidence-based Research in Education – What Works? Issues in Synthesizing Educational Program Evaluations. In: Educational Researcher 37, H. 1, S. 5-14.

Spiel, C. (2004): Lebenslanges Lernen in der Wissensgesellschaft – Der schwierige Weg von der Problemdiagnose zur Therapie. In: Bundesministerium für Bildung, Wissenschaft und Kultur, Österreich (Hrsg.): Lebenslanges Lernen in der Wissensgesellschaft – Voraussetzungen und Rahmenbedingungen. Innsbruck: Studien Verlag, S. 11-28.

Spiel, C. (2009): Evidenzbasierte Bildungspolitik und Bildungspraxis – eine Fiktion? Problemaufriss, Thesen, Anregungen. In: Psychologische Rundschau 60, H. 4, S. 255-256.

Spiel, C./Lösel, F./Wittmann, W.W. (2009a): Transfer psychologischer Erkenntnisse in Gesellschaft und Politik. In: Psychologische Rundschau 60, H. 4, S. 241-242.

Spiel, C./Lösel, F./Wittmann, W.W. (2009b): Transfer psychologischer Erkenntnisse – eine notwendige, jedoch schwierige Aufgabe. In: Psychologische Rundschau 60, H. 4, S. 257-258.

Spiel, C./Reimann, R. (2005): Bildungspsychologie. In: Psychologische Rundschau 56, S. 291-294.

Spiel, C./Reimann, R. (2006): Bildungspsychologie. In: Kastner-Koller, U./Deimann, P. (Hrsg.): Psychologie als Wissenschaft. Wien: WUV, S. 197-216.

Spiel, C./Reimann, R./Wagner, P./Schober, B. (2008): Guest Editorial: Bildung-Psychology: The Substance and Structure of an Emerging Discipline. In: Applied Developmental Science 12, H. 3, S. 154-159.

Spiel, C./Reimann, R./Wagner, P./Schober, B. (2010): Bildungspsychologie – eine Einführung. In: Spiel, C./Schober, B./Wagner, P./Reimann R. (Hrsg.): Bildungspsychologie. Göttingen: Hogrefe, S. 11-20.

Spiel, C./Schober, B./Finsterwald, M./Lüftenegger, M./Wagner, P./Reimann, R. (2011): Bildungspsychologie: Konzeption und Potential. In: Witte, E.H./Doll, J. (Hrsg.): Sozialpsychologie, Sozialisation und Schule. Lengerich: Pabst-Verlag, S. 53-76.

Spiel, C./Schober, B./Wagner, P./Reimann, R./Atria, M. (2006): Grundkompetenzen für Lebenslanges Lernen – eine Herausforderung für Schule und Hochschule? In: Fatke, R./Merkens, H. (Hrsg.): Bildung über die Lebenszeit. Wiesbaden: VS, S. 85-96.

Spiel, C./Schober, B./Wagner, P./Reimann, R. (Hrsg.) (2010): Bildungspsychologie. Göttingen: Hogrefe.

Spiel, C./Strohmeier, D. (2007): Generalstrategie zur Gewaltprävention an österreichischen Schulen und Kindergärten: Gemeinsam gegen Gewalt. Projektkonzept erstellt für das Österreichische Bundesministerium für Unterricht, Kultur und Kulturelle Angelegenheiten. Wien.

Spiel, C./Strohmeier, D. (2011): National Strategy for Violence Prevention in the Austrian Public School System: Development and Implementation. In: International Journal for Behavioural Development 35, H. 5, S. 412-418.

Stokes, D.E. (1997): Pasteur's Quadrant. Basic Science and Technological Innovation. Washington, DC: Brookings Institution Press.

Strohmeier, D./Atria, M./Spiel, C. (2008): WiSK: Ein ganzheitliches Schulprogramm zur Förderung sozialer Kompetenz und Prävention aggressiven Verhaltens. In: Malti, T./

Perren S. (Hrsg.): Soziale Kompetenzen bei Kindern und Jugendlichen. Stuttgart: Kohlhammer, S. 214-230.

Strohmeier, D./Atria, M./Spiel, C. (in Vorbereitung): WiSK: Ein ganzheitliches Schulprogramm zur Förderung sozialer Kompetenz und Prävention aggressiven Verhaltens. Münster u.a.: Waxmann.

Zuerst veröffentlicht in:
DDS – Die Deutsche Schule
104. Jahrgang 2012, Heft 1, S. 100-112
© 2012 Waxmann

Knut Schwippert

Empirische Bildungsforschung: Perspektiven der Erziehungswissenschaft

Zusammenfassung:

*Die erziehungswissenschaftliche Bildungsforschung hat nicht nur betreffend ihrer inhaltlichen, sondern auch betreffend ihrer methodologischen Ausrichtung eine bewegte Geschichte. In diesem Beitrag werden neben einem kursorischen Rückblick auf diese historische Entwicklung auch Überlegungen zu aktuellen Entwicklungen und zukünftigen Herausforderungen vorgestellt. Es wird aufgezeigt, dass die erziehungswissenschaftliche Bildungsforschung aufgrund ihrer Besinnung auf ihre Wurzeln und aufgrund ihrer Offenheit für interdisziplinäre Zusammenarbeit für diese Anforderungen gut gerüstet ist.
Schlüsselwörter: Mixed-Methods, erziehungswissenschaftliche Bildungsforschung, theoretisch begründete Bildungsforschung*

Empirical Educational Research: Perspectives of Educational Sciences

Abstract:

*The empirical educational research has an eventful history, not only because of its content but also because of its methodological orientation. The article offers in addition to a brief historical review also some thoughts about the actual situation of empirical educational research. Reflections on future developments of and challenges for empirical educational research as an actual field of research are presented. The author shows how empirical educational research, due to reflections on its historical roots and its openness for interdisciplinary cooperation, is well prepared for future challenges.
Key words: mixed methods, empirical educational research, theoretically founded educational research*

In diesem Beitrag wird es nicht um die (erneute) detaillierte und vollständige historische Aufarbeitung der Gründung, Entwicklung und Ausdifferenzierung der erziehungswissenschaftlichen Bildungsforschung gehen. Es wird auch nicht um eine übergreifende Betrachtung „der" Erziehungswissenschaft gehen, sondern vielmehr um die empirische Bildungsforschung innerhalb der Erziehungswissenschaft und der an die Erziehungswissenschaft angrenzenden Disziplinen. Die Historie wird nur insoweit vorgestellt, als es für das Verständnis aktueller Bewegungen und Probleme sowie zukünftiger Herausforderungen notwendig erscheint. Der Fokus wird damit auf aktuellen Möglichkeiten und Grenzen und auch auf notwendigen Veränderungen in der Erziehungswissenschaft liegen.[1]

1. Zwischen Historie und Moderne: Wo findet sich die Erziehungswissenschaft in der empirischen Bildungsforschung wieder?

Zunächst sei der Blick zurückgewendet, und es sei der Frage nachgegangen, ob die Erziehungswissenschaft eine Disziplin ist, die jetzt erst den Wert (quantitativ) empirischer Bildungsforschung für sich erkannt hat und diese erst zögerlich als Ergänzung der geisteswissenschaftlichen Ausrichtung versteht. Nach König und Zedler (1998) gab es „erste Versuche, Pädagogik nach dem Vorbild der Naturwissenschaften zu entwerfen, […] [bereits] in der zweiten Hälfte des 18. Jahrhunderts" (S. 36). Nach ihren Recherchen setzt sich bereits Trapp (1745-1818) mit der Anlehnung an die Naturwissenschaften auseinander, die von Beobachtungen und Erfahrungen ausgehen. Damit sind frühe Entwicklungen empirischer Sozial- und Humanwissenschaften markiert, die sich schließlich seit dem 19. Jahrhundert von ihrer anfänglichen Anlehnung an naturwissenschaftliche Konzepte der Philosophie zunehmend emanzipiert haben. Als weiteres Beispiel sei auf den rund 100 Jahre später (1912 bereits in der zweiten Auflage) erschienenen Band „Experimentelle Pädagogik" von Lay (1912) verwiesen, in dem er verschiedene empirische Methoden beschrieben hat. Lay spricht sich hier für ein breites empirisches Repertoire aus: die Beobachtung, die Statistik und das Experiment. Sie waren für ihn Mittel zum Zweck, um Forschungsfragen unterschiedlicher Reichweiten und Paradigmen nachgehen zu können. Auch Fend (2009) stellt in seiner historischen Rückschau Pädagogen vor, die sich im letzten Jahrhundert immer wieder mit empirischen Fragestellungen auseinandergesetzt haben (hier seien exemplarisch Flitner, Nohl, Litt und Spranger, die z.T. auch interdisziplinär verankert waren, genannt), und zeigt damit, dass sich nicht erst mit Heinrich Roths „realistischer Wende" in den 1960er-Jahren empirische Forschung in der Erziehungswissenschaft etablierte, auch wenn der Umbruch gerade in dieser Zeit für das Verständnis der aktuellen Entwicklung eine wichtige Rolle spielt.

---

1 Ich bedanke mich herzlich bei Eckhard Klieme (DIPF, Frankfurt a.M.), der mir in unseren Diskussionen zahlreiche wichtige und vor allem konstruktive Hinweise zu dem Beitrag gegeben hat.

Im Verlauf des letzten Jahrhunderts traten unterschiedliche Forschungsparadigmen jeweils phasenweise in den Vordergrund, während andere, nicht „favorisierte" Paradigmen in den Hintergrund traten – was jedoch nie verhindert hat, dass auch weniger „populäre" Paradigmen weiter angewandt und weiterentwickelt wurden. Vor der aktuellen Phase, in der eine quantitativ-empirische Schwerpunktsetzung bei der erziehungswissenschaftlichen Bildungsforschung zu verzeichnen ist, gab es eine Phase, in der – wenn empirisch geforscht wurde – öfter auf einen qualitativen empirischen Zugang zurückgegriffen wurde. Da in der Erziehungswissenschaft jeweils beide Ansätze kontinuierlich – wenn auch in unterschiedlichem Umfang – genutzt und weiterentwickelt wurden, hat die Erziehungswissenschaft für die Methodenintegration qualitativer und quantitativer empirischer Zugänge einige Möglichkeiten zu bieten. Nach Fend (2009) erfordert auch und gerade eine verstehensorientierte Konzeption des Bildungswesens eine multimodale Erschließung – dies gilt damit auch für die Identifizierung, Erfassung und Interpretation von Merkmalen des Bildungswesens. „So gilt das pädagogische Feld als hoch komplex, so dass beispielsweise nicht alle intervenierenden Variablen vorhersagbar sind" (Tippelt 2009); gerade deshalb sind auch explorative empirische Methoden gefordert. Angeregt durch die geisteswissenschaftlich orientierte Erziehungswissenschaft wurden insbesondere in der Nachkriegszeit hermeneutisch verstehende Ansätze verfolgt. Unter knapper Erläuterung des Zeitgeistes der späten 1960er-Jahre verweist Fend (2009) pointiert auf die scharfe Kritik an den quantitativen empirischen Methoden, die jedoch nicht methodologisch, sondern eher politisch motiviert war, und verweist zudem auch auf den bis heute im Gedächtnis gebliebenen „oppositionellen Impetus" gegen quantitative Methoden. Aber auch gegenüber qualitativen empirischen Ansätzen wurden und werden bis heute aus quantitativ orientierter Perspektive kontinuierlich Vorbehalte formuliert. Zentral ist hierbei insbesondere die Kritik an der Generalisierung von Befunden und an der bis heute strittig und kontrovers geführten Diskussion um eine generelle Akzeptanz, Bestimmung und Nutzung von Gütekriterien. Bei einer Rekonstruktion dieser Verhältnisse lässt sich aus heutiger Sicht feststellen, dass Kritik, insbesondere aus Unwissenheit über die jeweiligen Stärken der „anderen Ansätze", häufig auch despektierlich vorgebracht wurde. Hierbei sind Begriffe wie „Impressionisten" und „Fliegenbeinzähler" noch harmloser Natur. Gerade vor dem Hintergrund der wechselseitig vorgebrachten Kritik ist dem Verlauf der Diskurse zu entnehmen, dass in der erziehungswissenschaftlichen Bildungsforschung sowohl quantitative empirischerklärende Ansätze als auch hermeneutisch verstehende und die sich daraus entwickelnden qualitativ empirischen Ansätze über das gesamte letzte Jahrhundert hinweg durchgängig betrieben und weiterentwickelt wurden – die empirische Pädagogik hat in dieser Zeit wichtige methodologische Erweiterungen sowohl in den qualitativen als auch den quantitativen Ansätzen erfahren.

Aktuell tritt in der erziehungswissenschaftlichen Bildungsforschung der Ansatz quantitativer empirischer Methoden in den Vordergrund. Grund hierfür ist, dass die Bildungsforschung sich als zunehmend interdisziplinäres Forschungsfeld entwickelt und sich durch den methodologischen Austausch der Erziehungswissenschaft mit Nachbardisziplinen wie der Psychologie, der Soziologie und auch der Ökonomie, bei denen diese Verfahren verbreitet und etabliert sind, gemeinsame methodische Standards herausbilden. Wie zuvor beschrieben, ist die Nutzung quantitativer empirischer Methoden auch der forschenden Erziehungswissenschaft nicht neu. Einem Teil der erziehungswissenschaftlichen Bildungsforschung war dieser Zugang stets immanent (vgl. Tippelt/Schmidt 2010).

Mit dem Blick auf die beiden letzten Dekaden schließlich reflektieren Zedler und Döbert (2010) die theoretische und methodologische Reichweite der unter den Begriffen Bildungsforschung und erziehungswissenschaftliche Forschung subsumierten Verständnisse. Je nach Auslegung der beiden Begriffe rücken sie sowohl inhaltlich als auch methodisch einmal näher zusammen und einmal weiter auseinander. Dies zeigen die beiden Autoren durch einen Abriss unterschiedlicher Forschungsschwerpunkte, die mit unterschiedlichen Wertgewichtungen aufgrund jeweils aktueller gesellschaftlicher, politischer und auch wissenschaftlicher Konjunkturen alternierten. Für die aktuelle Bildungsforschung arbeiten sie drei Schwerpunkte heraus, bei denen das Bemühen, empirisch fundierte Steuerungsentscheidungen im Bildungssystem zu treffen, aktuell – gerade auch durch Bildungspolitik und Bildungsadministration – in den Vordergrund gerückt wird; diese prägen auch die derzeitige empirische Forschungslandschaft: (1) Lehr-Lern-Forschung, (2) Large Scale Assessments und (3) Bildungsmonitoring in Deutschland. Aus dieser Perspektive sehen die Autoren zukünftig insbesondere im Bereich der Steuerung von Bildungssystemen einen Bedarf an systematischen Daten und Indikatoren. Das Indikatorentableau wird im interdisziplinären Feld der empirischen Bildungsforschung weiter auszubauen sein und somit auch Gegenstand erziehungswissenschaftlicher Bildungsforschung bleiben. Auch wenn dieser Nutzungsgedanke mit seinem Schwerpunkt auf Systemmerkmalen aus politischer und administrativer Perspektive nachvollziehbar erscheint, so stehen im Forschungsfeld der erziehungswissenschaftlichen Bildungsforschung doch die Bildungs- und Erziehungsprozesse – und damit eine empirisch begründete, auf professionelle Praxis bezogene Forschung – im Vordergrund. Daher wären außer den drei genannten zentralen Forschungsbereichen unter anderem auch Forschung über Bildungsverläufe und professionelles Handeln in Institutionen (z.B. Schulqualität und Schulentwicklung) zu nennen. Hier geht es häufig um Grundlagenforschung über Zusammenhänge, zunehmend auch über Wirkungen im Bildungssystem bzw. im Bildungsverlauf. Damit entzieht sich erziehungswissenschaftliche Bildungsforschung ggfs. den Ansprüchen der „Steuerleute" des Bildungssystems. Es spricht nichts gegen die Nutzung der Forschungsbefunde durch Bildungspolitik und Bildungsadministration – empirische Bildungsforschung darf sich jedoch nicht darauf einengen (lassen).

Betrachtet man den bis hier skizzierten zeitlichen Wandel der Konjunkturen empirischer Bildungsforschung, kann man mit Gräsel (2011, S. 23) feststellen, dass es sich hierbei trotz dieses Wandels „nicht um eine Modeerscheinung handelt: International hat sich eine ‚evidence-based education' durchgesetzt, also eine Gestaltung von Bildungssystemen und -institutionen, die sich an Ergebnissen empirischer Forschung orientiert". Gräsel sieht für die empirische Bildungsforschung zusammenfassend positive Entwicklungsmöglichkeiten, wenn sich die Akteure der empirischen Bildungsforschung auch der eigenen Forschungs- und Handlungslogiken und -grenzen bewusst sind (vgl. hierzu auch Tillmann u.a. 2008). Tippelt und Schmidt (2010, S. 12) stellen den Stand der empirischen Bildungsforschung im Vorwort des Handbuchs für Bildungsforschung folgendermaßen dar: „Man kann sagen, dass empirische Bildungsforschung als Orientierungsforschung immer dann Konjunktur hat, wenn Symptome sozialer Probleme gesellschaftlich wahrgenommen werden […]. Eine entsprechende Bildungsforschung entsteht also aus einem besonderen Informationsbedürfnis einer interessierten Öffentlichkeit. Bildungsforschung kann in diesem Sinne auch Aufklärung leisten, weil stereotypen Urteilen und Vorurteilen sachliche Information entgegengesetzt werden kann." Und da mit einem steten Wandel der Gesellschaft mit den damit einhergehenden Problemen und Herausforderungen zu rechnen ist, wird die empirische Bildungsforschung sicherlich auch weiterhin Bestand haben und sich – wie in der Vergangenheit – auch zukünftig kontinuierlich weiterentwickeln. Aus diesem Selbstverständnis heraus kann eine empirische Bildungsforschung nur interdisziplinär gelingen.

2. Bildungsforschung als interdisziplinäres Forschungsfeld

Aus dem kurzen historischen Abriss wird deutlich, dass es für die empirische Bildungsforschung konstitutiv ist, dass sie sich sowohl quantitativer als auch qualitativer empirischer Methoden im Rahmen vereinbarter Qualitätsstandards bedient. Darüber hinaus wird die Bildungsforschung als interdisziplinäres Forschungsfeld verstanden, welches sich schon in der langjährigen Zusammenarbeit und aktuell – also 2012 – in der geplanten Gründung einer gemeinsamen Fachgesellschaft ausdrückt, in der insbesondere Vertreter und Vertreterinnen der Erziehungswissenschaft, der Fachdidaktiken, der Ökonomie, Psychologie und Soziologie (in alphabetischer Reihenfolge) ein gemeinsames Forum für empirische Bildungsforschung sehen. Jede der involvierten Disziplinen wird mit den jeweiligen Stärken ihren Teil dazu beitragen, Theorien und Methoden im Forschungsfeld weiter zu entwickeln, wobei der interdisziplinäre Austausch die Möglichkeit bietet, disziplinspezifische Paradigmen zu hinterfragen und produktiv weiterzuentwickeln, aber dadurch sicherlich auch die „Gefahr" birgt, dass einzelne Paradigmen dieser Überprüfung nicht standhalten.

Die Perspektive auf eine disziplinübergreifende Bildungsforschung in einer sich wandelnden Gesellschaft aufgreifend, sei hier auf die Überlegungen von Terhart (2009, S. 36) verwiesen, der der Frage nachgeht, „was überhaupt Fortschritt in der Wissenschaft ist bzw. sein kann" und welche konstituierenden bzw. immanenten

Merkmale die Gesellschaft bzw. deren Wandel beschreiben. Diese Merkmale können einerseits definitorisch festgeschrieben, andererseits aber auch im kontinuierlichen Wandel der Wertesysteme fortlaufend hinterfragt werden. Hierbei scheint die durchaus kontroverse Diskussion um den „Kompetenzbegriff" in der Erziehungswissenschaft ein gutes Beispiel zu sein, dessen Relation einerseits zum Bildungsbegriff, andererseits zur psychometrischen Erfassung von Kompetenz im Rahmen von Kompetenztests (mit den entsprechenden Implikationen für das Individuum, den Unterricht und das System) und dem angelsächsischen *Literacy*-Ansatz diskutiert wird (vgl. etwa Klieme/Hartig 2007). Hier scheint weder mit Blick auf Methoden noch auf Fachdisziplinen eine normativ fundamentale Diskussion zielführend zu sein – vielmehr sollte das Konstrukt jeweils kontextabhängig und damit in Bezug auf die zu beantwortenden Forschungsfragen im Lichte unterschiedlicher Disziplinen, Forschungsparadigmen und Methoden betrachtet werden. Dies erscheint als ein forschungspragmatischer Weg, der die jeweilige Präzision in der Argumentation weder in den Traditionen spezifischer Fächer noch in der geisteswissenschaftlich bzw. empirisch orientierten Bildungsforschung beschneidet – und sich somit letztlich gegen eine Interpretationshoheit wendet.

Eine Balance zwischen Modernisierung und Bewahrung fachspezifischer Forschungsparadigmen unter dem Dach der Bildungsforschung zu finden, erscheint als zentrale Herausforderung der empirischen Bildungsforschung für die nächsten Jahre. Die Grenzen der Modernisierung wären in einer Konvergenz aller Fächer erreicht, bei der dann Bezüge zu älteren Forschungen und alternativen bzw. komplementären Paradigmen der jeweiligen Disziplinen verloren gehen würden. Die Grenzen der Bewahrung fänden sich in fachspezifischen dogmatischen Haltungen, die sich zum Beispiel im unbedingten Festhalten an vermeintlich „heimischen" fachspezifischen Paradigmen ausdrücken könnten, die dann jedoch ggfs. auch zur Isolation der jeweiligen Fächer führen könnten. Damit die Zusammenarbeit von Forschern und Forscherinnen aus unterschiedlichen Forschungsdisziplinen, d.h. auch von Forschenden, die unterschiedlichen Methoden und Theorien nahestehen, funktionieren kann, muss ein disziplinäres Selbstbewusstsein mit Toleranz und Offenheit gepaart sein. Sollte sich hingegen eine der Disziplinen dominant positionieren (wollen), werden erwünschte und gewollte Synergien im Rahmen der Zusammenarbeit nicht nur minimiert – vielmehr würde es unter diesen Umständen auch zu einer Einengung und damit Verarmung möglicher Forschungsperspektiven und -methoden in der empirischen Bildungsforschung kommen. Gräsel (2011) verweist in ihrem Beitrag „Was ist empirische Bildungsforschung?" explizit darauf, dass neben dem problemorientierten und interdisziplinären Anspruch der Bildungsforschung auch eine Offenheit sowohl für qualitative als auch für quantitative Methoden bestehen muss. Die Entwicklung von (insbesondere methodischen) Standards stellt eine Gemeinschaftsaufgabe dar, die nicht an Einzelne delegiert werden kann. Wobei – um es deutlich zu sagen – die Setzung von Standards hier nicht im Sinne des Anpassens unterschiedlicher Ansprüche bzw. Niveaus verstanden werden darf (hier sind immer die höchsten Standards – auch guter wissenschaftlicher Arbeit – anzustreben), sondern es muss vielmehr eine Verständigung über die Konstitution der Standards geben.

Ernsthafte Probleme für das Aushandeln gemeinsamer Standards stellen Unkenntnis und Ignoranz dar. Probleme können sich somit einerseits aus Unkenntnis über die jeweils anderen methodischen Forschungsansätze heraus ergeben, aber andererseits auch – und dies gilt ausdrücklich sowohl für quantitative als auch für hermeneutisch-qualitative Methoden – durch Ignorierung angebrachter Methodenkritik, die sich dann in unzureichend durchgeführter Forschung ausdrückt.

Für die Etablierung einer interdisziplinären Bildungsforschung wäre es somit fatal, wenn aus dem Blickfeld der eigenen tradierten Forschungsdisziplin jeweils Forschungen der anderen Disziplinen mit dem Ziel herausgegriffen würden, die hierin gewählten methodischen und methodologischen Ansätze pauschal zu diskreditieren. Eine solche Haltung, wie sie leider in verschiedenen „Lagern" immer wieder zu beobachten ist, muss selbstverständlich als unangemessen gelten, geht es doch vielmehr darum, die jeweiligen Stärken der unterschiedlichen Ansätze wertzuschätzen und zu verbinden und nicht – aus einem eingeschränkten Blickfeld heraus – nur die jeweils eigenen Ansätze als angemessen zu postulieren und isoliert die Schwächen der anderen herauszuarbeiten. Schwächen sollten sicherlich benannt, dann aber in einem konstruktiven Prozess der Verbesserung aufgehoben werden. Gerade in einer Phase der Unsicherheit und in Auseinandersetzung mit „schlecht" durchgeführten Untersuchungen hat sich die Interaktion und damit auch disziplinübergreifende Kooperation bewährt, da sich hier bereits theoretische und auch methodische Qualitätsstandards etablieren konnten, die zurückgespiegelt in allen beteiligten Disziplinen zur Weiterentwicklung angewandter Methoden geführt haben. Ein Beispiel hierfür ist die Kritik neurowissenschaftlicher Ansätze aus erziehungs- und sozialwissenschaftlicher Perspektive (vgl. Stern/Grabner/Schumacher 2007). Diese setzt Offenheit und Selbstkritikfähigkeit nicht nur seitens der Individuen, sondern ebenso seitens der Fachgesellschaften als Ganzer voraus. Von der erziehungswissenschaftlichen empirischen Bildungsforschung ist daher zu erwarten, dass methodenkritische Betrachtungen sowohl für quantitative als auch für hermeneutisch-qualitative empirische Ansätze anerkannt werden. Dieser Prozess der wechselseitigen methodischen und meta-theoretischen Kritik verlangt nicht zuletzt eine nachvollziehbare und vollständige Dokumentation des Forschungsprozesses, der angewandten Methoden und der Forschungsbefunde, denn nur so lässt sich ein Verständnis dafür entwickeln, was als nachvollziehbare Interpretation und akzeptable Forschung gelten kann.

Welchen Platz hat die erziehungswissenschaftliche Bildungsforschung in den Annalen der Bildungsforschung? Auch wenn – wie gezeigt werden konnte – ein Teil der Erziehungswissenschaft sich trotz der langdauernden Dominanz geisteswissenschaftlicher Forschungstraditionen seit jeher auch dem quantitativen Forschungsparadigma verpflichtet gefühlt hat (vgl. Tippelt/Schmidt 2010), so ist doch über einige Zeit die Aktivität der Kolleginnen und Kollegen in diesem Feld unter die Wahrnehmungsschwelle gerutscht. Hierfür mit ein Grund kann auch sein – und dies zeigt sich bis heute in den Publikationsstrategien von Journalen und Sammelbänden –, dass es einen missverstandenen *state of the art* gibt, der zu einseitig fokussierten Forschungsarbeiten, Methoden oder Befunden führen kann. Als Beispiel sei hier das aus Forschungen zu Meta-Analysen bekannte *file-drawer*-Problem (vgl. Drinkmann 1990) genannt. Gleiches gilt für den schon „gebetsmühlenartig" vorgebrachten Anspruch, bestimmte Analysen seien NUR mit dem einen oder dem anderen Ansatz durchführbar. Hier wird – insbesondere fachspezifisch – pauschalisierend eine *conditio sine qua non* postuliert, die das mögliche Ausloten neuer oder seltener angewandter Methoden unnützerweise erschwert. Statt die (Nicht-)Anwendung spezifischer Methoden als „Totschlagargument" zu nutzen, wäre hier vielmehr eine konstruktive Einschätzung der tatsächlichen Reichweite von Befunden angebracht. Zur Vergegenwärtigung: Standards allgemein und damit auch methodische Standards verändern sich über die Zeit und werden sich – so das wissenschaftstheoretische Ideal von Versuch und Irrtum anerkannt wird – kontinuierlich verbessern. Diese sich verändernden Standards lassen aber ältere oder unter anderen Umständen realisierte Forschungen (insbesondere auch anderer Fachdisziplinen) nicht als unnütz, falsch oder hinfällig erscheinen, wenn sie, zu ihrer Zeit bzw. in ihrem Rahmen *state of the art*, den Forschungsstand mit befruchtet und vielleicht ja erst die Eröffnung neuerer und besserer Standards ermöglicht haben bzw. mit dem Blick auf entsprechende zukünftige Forschungen diese ermöglichen werden.

Zu fordern sind also eine Akzeptanz auch der nicht im *mainstream* liegenden Forschung und die Bereitschaft, die hierbei gewonnenen Befunde und Erkenntnisse in die empirische Bildungsforschung einfließen zu lassen. Terhart (2009, S. 38) macht dies an dem Beispiel aktueller Bildungsforschung deutlich: „Sehr stark ist derzeit die in der empirischen Bildungs-/Schulforschung dominierende produktionistische Denkweise, die der Frage nach dem Verhältnis von Aufwand und Ertrag folgt und alles in Modelle bringt, mit deren Hilfe Bedingungen, Prozesse und Resultate unterschieden und analysiert werden, und deren Verhältnis zueinander optimiert werden soll". Weiter heißt es bei Terhart: „Im Bildungskontext stellt das Modell die Basis für das Bemühen um evidenzbasierte Bildungspolitik dar [...]. Dieses produktionistische Variablenmodell liefert sicherlich eine gute Grundlage für empirische Bildungsforschung, bleibt aber ein Modell – und ein Modell ist noch keine Theorie". Terhart (2011, S. 248) bemerkt mit Blick auf bildungstheoretische, schulpädagogische und schulorganisatorische Forschung an anderer Stelle: „Sie deshalb [weil sie sich nicht psychometrischer Forschungsmethodiken bedient (Anm. KS)] als weniger wichtig oder gar inexistent zu betrachten hieße, durch methodische Imperative die Blickperspektive ohne Not und fahrlässig allzu eng zu führen". Dieser Kritik mangelnder Theoriebildung kann mit dem Blick auf das alte Produkt-Prozess-Paradigma weitgehend zugestimmt werden. Jedoch greift sie zu kurz, wenn sie sich auf empirische Bildungsforschung im weiteren Sinne bezieht. Gerade die aktuelle Schul- und Unterrichtsforschung ist sehr wohl theoretisch fundiert. Klieme und Rakoczy (2008) legen beispielsweise Wert auf den Unterschied zwischen einer bloßen empirischen Beschreibung und Klassifizierung einerseits und einem empirisch fundierten Verstehen von Zusammenhängen und Wirkungen andererseits. Als Prototyp des beschriebenen Ansatzes verweisen sie auf das Rahmenmodell, wie es zum Beispiel Scheerens und Bosker (1997) beschrieben haben, mit seiner Systematisierung von relevanten Merkmalen mit unterschiedlichem Status (Kontext/Input-, Prozess- bzw. Ergebnis/Output-Variablen) auf unterschiedlichen Ebenen (Schule, Klasse und Lehrperson, Schüler/Schülerin und Herkunftsfamilie). Für die Schul- und Unterrichtsforschung sei es aber von zentraler Bedeutung zu verstehen, in welchem Zusammenhang Prozessqualitäten der übergeordneten Ebenen (insbesondere Schul- und Unterrichtsqualität) mit den Lehr-Lern-Prozessen der Schülerinnen und Schüler stehen. Klieme und Rakoczy (2008) weisen darauf hin, dass hierzu ein Rückgriff auf spezifische, etwa schulpädagogisch, psychologisch und nicht zuletzt fachdidaktisch verankerte Theorien notwendig ist, und verweisen damit deutlich auf den Anspruch einer theoretisch fundierten empirischen Forschung, die selber auch zur Weiterentwicklung von Theorien beiträgt.

3. Innovationen und Perspektiven der erziehungswissenschaftlichen Bildungsforschung am Beispiel der Methodendiskussion

Einen neuen und wichtigen Impuls für die erziehungswissenschaftliche Bildungsforschung, wie sie sich aktuell im Bereich von Leistungsvergleichsuntersuchungen konstituiert, hat es ab Anfang der 1990er-Jahre durch Rainer Lehmann gegeben. Ihm ist es zu verdanken, dass Deutschland die gut zwanzigjährige Abstinenz von internationalen Schulvergleichsuntersuchungen durch die Teilnahme an der Internationalen *Reading Literacy* Studie (IRL) überwunden hat (vgl. Schwippert/Goy 2008). Aber erst die nachfolgend durch Rainer Lehmann und Jürgen Baumert initiierten, durch Bund und Länder unterstützten Untersuchungen im Rahmen der *Third International Mathematics and Science Study* (TIMSS/II und TIMSS/III) wurden von einer breiteren Öffentlichkeit und einer durch die Ergebnisse dieser Studien aufgeschreckten Bildungspolitik wahrgenommen. Die Befunde der TIMS-Untersuchung stellten den Ausgangspunkt für die Beteiligung Deutschlands an PISA (*Programme for International Student Assessment*) dar. Durch PISA schließlich hat die empirische Bildungsforschung nunmehr ein sehr hohes Maß an Aufmerksamkeit erreicht, sodass sich die quantitative empirische Bildungsforschung aktuell als Protagonist in der erziehungswissenschaftlichen empirischen Forschung darstellt. Mit dem Mut, auch die traditionellen Grenzen zu überschreiten, haben es Rainer Lehmann und Jürgen Baumert geschafft, nicht nur IRL, TIMSS und PISA – also Deutschlands Teilnahme an internationalen Schulvergleichsstudien – zu initiieren, sondern auch ein Interesse an quantitativ empirisch fundierten Befunden zu wecken, welches die Forschung und als Folge auch die Theorieentwicklung in der Schul- und Unterrichtsforschung unter anderem in den Bereichen der Schulpädagogik, Fachdidaktik und Psychologie angeregt und befruchtet hat. Mit diesen Studien wurde die in der Erziehungswissenschaft immer noch vorherrschende geisteswissenschaftliche Forschung um quantitative empirische Perspektiven bereichert. Was die sich seitdem zunehmend etablierende (erziehungswissenschaftliche) Bildungsforschung erfolgreich gemacht hat, ist sicherlich auch die Tatsache, dass sie den Mut aufbrachte, nicht mehr nur erziehungswissenschaftliche Theorien und Methoden aufzugreifen, sondern – sich am eigentlichen Forschungsinteresse ausrichtend – sich auch disziplinübergreifend zu orientieren. Somit wurden in der sich mit der Zeit zunehmend etablierenden erziehungswissenschaftlichen Bildungsforschung auch Arbeiten der Soziologie (sozialer Hintergrund; Bourdieu), Psychologie (Interessen und Motivation; Schiefele/Krapp) und Ökonomie (Produktionsmodell; Walberg) berücksichtigt und damit auch ein wichtiger Beitrag zur Etablierung einer interdisziplinären Bildungsforschung geleistet (vgl. auch Deutscher Bildungsrat 1974 – nach Gräsel 2011). Fend (2009, S. 25) bringt es so auf den Punkt: „Es ist unübersehbar, dass in den letzten fünfzig Jahren Bildungsforschung noch nie so einflussreich war und die politische Agenda prägen konnte wie im Rahmen der PISA-Studien. Sie repräsentiert eine ungewöhnliche Renaissance der Erziehungswissenschaft empirischer Provenienz, die nicht zuletzt von einer hohen Professionalität in der Forschung und ihrer Präsentation geprägt war.“

Dieser Mut, auch über eigene Forschungstraditionen und Paradigmen hinweg Neues in die eigene Arbeit zu integrieren, scheint auch die Stärke der Erziehungswissenschaft zu sein. Neben der zuvor erwähnten Integration von Theorien z.B. der Soziologie, Psychologie oder der Ökonomie gilt dies auch für die Integration und Anwendung verschiedener empirischer Methoden. Aktuelle Integrationsbemühungen drücken sich hierbei in der Ausbildung aufwachsender methodischer und methodologischer Qualität nicht nur in quantitativen, sondern auch in den qualitativen Methoden aus.[2]

---

2   Die Bemühung, empirische Bildungsforschung mit ihrer Methodik und auch ihren Befunden in der Erziehungswissenschaft zu verankern und auch zu verstetigen, wird in dem 2008 von der Deutschen Gesellschaft für Erziehungswissenschaft (DGfE) vorgestellten „Kerncurriculum Erziehungswissenschaft" deutlich (vgl. Deutsche Gesellschaft für Erziehungswissenschaft [DGfE] 2008). Hier werden sowohl für grundständige erziehungswissenschaftliche Studiengänge als auch für die Lehramtsausbildung systematisch empirische Methoden eingeführt, damit sich die Studierenden im weiteren Studienverlauf mit empirischen Studien sowohl methodologisch als auch inhaltlich kritisch auseinandersetzen können und in Abschlussarbeiten auch die Möglichkeit bekommen, die Anwendung eines Forschungsverfahrens zu vertiefen.
Dieses Studienmodell ist in Hamburg für die 2007 eingeführten BA-/MA-Studiengänge zumindest in Teilen aufgegriffen worden. In der grundständigen erziehungswissenschaftlichen Ausbildung zeigt sich dies an dem Angebot, den Studierenden Grundbegriffe, Theorien und Methoden insbesondere auch der empirischen Bildungsforschung in entsprechenden Seminaren bzw. Modulen nahezubringen. Ein besonderes Augenmerk wurde hierbei auf die Vermittlung sowohl qualitativer als auch quantitativer Methoden und auf die in der Synergie beider Ansätze liegenden Möglichkeiten von Mixed-Methods gelegt. Dieses Angebot zieht

Diese Offenheit gegenüber unterschiedlichen Methoden verschiedener Paradigmen wird heute in der Erziehungswissenschaft im Rahmen von Diskursen zu Mixed-Methods deutlich, bei denen die jeweiligen Stärken der unterschiedlichen Ansätze integrativ herausgearbeitet werden. So zeichnet sich schon heute eine zunehmende Akzeptanz – insbesondere in der erziehungswissenschaftlichen Bildungsforschung – des Verständnisses ab, wonach nicht Methoden die Forschungsfragen determinieren sollten, sondern umgekehrt je nach Forschungsfrage angemessene Methoden genutzt werden sollten. Der Diskussion um Mixed-Methods in der erziehungswissenschaftlichen Bildungsforschung ist – dies sei hier nochmals betont – der unbedingte Anspruch immanent, für die jeweils eingesetzten (empirischen) Methoden die jeweils höchsten Qualitätsstandards zu erfüllen – seien sie nun qualitativ und/oder quantitativ. „Der Kern ihrer Bemühungen liegt in der datengestützten Fehlerreduktion von Aussagen. Das ist in konkreter Form mit ‚Wahrheitsfindung' gemeint. Dazu entwickelt sie methodische Verfahren, seien es Experimente, gezielte Beobachtungen, Textanalysen oder große Surveys, und setzt sich so den Daten als ‚Gegner' der eigenen Annahmen aus" (Fend 2009, S. 27). Hierbei erscheint ein empirisch begründetes theoretisches Verstehen und Erklären als fundamentales Ziel von Wissenschaft. Aufgrund der langjährigen Erfahrungen im Überschneidungsbereich explorativer und überprüfender empirischer Forschung liegt die Stärke erziehungswissenschaftlicher Bildungsforschung in der Anwendung von Mixed-Methods als *state of the art*.

Die oben beschriebene interdisziplinär orientierte und methodologische Offenheit der erziehungswissenschaftlichen Bildungsforschung – die sich möglicherweise aus einer streitbaren Diskussionskultur innerhalb der Erziehungswissenschaft ergeben haben könnte – hat das Fach weiterentwickelt, anschlussfähig gemacht und es auch für die Zukunft gerüstet. Was wichtig erscheint, ist, dass erziehungswissenschaftliche Forschungstraditionen bewahrt werden, jedoch nicht ohne diese unter den modernen und interdisziplinär akzeptierten methodischen Qualitätsanforderungen zu prüfen

---

sich für die Studierenden, die in Hamburg ihr erziehungswissenschaftliches Masterstudium absolvieren, wie ein roter Faden durch die Module. Einen besonderen Schwerpunkt setzt die Universität Hamburg mit dem Master-Profilbereich „Bildungstheorie und Empirische Bildungsforschung". In diesem Profilbereich wird ein besonderer Fokus auf die Verschränkung beider sich über Generationen hinweg eher unversöhnlich gegenüberstehenden Forschungstraditionen gelegt. Leider ist es in den lehramtsbezogenen Studiengängen bisher nicht gelungen, das von der DGfE empfohlene Kerncurriculum in dieser Form umzusetzen – in Hamburg ist die Notwendigkeit einer gut fundierten methodischen Ausbildung mit den sich daraus ergebenden Möglichkeiten für die Lehrerinnenausbildung (noch) nicht aufgegriffen worden. Das Bewusstsein, dass eine fundierte fachliche Auseinandersetzung mit der für das Fach relevanten Literatur nur unter vorangehender Vermittlung methodischen und methodologischen Basiswissens gelingen kann, scheint aber – und hierbei spielen die empirisch forschenden Fachdidaktiken in Hamburg eine wichtige Rolle – im Rahmen der Lehrerinnenausbildung zunehmend als notwendig erkannt zu werden. Der hierfür erforderliche Austausch zwischen den Erziehungswissenschaften und den Fachdidaktiken ist in Hamburg durch das sogenannte „Hamburger Modell" erleichtert, welches sich an der Zuordnung der Fachdidaktiken zur Fakultät der Erziehungswissenschaft und nicht zu den Fakultäten der Fächer ablesen lässt.

und weiterzuentwickeln, um so zunehmend methodisch unzureichend abgesicherte, lückenhaft dokumentierte und überinterpretierte subjektive Erfahrung durch theoretisch und methodisch angemessen fundierte Forschungsbefunde zu ersetzen. An angemessenen wissenschaftlichen Standards, die auch disziplinübergreifend anzuerkennen sind, führt kein Weg vorbei.

Für die Erziehungswissenschaft im Allgemeinen wäre wünschenswert, dass insbesondere die leider immer noch geführten ideologischen Glaubenskriege zwischen Empirikern und Hermeneutikern, den „Fliegenbeinzählern" und den „Impressionisten", beendet werden. Ein Blick auf die sich derzeit etablierende und ausbildende Generation von erziehungswissenschaftlichen Bildungsforschern und -forscherinnen stimmt aber optimistisch, dass bald die gewählten Forschungstheorien und Forschungsmethoden nur durch ein handlungsleitendes Forschungsinteresse impliziert sind.

Literatur

Deutsche Gesellschaft für Erziehungswissenschaft (DGfE) (2008): Kerncurriculum Erziehungswissenschaft. Opladen: Barbara Budrich.

Drinkmann, A. (1990): Methodenkritische Untersuchungen zur Metaanalyse. Weinheim: Deutscher Studien Verlag.

Fend, H. (2009): Bildungsforschung von 1965 bis 2008. In: Wischer, B./Tillmann, K.J. (Hrsg.): Erziehungswissenschaft auf dem Prüfstand. Weinheim u.a.: Juventa, S. 15-33.

Gräsel, C. (2011): Was ist Empirische Bildungsforschung? In: Reinders, H./Ditton, H./ Gräsel, C./Gniewosz, B. (Hrsg.): Empirische Bildungsforschung. Strukturen und Methoden. Wiesbaden: VS, S. 13-27.

Klieme, E./Hartig, J. (2007): Kompetenzkonzepte in den Sozialwissenschaften und im erziehungswissenschaftlichen Diskurs. In: Zeitschrift für Erziehungswissenschaft, Sonderheft 8, S. 11-29.

Klieme, E./Rakoczy, K. (2008): Empirische Unterrichtsforschung und Fachdidaktik. In: Zeitschrift für Pädagogik 54, H. 2, S. 222-237.

König, E./Zedler, P. (1998): Theorien der Erziehungswissenschaft. Weinheim/Basel: Beltz.

Lay, W.A. (1912): Experimentelle Pädagogik. Leipzig: Teubner.

Scheerens, J./Bosker, R.J. (1997): The Foundations of Educational Effectiveness. Oxford: Pergamon.

Schwippert, K./Goy, M. (2008): Leistungsvergleichs- und Schulqualitätsforschung. In: Helsper, W./Böhme, J. (Hrsg.): Handbuch der Schulforschung. 2., durchges. und erw.. Auflage. Wiesbaden: VS, S. 387–421.

Stern, E./Grabner, R./Schumacher, R. (2007): Lehr-Lern-Forschung und Neurowissenschaften: Erwartungen, Befunde und Forschungsperspektiven. Berlin: Bundesministerium für Bildung und Forschung (BMBF).

Terhart, E. (2009): Theorie der Schule. In: Wischer, B./Tillmann, K.J. (Hrsg.): Erziehungswissenschaft auf dem Prüfstand. Weinheim u.a.: Juventa, S. 35-50.

Terhart, E. (2011): Zur Situation der Fachdidaktiken aus Sicht der Erziehungswissenschaft: konzeptionelle Probleme, institutionelle Bedingungen, notwendige Perspektiven. In: Bayrhuber, H./Harms, U./Muszynski, B./Ralle, B./Rothgangel, M./Schön, L.-H./

Vollmer, H.J./Weigand, H.-G. (Hrsg.): Empirische Fundierung in den Fachdidaktiken. Münster u.a.: Waxmann, S. 241-256.

Tillmann, K.J./Dedering, K./Kneuper, D./Kuhlmann, C./Nessel, I. (2008): PISA als bildungs-politisches Ereignis. Wiesbaden: VS.

Tippelt, R. (2009): Steuerung durch Indikatoren!? In: Tippelt, R. (Hrsg.): Steuerung durch Indikatoren. Opladen: Barbara Budrich, S. 7-15.

Tippelt, R./Schmidt, B. (2010): Einleitung der Herausgeber. In: Tippelt, R./Schmidt, B. (Hrsg.): Handbuch Bildungsforschung. 3. Aufl. Wiesbaden: VS, S. 9-19.

Zedler, P./Döbert, H. (2010): Erziehungswissenschaftliche Bildungsforschung. In: Tippelt, R./Schmidt, B. (Hrsg.): Handbuch Bildungsforschung. 3. Aufl. Wiesbaden: VS, S. 23-42.

Zuerst veröffentlicht in:
DDS – Die Deutsche Schule
104. Jahrgang 2012, Heft 3, S. 303-319
© 2012 Waxmann

Manfred Weiß

Bildungsökonomie[1]

Zusammenfassung

Der Beitrag gibt einen Überblick über Konzepte, Methoden, Fragestellungen und For-schungsergebnisse der Bildungsökonomie in drei zentralen Themenfeldern: Human-kapitalforschung, interne Effizienz und Bildungsfinanzierung. Skizziert werden der Investitionscharakter von Bildung, Methoden und Ergebnisse von Renditeschätzungen sowie der Beitrag der Bildungsökonomie zur Erforschung der Bedingungsfaktoren von Schulleistungen und zur normativen Fundierung von Finanzierungsentscheidungen im Bildungsbereich.
Schlüsselwörter: Bildungsökonomie, Humankapitalforschung, interne Effizienz, Bildungs-finanzierung

Economics of Education

Abstract

This article gives an overview of concepts, methods, questions and research results of the economics of education with regard to three key issues: human capital research, internal efficiency and financing of education. It outlines the investment character of education, methods and results of return estimates, as well as the contribution of the economics of education to the investigation of the conditional factors of school performance and to the normative foundation of financial decisions in education.
Keywords: economics of education, human capital research, internal efficiency, financing of education

---

1 Der vorliegende Beitrag basiert in wesentlichen Teilen auf Weiß (2011) und Timmermann/ Weiß (2011).

1. Einleitung

Die Bildungsökonomie widmet sich der ökonomischen Dimension (Kosten, Effizienz, Finanzierung) von Bildungssystemen, -institutionen und -prozessen. Mit dem Instrumentarium der Wirtschaftswissenschaften untersucht sie aus individueller, institutioneller und gesellschaftlicher Perspektive Fragestellungen, die von funktionaler Bedeutung für die Bewältigung von Knappheitsproblemen und den optimalen Mitteleinsatz im Bildungsbereich sind. Ferner gilt ihr Forschungsinteresse den Verteilungswirkungen der Inanspruchnahme von Bildungsleistungen: Wer trägt die Kosten (*Kosteninzidenz*), bei wem fällt der Nutzen an (*Nutzeninzidenz*)? Als das zentrale identitätsstiftende Konzept der Bildungsökonomie gilt der *Humankapitalansatz*. Ihm liegt die These zugrunde, dass die in Bildungsprozessen erworbenen Kompetenzen die Arbeitsproduktivität einer Person erhöhen und im Beschäftigungssystem zu Erträgen (höheren Erwerbseinkommen) führen. Aufwendungen für Bildungsmaßnahmen lassen sich demnach als Investitionen begreifen, die eine „Bildungsrendite" abwerfen.

Die Bildungsökonomie entwickelte sich als Spezialdisziplin der Wirtschaftswissenschaften in den späten 1950er-Jahren. Bildete anfänglich die Bedeutung von Bildung für die Erreichung ökonomischer Wohlfahrtsziele (Wirtschaftswachstum) den zentralen Untersuchungsgegenstand, so wird mittlerweile von der Bildungsökonomie ein breites, thematisch ausdifferenziertes Forschungsfeld bearbeitet, das sämtliche Bildungsbereiche umfasst und den Schwerpunkt auf „politiknahe" Fragestellungen legt. Besonderes Augenmerk gilt dabei aktuell dem Kompetenzerwerb im Lebenszyklus und der Qualität der Schulbildung. Im Ensemble der Bezugsdisziplinen der Bildungsforschung nahm die Bildungsökonomie lange Zeit nur eine randständige Position ein. Verantwortlich dafür war nicht nur ihre schwache Institutionalisierung im Wissenschaftssystem, sondern auch ihre anfängliche thematische Engführung auf theoretische Erkenntnisinteressen der Wirtschaftswissenschaften mit dem Focus auf die externe Funktionalität des Bildungswesens. Die Nachfrage nach bildungsökonomischer Expertise hat in den letzten Jahren deutlich Schubkraft erhalten. Die verschärften Knappheitsprobleme im öffentlichen Sektor, die auch im Bildungsbereich zu einer Sensibilisierung für Effizienzfragen geführt haben, bieten dafür ebenso eine Erklärung wie die wieder stärker ins Bewusstsein gelangte strategische Bedeutung von Bildung für den wirtschaftlichen Erfolg eines Landes.

Sichtbarer Ausdruck des Bedeutungszuwachses der Disziplin, an dem die Aktivitäten von OECD und Weltbank maßgeblichen Anteil haben, ist die „Explosion bildungsökonomischer Arbeiten" (Hanushek/Welch 2006, S. XIX). Drei Handbücher dokumentieren den Forschungsstand: Carnoy (1995), Johnes/Johnes (2004) und Hanushek/Welch (2006). Auf bildungsökonomische Themen spezialisiert sind die Fachzeitschriften *Economics of Education Review*, *Education Economics* sowie das

Journal of Human Capital. Bildungsökonomische Themen bilden aber auch den Gegenstand zahlreicher wirtschafts- und bildungswissenschaftlicher Zeitschriften und Schriftenreihen. Besondere Erwähnung verdienen hier die in der Reihe „Schriften des Vereins für Socialpolitik" publizierten Arbeiten aus dem 1975 gegründeten Bildungsökonomischen Ausschuss der Gesellschaft für Wirtschafts- und Sozialwissenschaften (Verein für Socialpolitik). Über bildungsökonomische Forschungsaktivitäten im europäischen Kontext informiert das *European Network on Economics of Education* (vgl. URL: http://www.education-economics.org).

Angesichts der mittlerweile erreichten Breite des bildungsökonomischen Forschungsfeldes und der Publikationsdynamik kann im Folgenden nur eine Auswahl an Forschungsfragen und -befunden, beschränkt auf drei zentrale Themenbereiche, präsentiert werden: Humankapitalforschung, interne Effizienz (Schwerpunkt dieses Beitrags) und Bildungsfinanzierung.

2. Humankapitalforschung

Die Humankapitaltheorie nimmt an, dass Bildungsprozesse das Leistungsvermögen von Individuen erhöhen, zu erhöhter Arbeitsproduktivität führen und über monetäre Erträge (Nettoeinkommenszuwachs) und nichtmonetären Nutzen (z.B. erhöhte Arbeitsplatzzufriedenheit und gestiegene Beschäftigungsoptionen) belohnt werden, wobei die Ertrags- und Nutzenvolumina die verursachten Kosten übersteigen (sollen). Dies wird in Renditeberechnungen und Kosten-Nutzen-Analysen empirisch überprüft.

Rendite- oder Ertragsratenberechnungen berücksichtigen qualifikationsspezifische Lohn- bzw. Einkommensdifferentiale als Bildungsertrag: das mit einem zusätzlichen Bildungsjahr bzw. dem nächst höheren Bildungsabschluss verbundene Mehreinkommen. *Kosten-Nutzen-Analysen* erfassen auch die über direkte Einkommenseffekte hinausgehenden Wirkungen von Bildungsmaßnahmen, soweit sie sich monetär bewerten lassen.

Dass das durchschnittliche Nettoeinkommen von Erwerbstätigen mit dem formalen Qualifikationsniveau signifikant zunimmt, ist ein international zu beobachtender Sachverhalt. 2009 verdiente im OECD-Durchschnitt eine Person mit einem Abschluss im Tertiärbereich über 50 Prozent mehr (in Deutschland 57 Prozent) als ein Absolvent des Sekundarbereichs II bzw. des postsekundaren, nicht tertiären Bereichs (vgl. OECD 2011, S. 177). Die für die Existenz qualifikationsspezifischer Einkommensdifferenzen von der Humankapitaltheorie geltend gemachten Produktivitätsunterschiede gaben in der Frühphase der Bildungsökonomie Anlass für heftige Kontroversen. Durch konkurrierende soziologische Erklärungsansätze wie etwa die *Filtertheorie*, wonach der erworbene Bildungsabschluss nur als formales Kriterium zur Selektion von Arbeitskräften mit produktivitätsrelevanten Eigenschaften, die nicht erst durch den Bildungsprozess geschaffen wurden, fungiert, wurde die Produktivitätsprämisse der Humankapitaltheorie radikal in Frage gestellt. Diese Sichtweise hat sich nicht durchsetzen können. Die verschiedenen Theorien werden mittlerweile nicht mehr als konkurrierende, sondern als komplementäre Ansätze zur Erklärung qualifikationsspezifischer Lohn- und Einkommensunterschiede betrachtet (vgl. Hummelsheim/Timmermann 2010).

Für die Berechnung von Bildungsrenditen stehen zwei Verfahren zur Verfügung: die investitionstheoretisch fundierte Berechnung von *Ertragsraten* (bzw. Kapitalwerten) oder nach dem arbeitsmarkttheoretischen Ansatz von Mincer die Schätzung von *Einkommensfunktionen* (vgl. Anger/Plünnecke/Schmidt 2010; Timmermann/Weiß 2011). Das zweite Verfahren liefert nur belastbare Ergebnisse, wenn direkte Bildungskosten vernachlässigbar sind. Ertragsratenberechnungen nach dem Investitionskalkül können aus individueller, staatlicher (fiskalischer) und gesellschaftlicher Perspektive vorgenommen werden. Im ersten Fall werden die individuell zu tragenden direkten und indirekten Kosten (entgangene Erwerbseinkommen während der Bildungsaktivität – *Opportunitätskosten*) den über das gesamte Erwerbsleben zu erwartenden Netto-Mehreinkommen (unter Berücksichtigung des unterschiedlichen zeitlichen Anfalls der Kosten und Erträge) gegenübergestellt. Von der Bildungsökonomie wird dabei unterstellt, dass Individuen Bildungsentscheidungen auf der Basis eines solchen Investitionskalküls treffen. Der Bildungspolitik liefern individuelle Bildungsrenditen in diesem Fall Hinweise auf die zu erwartende Entwicklung der Bildungsnachfrage. Ertragsratenberechnungen aus der Perspektive des Staates (fiskalische Renditen) berücksichtigen die von der öffentlichen Hand aufgewendeten direkten Bildungskosten sowie – als indirekten Kostenbestandteil – die durch den bildungsbedingten Ausfall von Arbeitseinkommen entgangenen Staatseinnahmen in Form von Steuern und Sozialabgaben. Die insgesamt mit einer Bildungsmaßnahme verbundenen Kosten und zu erwartenden einkommensbezogenen Erträge bilden die Basis für die Berechnung gesellschaftlicher (sozialer) Ertragsraten. Staatlichen und gesellschaftlichen Ertragsraten wird eine Orientierungsfunktion für die intrasektorale Mittelallokation zugeschrieben; ihre relative Höhe verweist auf die Existenz von Unter- bzw. Überinvestitionsbereichen.

2.1 Empirie

Die aus einer Vielzahl bildungsökonomischer Studien vorliegenden internationalen und nationalen empirischen Befunde zu privaten und sozialen Bildungsrenditen können in der Tendenz wie folgt zusammengefasst werden (vgl. Psacharopoulos/Patrinos 2002):

- Die individuellen Ertragsraten liegen z.T. deutlich über den sozialen Renditen (Grund: der hohe Anteil öffentlich finanzierter Bildungskosten).
- Die Länder der Dritten Welt weisen für alle Bildungsstufen stets höhere soziale Bildungsrenditen als die entwickelten Industrieländer auf, was ihren Nachholbedarf an Bildungsinvestitionen anzeigt.
- Die sozialen Bildungsrenditen liegen in den weniger entwickelten Ländern – im Gegensatz zu der Mehrheit der Industrieländer – durchweg über den Renditen des Sachkapitals, was auf eine relative Unterinvestition in Humankapital in diesen Ländern hinweist.
- Die sozialen Bildungsraten zeigen ein allgemeines Renditegefälle zwischen den Bildungsstufen: Die Primarbildung weist die höchsten und die Tertiärbildung die niedrigsten Ertragsraten auf.
- Ältere Schätzungen individueller Bildungsertragsraten in Europa zeigen, dass im EU-Durchschnitt jedes zusätzliche Ausbildungsjahr mit einem Einkommenszuwachs von etwas mehr als 8 Prozent einhergeht; Deutschland liegt mit einem Einkommenszuwachs von 8,7 Prozent über dem EU-Durchschnitt (vgl. Harmon/Walker/Westergaard-Nielsen 2001).

Bildungsrenditen gehören mittlerweile zum Standardprogramm an bildungsökonomischen Indikatoren in internationalen Berichtssystemen. Im aktuellen OECD-Bericht „Bildung auf einen Blick" z.B. finden sich die Ergebnisse von Kapitalwert- und Ertragsratenberechnungen für unterschiedliche Abschlüsse aus individueller und staatlicher Investitionsperspektive (vgl. OECD 2011, S. 187ff.). Im OECD-Durchschnitt belief sich danach 2007 die Ertragsrate einer privaten Investition in einen Abschluss im Tertiärbereich für Männer auf 12,4%, bei einer Spannweite von 7,1% (Schweden) bis 21,4% (Polen). Deutschland erreicht exakt den durchschnittlichen OECD-Wert. Bei Frauen fällt die durchschnittliche Ertragsrate mit 11,5% etwas niedriger aus; die Spannweite reicht von 5,8% (Schweden) bis 20,4% (Polen). Mit 8,4% liegt die Ertragsrate für Frauen in Deutschland deutlich unter der Ertragsrate der Männer. Mit 11,1% (Männer) fällt die durchschnittliche staatliche Ertragsrate eines Abschlusses im Tertiärbereich nur etwas geringer aus als die private Ertragsrate; bei Frauen ist der Abstand mit 2,3 Prozentpunkten etwas größer. Deutschland fällt mit dem Ergebnis auf, dass von einem Hochschulabschluss der Staat mehr profitiert als ein privater Investor (12,6/11,5% Männer; 8,9/8,4% Frauen). Berichtet wird von der OECD auch die quantitative Bedeutung verschiedener Einflussfaktoren auf die Bildungsrendite (direkte Kosten, entgangenes Einkommen, Einkommensteuer, Sozialversicherungsbeiträge, Transferleistungen, Erwerbslosigkeit, Zuschüsse). Der Bildungspolitik werden damit Hinweise auf Gestaltungsparameter zur nachfragerelevanten Beeinflussung der Bildungsrendite gegeben.

Weitergehende Differenzierungen für Deutschland liefern nationale Renditeberechnungen (vgl. aktuell Anger/Plünnecke/Schmidt 2010). Meist handelt es sich dabei um Schätzungen von Einkommensfunktionen (Mincer-Funktionen) auf der Basis von

Daten des Sozio-ökonomischen Panels (DIW Berlin). Im Zeitvergleich wird deutlich, dass die Bildungsexpansion langfristig nicht zu einer Verringerung der Ertragsraten geführt hat. Dass die Renditen eines Hochschulstudiums stark mit dem Studienfach variieren, zeigen nach dem Investitionskalkül vorgenommene Berechnungen auf der Basis von Mikrozensus-Daten (vgl. Wahrenburg/Weldi 2007).

In herkömmlichen Ertragsratenberechnungen werden nur einkommensbezogene Bildungserträge berücksichtigt. Dadurch werden sowohl der individuelle als auch der gesellschaftliche Nutzen von Bildungsinvestitionen unterschätzt. Bildung zahlt sich für den Einzelnen in vielfältiger Weise auch in anderen außerberuflichen Handlungsfeldern aus. Nachweisbar sind positive Effekte auf Gesundheit, Konsumverhalten, Kindererziehung, Haushaltsführung, Freizeitgestaltung und gesellschaftliche Teilhabe (vgl. z.B. Oreopoulos/Salvanes 2009). Berechnungen sozialer Ertragsraten unterschätzen den gesellschaftlichen Nettonutzen von Bildungsinvestitionen wegen der Nichterfassung *externer Erträge*. Sie resultieren aus der „Kollektivguteigenschaft" von Bildung: Von Bildungsmaßnahmen profitieren nicht nur der Einzelne, sondern auch Dritte und die Gesellschaft insgesamt. Eine gute Ausbildung schützt z.B. den Einzelnen eher vor Arbeitslosigkeit; die Gesellschaft hat davon einen Nutzen in Form höherer Steuererträge und vermiedener Sozialausgaben. Einem steigenden Bildungsstand der Bevölkerung werden quantitativ bedeutsame positive Effekte zugeschrieben: auf die Wirtschafts- und Steuerkraft eines Landes, die Kriminalitätsrate, das Innovationspotenzial und die Reagibilität auf strukturellen und technologischen Wandel, den sozialen Zusammenhalt der Gesellschaft sowie die Funktionsfähigkeit und Stabilität der demokratischen Ordnung (vgl. z.B. McMahon 1999). Makroökonomische Schätzungen gesamtwirtschaftlicher Ertragsraten erlauben die globale Berücksichtigung solcher Erträge. Gundlach und Wößmann (2003) können zeigen, dass diese Ertragsrate die individuelle deutlich übersteigt. Dies stützt die These, dass von der Humankapitalbildung in Schule und Hochschule bedeutsame positive externe Effekte ausgehen (vgl. auch Strauß/Boarini 2008).

Die differenzierte Erfassung und Bewertung über direkte Einkommenseffekte hinausgehender Bildungserträge zur Beurteilung der gesellschaftlichen Vorteilhaftigkeit von Bildungsinvestitionen ist konstitutives Merkmal von *Kosten-Nutzen-Analysen*. Empirische Beispiele finden sich etwa für Interventionsmaßnahmen zur Verringerung von Bildungsdefiziten (vgl. z.B. Levin 2009). Besondere wissenschaftliche und bildungspolitische Aufmerksamkeit haben US-amerikanische Evaluationsstudien frühkindlicher Interventionsprogramme für Risikogruppen erlangt (vgl. z.B. Belfield u.a. 2006). Die Überführung der darin ermittelten langfristigen Programmeffekte in eine Kosten-Nutzen-Kalkulation zeigt im Ergebnis stets einen substanziellen gesellschaftlichen Nettoertrag in der Größenordnung des Zwei- bis Siebenfachen je eingesetztem US-Dollar. Es sind nicht zuletzt diese Studien, die der frühkindlichen Bildung in Deutschland zu der aktuell hohen bildungspolitischen Priorität verholfen haben.

2.2 Humankapital und Wirtschaftswachstum

Untersuchungen zum Zusammenhang zwischen Bildung und Wirtschaftswachstum markieren die „Geburtsstunde" der Bildungsökonomie. Die dabei angewandten Verfahren unterscheiden sich in den ihnen zugrunde liegenden theoretischen Annahmen, der Spezifikation der Schätzmodelle und den Analysemethoden. Die Forschungsliteratur bietet eine höchst widersprüchliche empirische Befundlage zur Wachstumsrelevanz des Humankapitals. Noch 1998 stellte die OECD im Rückblick auf vier Jahrzehnte Wachstumsforschung in den Wirtschaftswissenschaften fest, dass diese mehr Theorien als allgemein akzeptierte Schlussfolgerungen hinsichtlich des Wachstumsbeitrags von Bildung hervorgebracht habe (vgl. OECD 1998). Dank theoretischer und methodischer Fortschritte sowie einer verbesserten Datenqualität vermittelt die neuere empirische Wachstumsforschung ein konsistenteres und insgesamt günstigeres Bild des Humankapitalbeitrags zum Wirtschaftswachstum. Empirische Studien, die in ihren Schätzmodellen einen aus den Ergebnissen internationaler Schulleistungstests berechneten Index der Humankapitalqualität berücksichtigen, können einen deutlich höheren Anteil langfristiger Wachstumsunterschiede zwischen Ländern erklären als herkömmliche Modelle, die das gesellschaftliche Humankapital nur quantitativ – über die durchschnittlich absolvierten Bildungsjahre – erfassen (vgl. Hanushek/Kimko 2000; Hanushek/Wößmann 2008).

3. Interne Effizienz

Innerhalb der Bildungsökonomie hat sich in den 1970er-Jahren ein Forschungsstrang entwickelt, der sich systematisch der Frage widmet, wie im Bildungsbereich dem Effizienzpostulat Geltung verschafft werden kann, d.h. Ziele mit einem möglichst geringen Ressourceneinsatz zu erreichen. Motiviert durch die hohe öffentliche Aufmerksamkeit, die internationale Schulleistungsstudien erfahren haben, sind im Kontext dieses Forschungsstrangs von der Bildungsökonomie in den letzten Jahren vor allem die bildungspolitisch beeinflussbaren Bedingungsfaktoren der *Qualität der Schulbildung* in den Blick genommen worden. Aufgegriffen hat sie damit eine Thematik, die traditionell in den Zuständigkeitsbereich der Erziehungswissenschaft fällt. Damit stellt sich die Frage nach dem „Mehrwert" des bildungsökonomischen Forschungsbeitrags.

Bei der Erforschung der *Bedingungsfaktoren schulischer Bildungsqualität* gilt das Hauptaugenmerk der Bildungsökonomie Ressourcen und Institutionen (im Sinne von verhaltenssteuernden Regelsystemen). In den Forschungsprogrammen der anderen Bildungswissenschaften finden solche distalen, vom Unterrichtsgeschehen entfernten „Oberflächenvariablen" nur wenig Beachtung. Die Bildungsökonomie bringt zudem neuartige theoretische Zugangswege in die Bildungsforschung ein, z.B. Erklärungsansätze der *Neuen Institutionenökonomie* bei ihren Analysen institutioneller Einflussfaktoren. Zugleich hat sie deren Methodenarsenal um Verfahren aus der Ökonometrie erweitert. Auf wachsendes Interesse der anderen Bildungswissenschaften stoßen vor allem Verfahren, die die Schätzung kausaler Effekte auch bei Vorliegen nicht-experimentell erhobener Daten erlauben (vgl. dazu Schneider u.a. 2007). Alleinstellungsmerkmal der Bildungsökonomie ist die Bereitstellung von Effizienzinformationen durch Zusammenführung von Wirksamkeits- und Kostendaten. Das qualifiziert sie in besonderer Weise für die Unterstützung bildungspolitischer Entscheidungen unter verschärften Knappheitsbedingungen.

Bei der empirischen Erforschung der Qualitätswirksamkeit von Ressourcen und Institutionen bedient sich die Bildungsökonomie vorrangig des Konzepts der *Bildungsproduktionsfunktion,* welche die untersuchten Variablenzusammenhänge als Input-Output-Beziehungen modelliert. Das üblicherweise der Effektschätzung zugrunde liegende Modell einer Bildungsproduktionsfunktion lässt sich formal wie folgt darstellen:

$$Q = F'\beta 1 + R'\beta 2 + I'\beta 3 + \varepsilon,$$

mit Q als Qualitätsindikator (meist Schülerleistungen), F' als Vektor von Merkmalen des familiären Hintergrunds, R' als Vektor von Merkmalen der schulischen Ressourcen, I' als Vektor von institutionellen Merkmalen der Bildungssysteme und ε als Fehlerterm. Die Parametervektoren $\beta 1$ bis $\beta 3$, die die Stärke des Zusammenhangs zwischen dem Qualitätsindikator und den jeweiligen Einflussfaktoren (unabhängigen Variablen) widerspiegeln, werden regressionsanalytisch geschätzt. Im Modell der Bildungsproduktionsfunktion wird ein direkter Einfluss von Ressourcen und institutionellen Merkmalen auf Lernergebnisse unterstellt. Aus pädagogischer Sicht ist theoretisch indes nur ein indirekter, über „unterrichtsnahe" Bedingungsfaktoren vermittelter Einfluss zu begründen: die angebotenen Lerngelegenheiten, die Qualität der Instruktion und die Nutzung der Lerngelegenheiten durch die Schüler und Schülerinnen (vgl. z.B. Fend 1998, S. 268ff.). Der Produktionsfunktions-Ansatz blendet diese Einflussebene als „black box" aus; er erlaubt deshalb nur eine unterkomplexe Erfassung von Wirkungsbeziehungen.

3.1 Forschungsbefunde zur Ressourcenwirksamkeit

Mithilfe des Produktionsfunktionsansatzes ist in der Vergangenheit von der Bildungsökonomie vor allem der Einfluss von Unterschieden in der finanziellen, personellen und materiellen Ressourcenausstattung von Schulen und Schulsystemen auf Schülerleistungen untersucht worden. Die dazu gehörigen Ergebnisse liegen zusammengefasst in verschiedenen Forschungsauswertungen vor. Besondere Publizität haben die mehrfach aktualisierten Auswertungen US-amerikanischer Studien durch Eric Hanushek (1997) erlangt. Danach zeigt sich kein enger und konsistenter Zusammenhang zwischen Ressourcen und Schülerleistungen. Das Ergebnis problematisiert die weit verbreitete Praxis des „Mehr desselben". Für die Mittelbereitstellung und Ausgabenpolitik im Schulbereich ist dies bislang jedoch weitgehend folgenlos geblieben: In sämtlichen OECD-Staaten sind die realen Ausgaben je Schüler/Schülerin über Jahre hinweg gestiegen (vgl. OECD 2011, S. 269).

Besonders kontrovers wird zwischen Wissenschaft und Praxis unter dem Aspekt der Ressourcenwirksamkeit die Bedeutung der *Klassengröße* für Schülerleistungen diskutiert. Die Bildungsökonomie hat sich in diese Debatte nicht bloß mit dem Hinweis auf die beträchtlichen Mehrkosten einer Verkleinerung der Klassen eingeschaltet, sondern auch mit eigenen Wirkungsstudien. Klassengrößeneffekte werden darin mit Methoden untersucht, die eine angemessene Berücksichtigung der Tatsache erlauben, dass häufig Schüler und Schülerinnen nicht zufällig, sondern etwa in Abhängigkeit von ihren Leistungen oder ihrem sozialen Hintergrund in unterschiedlich großen Klassen unterricht werden (Problem der *„Ressourcenendogenität"* – vgl. dazu z.B. Wößmann/West 2006; Leuven/Oosterbeek/Ronning 2008). Diese Studien können keine Leistungsüberlegenheit kleiner Klassen nachweisen und reihen sich damit in das Bild ein, das auch die aus anderen Forschungsprogrammen zu leistungsbezogenen Klassengrößeneffekten vorliegenden Befunde vermitteln (vgl. z.B. Arnhold 2005; Altrichter/Sommerauer 2007).

3.2 Forschungsbefunde zur Wirksamkeit von Institutionen

Die insgesamt wenig ergiebigen Befunde zur Wirksamkeit schulischer Ressourcen sind in der bildungsökonomischen Forschung in der letzten Zeit zum Anlass genommen worden, das Augenmerk stärker auf andere Strategien der Qualitäts- und Effizienzverbesserung zu richten: die als Anreizstrukturen wirkenden *institutionellen Rahmenbedingungen* des Schulsystems. „Aus ökonomischer Sicht versprechen solche institutionellen Rahmenbedingungen den größten Erfolg, die für alle Beteiligten Anreize schaffen, die Lernleistungen der Schüler zu erhöhen: […] Regelungen und Regulierungen des Schulsystems, die explizite oder implizite Belohnungen und Sanktionen für unterschiedliches Verhalten der Akteure erzeugen" (vgl. Wößmann 2005, S. 19). Als besonders leistungsfördernd gelten Dezentralisierung und Schulautonomie, extern gesetzte Standards und zentrale Abschlussprüfungen sowie Wettbewerb. Die empirische Untersuchung der Wirksamkeit dieser Maßnahmen wird durch den Zugang zu Datensätzen aus internationalen Schulleistungsstudien begünstigt. Sie erfüllen die Voraussetzung einer für das Auffinden von Effekten hinreichenden Varianz der institutionellen Faktoren, wie sie im nationalen Kontext meist nicht gegeben ist. Erkauft wird dieser Vorteil allerdings mit einer eingeschränkten Kontextsensibilität der Ergebnisse. Im Bemühen um generalisierbare Aussagen werden für einzelne Variablen Durchschnittseffekte berechnet; deren Wirksamkeit kann sich auf nationaler Ebene – sowohl hinsichtlich der Effektstärke als auch der Effektrichtung – höchst unterschiedlich darstellen (vgl. z.B. Fend 2004).

3.2.1 Zentrale Abschlussprüfungen

Von der Einführung zentraler Abschlussprüfungen erwartet die Bildungspolitik nachhaltige Qualitätsverbesserungen im Schulbereich. Diese Erwartung wird durch die bildungsökonomische Forschung gestützt. Die Leistungswirksamkeit zentraler Abschlussprüfungen ist mehrfach auf der Basis der Daten internationaler Schulleistungsstudien (TIMSS, PISA) untersucht worden (vgl. die Übersicht bei Wößmann 2007). Schüler und Schülerinnen in Ländern mit externen Abschlussprüfungen schneiden danach in den internationalen Leistungstests im Durchschnitt besser ab als diejenigen in Ländern ohne solche Prüfungen. Trotz dieser Evidenz sind aufgrund der höchst unterschiedlichen Ausgestaltung und Relevanz zentraler Prüfungen in den einzelnen Ländern Zweifel am Aussagegehalt der Studien angebracht (vgl. Schümer/Weiß 2008). Weniger problematisch sind in dieser Hinsicht Untersuchungen, die Variationen innerhalb eines Landes nutzen, um den Einfluss zentraler Prüfungen auf Schülerleistungen zu überprüfen. Für Deutschland können Jürges, Schneider und Büchel (2005) in einer Analyse von TIMSS-Daten einen moderaten Effekt von Zentralprüfungen auf Schülerleistungen nachweisen. Erklärungsbedürftig bleibt jedoch, wie sich zentrale Abschlussprüfungen am Ende der Sekundarstufe II auf die Leistungen von Siebt- und Achtklässlern und -klässlerinnen auswirken. Auch steht das Ergebnis unter dem Vorbehalt, dass es von unbeobachteten Unterschieden zwischen den Bundesländern beeinflusst wurde.

3.2.2 Schulautonomie

Eine weitere institutionelle Rahmenbedingung, über deren Qualitätsrelevanz breiter Konsens besteht, stellt der *Autonomiegrad der Schulen* dar. Die Bildungsökonomie bezieht dazu eine differenzierte Position, indem sie – gestützt auf Erkenntnisse der *Neuen Institutionenökonomie* – auf eine Ambivalenz hinweist: Größere Handlungsautonomie erlaubt auf der einen Seite die leistungsfördernde Nutzung des in der größeren „Geschehensnähe" liegenden Informationsvorteils der schulischen Akteure; auf der anderen Seite begünstigt sie opportunistisches, von Eigennutzmotiven geleitetes Handeln. Welches Verhalten sich letztlich durchsetzt, hängt zum einen von der Bedeutung einzelner Handlungsfelder für die Verfolgung individueller Nutzenziele ab, zum anderen von den jeweiligen verhaltenssteuernden institutionellen Rahmenbedingungen. Auswertungen des internationalen Datensatzes aus PISA 2000 durch Wößmann (vgl. zusammenfassend 2007) verweisen auf die besondere Bedeutung *externer Abschlussprüfungen*. Positive Autonomieeffekte zeigen sich danach nur in Verbindung mit solchen Prüfungen. Fehlt diese Bedingung, dann geht ein hoher Autonomiegrad meist mit niedrigeren Schülerleistungen einher. Wößmann sieht darin die These bestätigt, dass die schulischen Akteure ihre Autonomie nur dann zur Leistungsförderung der Schüler und Schülerinnen statt zum eigenen Vorteil nutzen, wenn die Schulen durch externe Leistungsprüfungen zur Rechenschaft gezogen werden. Mit welchen Maßnahmen vorgegebene Standards erreicht wurden, bleibt indes unklar. Dass sich Schulen dabei oftmals Mechanismen der Schülerselektion und anderer unerwünschter nicht-pädagogischer Maßnahmen bedienen, ist durch die internationale Bildungsforschung hinreichend dokumentiert (vgl. z.B. Bellmann/Weiß 2009).

3.2.3 Wettbewerb

In einer ganzen Reihe von Ländern, insbesondere im angelsächsischen Raum, wurden Steuerungssysteme im Bildungsbereich etabliert, die Wettbewerbselemente als konstitutiven Bestandteil beinhalten: Schulwahlfreiheit, die Stärkung der Konkurrenz durch private Bildungsangebote und Formen nachfrageorientierter Finanzierung der Schulen (Pro-Kopf-Zuweisungen, Bildungsgutscheine). Die daran geknüpfte Erwartung nachhaltiger Qualitäts- und Effizienzverbesserungen im Schulbereich findet durch die Ökonomie ihre wissenschaftliche Fundierung: „Die Nutzen stiftenden Wirkungen von Wettbewerb sind in anderen Handlungsfeldern so gut dokumentiert, dass es kaum vorstellbar ist, mehr Wettbewerb sei für Schulen nicht vorteilhaft" (Hanushek/Wößmann 2007, S. 70). Die empirische Evidenz fällt indes weniger eindeutig aus. In einer meta-analytischen Auswertung US-amerikanischer Studien zur Leistungs- und Effizienzwirksamkeit von Wettbewerb im Schulbereich ermitteln Belfield und Levin (2002) insgesamt einen positiven, aber geringen Effekt von Wettbewerb auf Schülerleistungen. Bis zu zwei Drittel der in den Einzelstudien berichteten Effektschätzungen sind nicht signifikant. Auch die aus anderen Ländern vorliegenden Forschungsergebnisse fallen widersprüchlich aus und legen eine eher zurückhaltende Einschätzung des leistungsfördernden Potenzials von Wettbewerb im Schulbereich nahe (vgl. Weiß 2009). Die Zweifel an einer uneingeschränkten „Bildungstauglichkeit" von Wettbewerb verstärken sich noch, wenn die für andere Qualitätsdimensionen zum Teil belegten negativen systemischen Wirkungen der Wettbewerbssteuerung berücksichtigt werden: steigende Kosten je Schüler bzw. Schülerin, zunehmende Leistungsdisparitäten und eine Verstärkung sozialer Segregation (vgl. z.B. Andersen/Serritzlew 2007; Böhlmark/Lindahl 2007). Die bescheidene Erfolgsbilanz der Wettbewerbssteuerung im Schulbereich nährt grundsätzliche Zweifel an der Belastbarkeit der dem Wettbewerbsmodell zugrunde liegenden Verhaltensprämissen, die einem deterministischen Verständnis von Anreizstrukturen folgen. Sie stehen in auffallendem Kontrast zu dem in der Realität unter Wettbewerbsbedingungen vielfach zu beobachtenden variantenreichen Verhalten der Bildungsanbieter und -nachfrager (vgl. dazu ausführlicher Weiß 2009).

4. Bildungsfinanzierung

Dem Problem eines grundsätzlich bestehenden Spannungsverhältnisses zwischen benötigten und verfügbaren Mitteln widmet sich die Bildungsökonomie im Kontext der Bildungsfinanzierung mit der Bearbeitung von zwei Fragestellungen: (1) Wo kommen die Mittel her bzw. sollten sie herkommen? (2) Wo werden die Mittel eingesetzt bzw. sollten sie eingesetzt werden?

Im Blick auf die erste Fragestellung hat sich die Bildungsökonomie schon frühzeitig bemüht, in theoretischen Analysen der „Gutseigenschaften" von Bildung eine normative Basis für eine Lastenaufteilung zwischen Staat und Privaten (Bildungsteilnehmern, Haushalten, Unternehmen) zu entwickeln. Dabei gelangt sie jedoch nicht über den allgemeinen Hinweis hinaus, dass Bildung als ein „gemischtes Gut" zu begreifen ist, das sowohl Eigenschaften eines privaten als auch eines öffentlichen Gutes aufweist und folglich eine Mischfinanzierung gerechtfertigt sei. Die für ein öffentliches Gut konstitutiven Merkmale der *Nichtrivalität* (ein Gut kann von beliebig vielen Konsumenten ohne gegenseitige Beeinträchtigung genutzt werden – Beispiel: Wissen) und/oder *Nichtausschließbarkeit* (es ist technisch nicht möglich, zu kostspielig oder sozial nicht vertretbar, jemand bei fehlender Zahlungsbereitschaft vom Konsum eines Gutes auszuschließen – Beispiel: Teilhabe an öffentlicher Sicherheit) treffen für Bildung nur zum Teil zu. Für die Begründung einer öffentlichen (Teil-)Finanzierung werden vor allem *„externe Bildungserträge"* (s.o.) geltend gemacht. Die Existenz solcher Erträge, die im individuellen Nutzenkalkül keine Berücksichtigung finden, führt im Falle einer vollständigen privaten Bildungsfinanzierung zu einer gesellschaftlich suboptimalen Bildungsnachfrage. Die öffentliche Subventionierung von Bildung wird darüber hinaus mit „verzerrten Präferenzen" der Bildungsnachfrager (z.B. einer zu geringen Wertschätzung von Bildung) oder unsicheren Ertragserwartungen gerechtfertigt. Bildung stellt danach ein *meritorisches Gut* dar.

Die Gutseigenschaften von Bildung liefern keine hinreichende normative Basis für die konkrete Aufteilung der Finanzierungslast in den einzelnen Teilbereichen des Bildungswesens. Letztlich ist dies das Ergebnis politischer Entscheidungen. Im Pflichtschulbereich ist die Finanzierung aus öffentlichen Haushalten die Regel; in der Vorschulerziehung, im Hochschulsektor und in der Weiterbildung verteilen sich die Finanzierungslasten auf öffentliche und private Träger. Ein Blick auf die Situation in Deutschland vermittelt folgendes Bild (vgl. Statistisches Bundesamt 2011, S. 27): Insgesamt entfielen von den knapp 154 Mrd. Euro, die für Bildung in der Abgrenzung des Bildungsbudgets 2008 aufgewendet wurden, knapp drei Viertel (113 Mrd. Euro) auf die öffentlichen Haushalte (Bund, Länder, Gemeinden), ein Viertel (41 Mrd. Euro) auf den privaten Bereich (Privathaushalte, Organisationen ohne Erwerbszweck, Unternehmen). Faktisch fällt der Finanzierungsanteil der öffentlichen Haushalte allerdings höher aus, weil die Unternehmen und die privaten Haushalte die von ihnen getätigten Bildungsausgaben steuermindernd geltend machen können. Bei Betrachtung der einzelnen Bildungsbereiche zeigen sich beträchtliche Unterschiede in der Lastenverteilung: Während der Schulbereich nahezu vollständig öffentlich finanziert wird, steuern im Elementarbereich und insbesondere in der beruflichen Aus- und Weiterbildung private Quellen einen substanziellen Finanzierungsbeitrag bei.

Schon seit Längerem wird – auch unter Hinweis auf die Situation in den meisten anderen OECD-Staaten (vgl. dazu OECD 2011, S. 281ff.) – für den Tertiärsektor eine stärkere Mitfinanzierung der direkten Kosten durch die Hauptnutznießer der Hochschulbildung, die Studierenden, für notwendig erachtet. Eine solche Korrektur der Lastenverteilung wird durch bildungsökonomische Forschungsbefunde zu den Verteilungswirkungen der staatlichen Hochschulfinanzierung gestützt. So kann Grüske (1997) in einer längsschnittlichen *Inzidenzanalyse* zeigen, dass ein Akademiker bzw. eine Akademikerin in Deutschland im Durchschnitt nur zwischen 10 und 20 Prozent der direkten Studienkosten später mit seiner bzw. ihrer höheren Steuerlast zurückzahlt, d.h. Nichtakademiker und Nichtakademikerinnen mit deutlich geringeren Lebenseinkommen bis zu 90 Prozent der akademischen Ausbildungskosten tragen. Gegen diese Berechnung sind verschiedene Einwände vorgebracht worden (vgl. zusammenfassend Lübbert 2006). So entgehe den Akademikern und Akademikerinnen z.B. ein „Glättungsvorteil": Da die Steuerlast auf der Grundlage von Jahreseinkommen und nicht von Lebenseinkommen berechnet wird, zahlten sie selbst bei (nur) gleich hohem Gesamteinkommen aufgrund der progressiven Besteuerung einen höheren Steueranteil als Nichtakademiker und -akademikerinnen, deren Lebenseinkommen sich über einen längeren Zeitraum verteilt. Grundsätzliche Kritik richtet sich auch gegen die Partialbetrachtung: Zur politikrelevanten Abschätzung von Verteilungseffekten seien nicht einzelne staatliche Maßnahmen, sondern das gesamte Transfersystem in den Blick zu nehmen.

Wissenschaftlich begründete *Allokationsempfehlungen* („Wo sind die Bildungsausgaben am besten investiert"?) liefert die Bildungsökonomie der Politik mit der Berechnung von *Bildungsrenditen* (s.o.). Der Renditevergleich weist tendenziell die höchsten Netto-Investitionserträge für Programme im frühkindlichen Alter und im Vorschulbereich aus, insbesondere für Kinder aus bildungsfernen Schichten (vgl. Wößmann 2008). Im Blick darauf wird – der Mehrzahl der OECD-Staaten folgend – eine Korrektur der Finanzierungsstruktur in Deutschland für erforderlich erachtet: eine stärkere Konzentration der öffentlichen Finanzierung von Bildung auf jüngere und weniger auf ältere Altersstufen (vgl. ebd., S. 227).

Weniger ergiebig ist die bildungsökonomische Forschungsliteratur für *faktorielle Allokationsentscheidungen* im Bildungsbereich („Für welche Ressourcen sollen die Finanzmittel ausgegeben werden"?). Bislang finden sich nur wenige Untersuchungen, die Informationen aus empirischen Produktionsfunktions-Schätzungen (s.o.) mit Kosteninformationen zusammenführen, um effiziente Mittelverwendungen zu identifizieren (vgl. z.B. Pritchett/Filmer 1999; Levacic u.a. 2005). Diese Untersuchungen zeigen vielfach, dass sich durch Mittelumschichtungen budgetneutral Qualitätsverbesserungen (höhere Leistungsniveaus) erreichen ließen. Bei zunehmend expansionsinflexiblen öffentlichen Budgets wird die Strategie der „Binnenoptimierung" des Mitteleinsatzes durch Ausschöpfung von Effizienzreserven an Bedeutung gewinnen.

5. Resümee

Die Bildungsökonomie hat sich im Rückblick auf die letzten fünf Jahrzehnte zu einer eigenständigen, thematisch ausdifferenzierten Disziplin mit hohem Professionalisierungsgrad entwickelt. Im Ensemble der Referenzdisziplinen der Bildungsforschung konnte sie ihre Position nachhaltig stärken; einher ging damit ein deutlicher Anstieg ihres „politischen Kurswertes". Unübersehbar ist, dass sich Bildungsökonomie und Erziehungswissenschaft nach einer langen Phase der Distanzierung einander angenähert haben. Einerseits hat die nachhaltige Veränderung des Kontextes der Bildungswirklichkeit infolge der verschärften Engpasssituation in den öffentlichen Haushalten dafür gesorgt, dass mittlerweile auch in der Erziehungswissenschaft Knappheit als Randbedingung für die Organisation pädagogischer Prozesse anerkannt und mitreflektiert wird. Andererseits hat innerhalb der Bildungsökonomie die thematische Akzentverschiebung von der „Außenwirksamkeit" des Bildungssystems zu Problemen seiner „inneren Leistungsfähigkeit" eine größere Affinität zu erziehungswissenschaftlichen Fragestellungen entstehen lassen. Besonders groß ist die thematische Schnittmenge beider Disziplinen in der Erforschung der Qualität schulischer Bildung. Die Bildungsökonomie hat hier das theoretische und methodische Forschungsarsenal erweitert. Inhaltlich hat sich ihr Forschungsinteresse von Ressourcen zu Institutionen verlagert. Bildungsökonomische Forschungsergebnisse werden zunehmend auch in der Erziehungswissenschaft rezipiert; auf besonderes Interesse stoßen die elaborierten empirischen Analysemethoden. Eine kritische Würdigung des bildungsökonomischen Beitrags in diesem Forschungsfeld wird allerdings nicht darüber hinwegsehen können, dass die forschungsleitenden Hypothesen der Spezifik des Objektbereichs nicht immer angemessen sind. Unzureichende Institutionenkenntnisse sind dafür ebenso verantwortlich wie die ausgeprägte Selbstreferenzialität der Bildungsökonomie. Eine Auseinandersetzung mit konkurrierenden Hypothesen und konträren Forschungsergebnissen anderer Bildungswissenschaften – wie etwa in der Phase der kritischen Reflexion der Humankapitaltheorie in den 1970er-Jahren – findet kaum statt. Die geringe Bereitschaft der meisten Wirtschaftswissenschaftler und -wissenschaftlerinnen, die Bildungsökonomie als Teildisziplin der Bildungsforschung zu begreifen und in einen interdisziplinären Diskurs einzutreten, bietet dafür ebenso eine Erklärung wie die in Deutschland wenig entwickelte institutionelle Basis für ein produktives Zusammenwirken der Bildungsökonomie mit anderen Bildungswissenschaften. Synergiepotenziale bleiben dadurch weitgehend ungenutzt. Verbesserung verspricht die kürzlich initiierte Gründung einer Deutschen Gesellschaft für empirische Bildungsforschung.

Literatur

Altrichter, H./Sommerauer, S. (2007): Klassenschülerzahl, Schülerleistungen und Unterrichtsqualität. In: Erziehung und Unterricht 157, H. 7/8, S. 740-752.

Andersen, S.C./Serritzlew, S. (2006): The Unintended Effects of Private School Competition. In: Journal of Public Administration Research and Theory 17, S. 335-356.

Anger, C./Plünnecke, A./Schmidt, J. (2010): Bildungsrenditen in Deutschland – Einflussfaktoren, politische Optionen und volkswirtschaftliche Effekte. Köln: IW-Medien.

Arnhold, G. (2005): Kleine Klassen – große Klassen? Eine empirische Studie zu der Bedeutung der Klassengröße für Schule und Unterricht. Bad Heilbrunn: Klinkhardt.

Belfield, C.R./Levin, H.M. (2002): The Effects of Competition Between Schools on Educational Outcomes: A Review for the United States. In: Review of Educational Research 72, H. 2, S. 279-341.

Belfield, C.R. u.a. (2006): The High/Scope Perry Preschool Program: Cost-Benefit Analysis Using Data from the Age-40 Followup. In: Journal of Human Resources 41, H. 1, S. 162-190.

Bellmann, J./Weiß, M. (2009): Risiken und Nebenwirkungen Neuer Steuerung im Schulsystem. In: Zeitschrift für Pädagogik 55, H. 2, S. 286-308.

Böhlmark, A./Lindahl, M. (Mai 2007): The Impact of School Choice on Pupil Achievement, Segregation and Costs: Swedish Evidence. Bonn: IZA (IZA Discussion Paper 2786).

Carnoy, M. (Hrsg.) (1995): International Encyclopedia of Economics of Education. Oxford: Pergamon.

Fend, H. (1998): Qualität im Bildungswesen. Weinheim/München: Juventa.

Fend, H. (2004): Was stimmt mit den deutschen Bildungssystemen nicht? Wege zur Erklärung von Leistungsunterschieden zwischen Bildungssystemen. In: Schümer, G./Tillmann, K.-J./Weiß, M. (Hrsg.): Die Institution Schule und die Lebenswelt der Schüler. Wiesbaden: VS, S. 15-38.

Grüske, K.-D. (1997): Tragen Akademiker die Kosten ihrer Ausbildung? Sind Studiengebühren unsozial? In: Böttcher, W./Weishaupt, H./Weiß, M. (Hrsg.): Wege zu einer neuen Bildungsökonomie. Weinheim/München: Juventa.

Gundlach, E./Wössmann, L. (2003): Bildungsressourcen, Bildungsinstitutionen und Bildungsqualität: Makroökonomische Relevanz und mikroökonomische Evidenz. Kiel: Institut für Weltwirtschaft. ULR: http://www.econstor.eu/bitstream/10419/3311/1/GuWoeBilress.pdf; Zugriffsdatum: 01.03.2012.

Hanushek, E.A. (1997): Assessing the Effects of School Resources on Student Performance. An Update. In: Educational Evaluation and Policy Analysis 19, H. 2, S. 141-164.

Hanushek, E.A./Kimko, D.D. (2000): Schooling, Labor Force Quality, and the Growth of Nations. In: American Economic Review 90, H. 5, S. 1184-1208.

Hanushek, E.A./Welch, F. (Hrsg.) (2006): Handbook of the Economics of Education. Amsterdam: North Holland.

Hanushek, E.A./Wößmann, L. (2007): The Role of Education Quality in Economic Growth. Washington, DC: World Bank (World Bank Policy Research Working Paper 4122).

Harmon, C./Walker, I./Westergaard-Nielsen, N. (Hrsg.) (2001): Education and Earnings in Europe: A Cross Country Analysis of the Returns to Education. Cheltenham: Elgar.

Hummelsheim, S./Timmermann, D. (2010): Bildungsökonomie. In: Tippelt, R./Schmidt, B. (Hrsg.): Handbuch Bildungsforschung. 2., überarb. Aufl. Wiesbaden: VS, S. 93-134.

Johnes, G./Johnes, J. (Hrsg.) (2004): International Handbook on the Economics of Education. Cheltenham: Elgar.

Jürges, H./Schneider, K./Büchel, F. (2005): The Effect of Central Exit Examinations on
Student Achievement: Quasi-Experimental Evidence from TIMSS Germany. In:
Journal of the European Economic Association 3, H. 3, S. 1134-1155.

Leuven, E./Oosterbeek, H./Ronning, M. (2008): Quasi-Experimental Estimates of the Effect
of Class Size on Achievement in Norway. Bonn: IZA (IZA Discussion Paper 3474).

Levacic, R. u.a. (2005): Estimating the Relationship Between School Resources and Pupil
Attainment at Key Stage 3. London: Institute of Education.

Levin, H.M. (2009): The Economic Payoff to Investing in Educational Justice. In:
Educational Researcher 38, H. 1, S. 5-20.

Lübbert, D. (2006): Zu den Umverteilungswirkungen staatlicher Hochschulfinanzierung.
Berlin: Deutscher Bundestag (WD 8-224/06).

McMahon, W. (1999): Education and Development: Measuring the Social Benefits. Oxford:
University Press.

OECD (1998): Human Capital Investment. Paris: OECD.

OECD (2003): The Sources of Economic Growth in OECD Countries. Paris: OECD.

OECD (2011): Bildung auf einen Blick 2011. Paris: OECD.

Oreopoulos, P./Salvanes, K.G. (2009): How Large Are Returns to Schooling? Hint: Money
Isn't Everything. Cambridge, MA: National Bureau of Economic Research (NBER
Working Paper 15339).

Pritchet, L./Filmer, D. (1999): What Education Production Functions Really Show: A
Positive Theory of Education Expenditures. In: Economics of Education Review 18,
S. 223-239.

Psacharopoulos, G./Patrinos, H. (2002): Returns to Investment in Education: A Further
Update. Washington, DC: World Bank (World Bank Policy Research Working Paper
2881).

Schneider, B. u.a. (2007): Estimating Causal Effects. Washington, D.C.: American Educational Research Association.

Schümer, G./Weiß, M. (2008): Bildungsökonomie und Qualität der Schulbildung. Frankfurt
a.M.: Max-Traeger-Stiftung.

Statistisches Bundesamt (2011): Bildungsfinanzbericht 2011. Wiesbaden.

Strauß, H./Boarini, R. (2008): Der Einfluss von Bildungs- und Wirtschaftspolitik auf den
Ertrag des Hochschulstudiums in 21 OECD-Ländern. In: Zeitschrift für Erziehungs-
wissensschaft 11, H. 2, S. 183-213.

Timmermann, D./Weiß, M. (2011): Bildungsökonomie. In: Reinders, H. u.a. (Hrsg.):
Empirische Bildungsforschung. Wiesbaden: VS, S. 165-178.

Wahrenburg, M./Weldi, M. (2007): Return on Investment in Higher Education – Evidence
for Different Subjects, Degrees and Gender in Germany. Frankfurt: Universität
Frankfurt.

Weiß, M. (2009): Schule und Wettbewerb. In: SchulVerwaltung Hessen und Rheinland-Pfalz
14, H. 2, S. 34-36 und S. 69-71.

Weiß, M. (2011): Der Beitrag der Bildungsökonomie zur Schulqualitätsforschung – eine
kritische Würdigung. In: Diedrich, R./Heilemann, U. (Hrsg.): Ökonomisierung der
Wissensgesellschaft. Wie viel Ökonomie braucht und wie viel Ökonomie verträgt die
Wissensgesellschaft? Berlin: Duncker & Humblot, S. 313-326.

Wößmann, L. (2005): Leistungsfördernde Anreize für das Schulsystem. In: ifo Schnelldienst
58, H. 19, S. 18-27.

Wößmann, L. (2007): Extern geprüfte Standards, Schulautonomie und Wettbewerb:
Chancen für das deutsche Schulsystem. In: Recht der Jugend und des Bildungswesens
55, H. 1, S. 64-83.

Wößmann, L. (2008): Die Bildungsfinanzierung in Deutschland im Licht der Lebenszyklus-perspektive: Gerechtigkeit im Widerstreit mit Effizienz? In: Zeitschrift für Erziehungs-wissenschaft 11, H. 2, S. 214-233.

Wößmann, L./West, M.R. (2006): Class-Size Effects in School Systems Around the World: Evidence from Between-Grade Variation in TIMSS. In: European Economic Review 50, H. 4, S. 695-736.

Zuerst veröffentlicht in:
DDS – Die Deutsche Schule
104. Jahrgang 2012, Heft 4, S. 383-396
© 2012 Waxmann

Ralph Schumacher/Elsbeth Stern

Neurowissenschaften und Lehr-Lern-Forschung: Welches Wissen trägt zu lernwirksamem Unterricht bei?

Zusammenfassung

Neurowissenschaftliche Ergebnisse besitzen für sich genommen keine Bedeutung für die Gestaltung schulischer Lerngelegenheiten. Die Methoden der Hirnforschung eignen sich weder dazu, Wissensunterschiede zwischen den Lernenden aufzudecken, noch geben sie Anleitung für die Darbietung von Informationen. Ein zukünftiges Potenzial neurowissenschaftlicher Methoden liegt jedoch in der Aufdeckung von Unterschieden in der Informationsverarbeitung, die sich auf der Verhaltensebene nicht beobachten lassen.
Schlüsselwörter: Neurowissenschaften und Lernen, Potenzial neurowissenschaftlicher Methoden, Informationsverarbeitung

Neuroscience and Research on Learning and Instruction: What Kind of Knowledge Contributes to Educational Outcome?

Abstract

Strictly speaking, results from neuroscience can neither inform educational practice nor can they tell how to design learning environments. Brain imaging methods do not allow drawing conclusions on individual differences in knowledge representation and on appropriate information presentation. However, a future potential of brain imaging is the uncovering of differences in information processing that do not become apparent in behavior.
Keywords: neuroscience and learning, potential of brain imaging, information processing

1. Einleitung

Dank der Fortschritte auf dem Gebiet der Neurowissenschaften können wir heute geistige Prozesse wie Lernen nicht nur auf der Verhaltensebene beobachten, sondern parallel dazu auch Aktivitäten im Gehirn verfolgen. So können uns bildgebende Verfahren zum Beispiel Informationen über die Unterschiede zwischen den Gehirnzuständen von Menschen mit normaler geistiger Entwicklung sowie normalen Lernfähigkeiten und Menschen mit Entwicklungsstörungen sowie eingeschränkten Lernkompetenzen liefern. Beispielsweise haben Einsichten in die Gehirnfunktionen von Schülern und Schülerinnen mit Lese-Rechtschreibschwäche (Dyslexie) dazu beigetragen, verständlich zu machen, aus welchen Gründen normale Unterrichtsmethoden in manchen Fällen erfolglos bleiben (vgl. Goswami 2004). Die Entdeckung solcher durch das Gehirn bedingten Einschränkungen für das Lernen hat eine fortdauernde Diskussion darüber ausgelöst, inwieweit Ergebnisse der Hirnforschung generell dazu geeignet sind, eine Grundlage für die Verbesserung von Unterrichtsmethoden bereitzustellen.

Während einige Autoren und Autorinnen Leitideen dafür skizziert haben, wie sich pädagogische, psychologische und neurowissenschaftliche Forschungen zum menschlichen Lernen integrieren ließen (vgl. Ansari/De Smed/Grabner 2012; Blakemore/Frith 2006), haben andere vor unrealistischen Erwartungen an die Neurowissenschaften gewarnt (vgl. Bruer 1997; Schumacher 2007; Stern/Grabner/ Schumacher 2005) und auf die Gefahr hingewiesen, dass dabei die weitaus besser ausgearbeiteten Theorien zur Verbesserung schulischen Lernens der psychologischen Lehr- und Lernforschung ignoriert werden (vgl. Stern 2005). In diesem Aufsatz wird erklärt, warum die Neurowissenschaften keine Bedeutung für die Gestaltung schulischer Lerngelegenheiten haben – und worin ihr eigentlicher Beitrag zum Verständnis menschlichen Lernens besteht.

2. Welches Wissen benötigen Lehrpersonen, um guten Unterricht zu erteilen?

Angenommen, eine Lehrperson hat den Schülerinnen und Schülern im Physikunterricht das zweite Newtonsche Gesetz erklärt, wonach es zu jeder Kraft eine gleich große Reaktionskraft gibt, die in entgegengesetzter Richtung wirkt. Die Lehrperson stellt den Schülerinnen und Schülern im Anschluss an ihre Erläuterungen die folgende Aufgabe:

Abb. 1:   Aufgabe zum zweiten Newtonschen Gesetz

Zwei Skateboard-Fahrer mit gleichem Gewicht stehen sich je auf einem Skateboard ge-
genüber und sind mit einem gespannten Seil verbunden. Der Linke zieht aktiv am Seil,
der Rechte hält es nur fest. Was passiert?

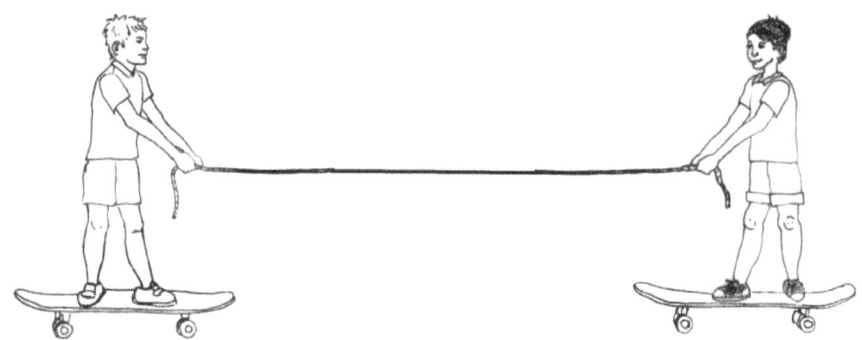

Quelle: MINT-Lernzentrum der ETH Zürich

Diejenigen Schülerinnen und Schüler, die das zweite Newtonsche Gesetz verstanden haben und auf neue Situationen anwenden können, werden die richtige Antwort
geben, dass sich beide Skateboard-Fahrer gleich schnell zur anfänglichen Mitte be-
wegen. Hingegen werden andere, die glauben, dass nur der aktiv ziehende linke
Skateboard-Fahrer eine Kraft ausübt, antworten, der Linke würde stehenbleiben und
der Rechte auf ihn zu rollen. Damit stellt sich die Frage, was Lehrpersonen wissen
müssen, um nach Möglichkeit *allen* Schülerinnen und Schülern diesen physikalischen
Zusammenhang verständlich zu machen. Woran liegt es, dass die einen etwas verstehen und die anderen nicht?

Eine wichtige Rolle bei der Erklärung und Vorhersage von Leistungsunterschieden
beim schulischen Lernen spielt neben der Intelligenz das Vorwissen der Lernenden
in den jeweiligen Inhaltsbereichen. Zu diesem Vorwissen gehören zum einen
Vorstellungen, die mit den wissenschaftlichen Inhalten verträglich sind und an
die man daher im Unterricht anschließen kann. Dazu gehört zum Beispiel die
Vorstellung, dass Kräfte eine Richtung, einen Ansatzpunkt und einen Betrag besitzen. Diese Kenntnisse werden als *anschlussfähige Schülervorstellungen* bezeichnet.
Zum anderen zählen zum Vorwissen aber auch Vorstellungen, die mit den wissenschaftlichen Inhalten unverträglich sind und daher zu Verständnisschwierigkeiten
führen können. Dazu gehört beispielsweise die Vorstellung, dass Kräfte nur dann wirken, wenn Lebewesen aktiv Bewegungen ausführen. Solche Vorstellungen werden als
Fehlvorstellungen bzw. als *nichtanschlussfähige Schülervorstellungen* bezeichnet. Um
den Unterricht optimal auf den Kenntnisstand der Lernenden abzustimmen, müssen Lehrpersonen also wissen, welche anschlussfähigen und nichtanschlussfähigen

Vorstellungen bei den Schülerinnen und Schülern vorliegen. Dieses Vorwissen lässt sich mit geeigneten Tests, wie sie zum Beispiel vom MINT-Lernzentrum der ETH Zürich entwickelt werden, vor dem Unterricht erheben.[1]

Damit das Vorwissen der Schülerinnen und Schüler im Unterricht gezielt genutzt werden kann, müssen Lehrpersonen zudem wissen, welche Lernformen sich besonders eignen, um das Gelernte zu vertiefen oder um vorliegenden Fehlvorstellungen entgegenzuwirken. Eine Lernform, die sich in zahlreichen Vergleichsstudien als besonders wirksam herausgestellt hat, besteht darin, die Lernenden mit inhaltlich genau abgestimmten Aufträgen dazu aufzufordern, Erklärungen zu bilden. Zur Vertiefung des Gelernten kann ihnen beispielsweise der Auftrag gegeben werden darzustellen, wie sie das zweite Newtonsche Gesetz einem Mitschüler oder einer Mitschülerin erklären würden, der bzw. die die betreffende Lektion verpasst hat. Sie müssen sich dabei also genau überlegen, welche Voraussetzungen sie ihrem Mitschüler bzw. ihrer Mitschülerin zunächst erklären müssen und welche Punkte für das Verständnis dieses Naturgesetzes besonders wichtig sind. Der oben genannten Fehlvorstellung lässt sich wiederum entgegenwirken, indem die Lernenden aufgefordert werden zu erklären, was genau an der Vorstellung falsch ist, Kräfte würden nur dann wirken, wenn aktiv Bewegungen ausgeführt werden – und durch welche Fälle diese Vorstellung widerlegt werden kann. Auf diese Weise machen sie sich diese Fehlvorstellung noch einmal besonders bewusst.

Wenn es um die Erklärung von Leistungsunterschieden beim schulischen Lernen geht, dann geht es um Leistungsunterschiede zwischen gesunden Personen mit einer Intelligenz im normalen Bereich. Es ist wichtig, dies zu beachten, denn häufig wird von neurowissenschaftlichen Untersuchungen, die sich mit Unterschieden zwischen gesunden Personen und Personen mit pathologischen Störungen wie der Lese- und Rechtschreibschwäche (Dyslexie) oder der Rechenschwäche (Dyskalkulie) befassen, fälschlich darauf geschlossen, sie könnten automatisch auch Leistungsunterschiede zwischen gesunden Personen erklären. Für Leistungsunterschiede zwischen gesunden Personen sind aber neben Unterschieden in der Intelligenz vor allem Unterschiede im Vorwissen verantwortlich. Um guten Unterricht zu machen, müssen Lehrpersonen daher das Vorwissen der Lernenden kennen, und sie müssen wissen, welche Lernformen sich besonders eignen, um Fehlvorstellungen entgegenzuwirken sowie das Wissen zu vertiefen.

---

1   Näheres dazu kann unter URL: http://www.educ.ethz.ch/mint, nachgelesen werden.

3. Welche Forschungsrichtung stellt dieses unterrichtsrelevante Wissen bereit?

Das für die Unterrichtsgestaltung relevante Wissen über das Vorwissen der Schülerinnen und Schüler sowie über wirksame Lernformen stellt nicht der Blick ins Hirn, sondern die empirische Lehr- und Lernforschung bereit. Schülervorstellungen werden erhoben, indem man die Kinder bzw. Jugendlichen Fragen wie die folgende bearbeiten lässt:

Abb. 2:   Fragen zur Ermittlung des Vorwissens von Schülerinnen und Schülern

Eine Kugel liegt auf einem elastischen Brett. Welche der folgenden Aussagen treffen zu?

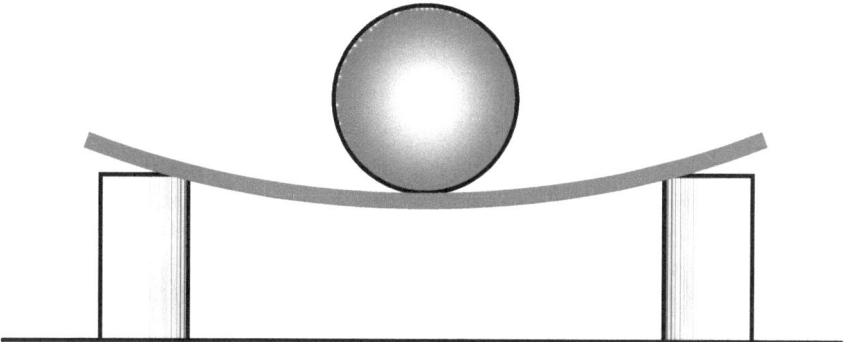

- *Da die Kugel in Ruhe ist, wirken hier überhaupt keine Kräfte.*
- *Auf die Kugel wirkt nur die Stützkraft des gespannten Bretts, sonst würde sie herunterfallen.*
- *Auf die Kugel wirkt nur die Anziehungskraft der Erde, da sich das Brett durchbiegt.*
- *Das Brett stützt die Kugel ab und wirkt deshalb mit einer nach oben gerichteten Kraft auf die Kugel.*

Quelle: MINT-Lernzentrum der ETH Zürich

Mit Fragen wie diesen lässt sich herausfinden, ob die Lernenden bereits über bestimmte Kenntnisse verfügen oder ob sie noch Vorstellungen haben, die nicht anschlussfähig sind und damit zu Verständnisschwierigkeiten führen können. Solche Testfragen eignen sich ebenfalls, um im Anschluss an den Unterricht festzustellen, ob etwas gelernt bzw. richtig verstanden wurde. Denn Lernen zeigt sich im Bewältigen von Anforderungen: Wenn die Schülerinnen und Schüler im Unterricht etwas dazugelernt haben, dann zeigt sich das darin, dass sie nach dem Unterricht Aufgaben lösen können, die sie vor dem Unterricht noch nicht bewältigen konnten.

Hingegen lässt sich mit dem Blick ins Hirn nicht feststellen, ob etwas richtig gelernt wurde. Denn grundsätzlich gehen *alle* Lernprozesse – auch wenn etwas Falsches gelernt wurde – mit funktionellen oder strukturellen Veränderungen im Gehirn einher, so dass allein von dem Vorliegen neuronaler Veränderungen nicht darauf geschlossen werden kann, dass jemand etwas richtig verstanden hat. Die Beobachtung, dass sich im Gehirn neue Verbindungen von Nervenzellen gebildet haben, ist deshalb *unterbestimmt* in Bezug auf die Frage, ob das Richtige gelernt wurde. Deshalb gilt: Ganz unabhängig vom technischen Fortschritt in den bildgebenden Verfahren der Hirnforschung werden die bunten Bilder niemals die Erhebung von Wissen und Verhalten ersetzen können. Befragungen und Beobachtungen des Verhaltens haben also klare Priorität vor der Beobachtung von Vorgängen im Gehirn: Erst wenn man über das Bewältigen von Anforderungen in Testsituationen festgestellt hat, dass jemand etwas verstanden hat, kann anschließend mit den Methoden der Neurowissenschaften untersucht werden, welche Veränderungen im Gehirn mit diesen Lernprozessen einhergehen. Aber auch wenn man wissenschaftlich abgesicherte Zusammenhänge zwischen Lernprozessen und bestimmten Veränderungen im Gehirn gefunden hat, bleiben Befragung und Beobachtung weiterhin die einzigen sicheren Mittel, um festzustellen, ob etwas richtig gelernt bzw. verstanden wurde.

Auch die Wirksamkeit verschiedener Lernformen kann nur im Rahmen der empirischen Lehr- und Lernforschung untersucht werden. Dazu müssen Vergleichsstudien mit mehreren Gruppen durchgeführt werden, die unter verschiedenen Bedingungen bzw. mit verschiedenen Lernformen unterrichtet werden. Bei solchen Vergleichsstudien ist es natürlich zentral, zunächst mithilfe geeigneter Vortests sicherzustellen, dass das Ausgangsniveau der verschiedenen Gruppen vergleichbar ist. Dazu werden zum Beispiel Wissenstests mit Fragen wie den oben dargestellten verwendet. Anschließend werden den verschiedenen Gruppen dieselben Inhalte in unterschiedlichen Lernumgebungen bzw. mit verschiedenen Lernformen präsentiert. Zum Beispiel werden die einen aufgefordert, eine Zusammenfassung zu schreiben, während die anderen den Auftrag erhalten, Erklärungen zu geben oder genau aufzuschreiben, was sie im Einzelnen noch nicht verstanden haben. Nach Abschluss dieser Interventionen wird mithilfe von Nachtests geprüft, wie viel die Versuchsteilnehmer unter den verschiedenen Bedingungen gelernt haben – und ob sich zwischen den verschiedenen Gruppen statistisch bedeutsame Unterschiede feststellen lassen. Wenn sich gezeigt hat, dass – bei vergleichbaren Ausgangsvoraussetzungen und gleichem Zeitaufwand – eine Gruppe deutlich mehr gelernt hat als die übrigen Gruppen, dann kann behauptet werden, dass die betreffende Lernform wirksamer ist als die anderen.

Hingegen lassen sich solche Aussagen auf der Grundlage der Beobachtung des Gehirns nicht machen. Denn aus dem Umfang oder der Art der Veränderung von Nervenverbindungen im Gehirn lässt sich nicht ablesen, welche Lernform im Vergleich mit anderen Lernformen am besten geeignet ist, um Individuen auf die Bewältigung von Anforderungen vorzubereiten. Zum Beispiel ist es nicht so, dass besonders viele Veränderungen bei der Bildung von Nervenzellen darauf hinweisen, dass besonders viel gelernt wurde. Vielmehr ist der Umfang der Veränderung und Aktivierung von Hirnarealen davon abhängig, über wie viel Routine und Expertise die betreffenden Personen verfügen. Ob sich also bei einer bestimmten Lernform besonders viele oder besonders wenige Veränderungen bei der Bildung von Nervenzellen im Gehirn zeigen, hat folglich keine Bedeutung dafür, ob viel oder wenig gelernt wurde. Der Blick ins Hirn ist also auch in dieser Hinsicht *unterbestimmt*.

Wie kommt diese Unterbestimmtheit zustande? Sie entsteht dadurch, dass die Lehr- und Lernforschung und die Neurowissenschaften unterschiedliche Phänomene auf verschiedenen theoretischen Ebenen erklären. Gegenstand der Lehr- und Lernforschung ist das Verhalten von Personen. Unterschiede im Verhalten wie Leistungsunterschiede werden beispielsweise mit Unterschieden im Wissen oder in der Intelligenz erklärt. Gegenstand der Neurowissenschaften sind Vorgänge im menschlichen Gehirn. Diese Vorgänge werden biologisch bzw. chemisch erklärt. Es ist zwar grundsätzlich möglich, geistigen Zuständen bestimmte Hirnzustände zuzuordnen, mit denen sie im Allgemeinen gemeinsam auftreten. Aber solche Zuordnungen sind aufgrund der individuellen Unterschiede niemals eindeutig. Denn jedes Gehirn ist aufgrund der Lerngeschichte der betreffenden Person anders. Dadurch kommt die oben dargestellte Unterbestimmtheit zustande: Auch wenn ich einen bestimmten Hirnzustand identifizieren kann, kann ich damit noch nicht mit Sicherheit sagen, in welchem geistigen Zustand sich die betreffende Person befindet – ob sie zum Beispiel das zweite Newtonsche Gesetz verstanden hat. Vielmehr kann ich das nur herausfinden, indem ich ihr Verhalten untersuche und prüfe, ob sie in der Lage ist, bestimmte Anforderungen zu bewältigen.

Erklärungen für ausbleibende Lernzuwächse, die auf Vorgänge im Gehirn abzielen (z.B.: „Es wurde nicht genügend Dopamin ausgeschüttet", oder: „Der linke Parietallappen war nicht aktiviert"), können grundsätzlich nichts zur Steigerung der Lernwirksamkeit von Unterricht beitragen. Selbst wenn die physiologischen Indikatoren zuverlässig messbar sind (was zum jetzigen Stand der Forschung nur selten der Fall ist), kann die Lehrkraft daraus keine Handlungen ableiten. Stellen wir uns eine Expertenkommission vor, die die Ursachen für einen Flugzeugabsturz herausfinden soll und die nach wochenlanger, kostenintensiver Recherche zu dem Ergebnis kommt: „Es war die Gravitationskraft, die den Absturz auslöste". Das ist zwar aus Sicht der Physik korrekt, aber es erklärt nicht, warum nur das besagte und nicht alle anderen Flugzeuge abgestürzt sind. Statt sich auf allgemeine Gesetze der Physik zu konzentrieren, wird die Kommission nach Konstruktionsmängeln und Fehlfunktionen bei dem speziellen Flugzeug suchen, die dazu führten, dass zum Zeitpunkt des Absturzes die Auftriebskräfte nicht größer als die Gravitationskraft waren. Parallel dazu muss die Lehrkraft herausfinden, warum es nicht zur Passung zwischen ihrem Input und dem Vorwissen der Lernenden gekommen ist.

4. Haben neurowissenschaftliche Untersuchungen zu diesem unterrichtsrelevanten Wissen etwas beigetragen?

Auch wenn in der Wissenschaft Geist und Gehirn noch getrennt betrachtet werden müssen, weil die Gesetzmäßigkeiten, nach denen sie zusammenwirken, noch gänzlich unbekannt sind, können beide Perspektiven voneinander profitieren. Es könnte sich immerhin zeigen, dass Erkenntnisse über das Gehirn gewonnen werden, welche psychologische Theorien über den Geist in Frage stellen. So wurden vor wenigen Jahrzehnten noch psychische Krankheiten wie Schizophrenie oder Autismus auf frühkindliche Störungen der Mutter-Kind-Beziehung zurückgeführt. Das klingt aus heutiger Sicht absurd: Wir kennen die internen Störungen der Hirnfunktionen bei diesen Krankheiten recht gut und wissen, dass sie sich weder durch Umwelteinflüsse auslösen noch heilen lassen. In der klinischen Psychologie musste man als Ergebnis der Hirnforschung Theorien und Hypothesen aufgeben. Wie aber sieht es in der Lehr- und Lernforschung aus? Zwingen uns Erkenntnisse aus der Hirnforschung zu neuen Sichtweisen des schulischen Lernens? In der Expertise von Stern, Grabner und Schumacher (2005) wurde gezeigt: Keine Einsicht der Lehr- und Lernforschung zur Unterrichtsgestaltung musste aufgrund von Ergebnissen der Neurowissenschaften revidiert werden. Psychologische Theorien zum Konzeptwechsel, zur Motivation, zur grafisch-visuellen Wissensrepräsentation können recht präzise Bedingungen für lernwirksamen Unterricht aufzeigen (mehr dazu bei Felten und Stern 2012).

Eigenständige neurowissenschaftliche Forschungsergebnisse, die zur Revision von Empfehlungen der Lehr- und Lernforschung zur Unterrichtsgestaltung geführt haben, lagen bis zum Jahre 2005 nicht vor (vgl. Stern/Grabner/Schumacher 2005). Aber hat sich in der Zwischenzeit der Forschungsstand vielleicht so verändert, dass die damaligen Schlussfolgerungen nicht mehr zutreffen?

Einen aktuellen Überblick über die neurowissenschaftliche Forschung in diesem Bereich bietet der 2012 veröffentlichte Aufsatz „Neuroeducation – A Critical Overview of An Emerging Field" von Daniel Ansari, Bert De Smedt und Roland Grabner (2012). Die Autoren weisen gleich zu Anfang einschränkend darauf hin, dass sich die in diesem Bereich vorliegenden neurowissenschaftlichen Untersuchungen *nicht* mit der Erklärung von Leistungsunterschieden zwischen gesunden Personen befassen. Stattdessen beschäftigen sie sich mit pathologischen Phänomenen – insbesondere mit Dyslexie und Dyskalkulie. Es geht dabei also darum, Leistungsunterschiede zwischen gesunden Personen und Personen mit bestimmten Leistungsstörungen zu erklären. Da sich diese Untersuchungen nicht mit Leistungsunterschieden zwischen gesunden Personen befassen, können sie folglich auch nicht erklären, warum zum Beispiel einige Schülerinnen und Schüler die eingangs dargestellte Mechanikaufgabe lösen können und andere nicht. Der Forschungsstand hat sich in den letzten fünf Jahren also *nicht* so stark verändert, dass sich nun behaupten ließe, die Neurowissenschaften würden eigenständige Vorschläge zur Gestaltung schulischer Lerngelegenheiten aufstellen.

Ein denkbarer Einwand könnte nun folgendermaßen lauten: „Aber die Neurowissenschaften bestätigen doch Vieles, was die Lehr- und Lernforschung sagt. Und indem sie dies tun, leisten sie doch auch einen wichtigen Beitrag zur Gestaltung des Schulunterrichts. Beispielsweise bestätigen sie, dass Personen mit höherer Lernmotivation besser lernen als Personen mit niedrigerer Lernmotivation." Dieser Einwand lässt sich mit zwei Überlegungen zurückweisen:

Erstens werden vielfach Ergebnisse der Verhaltensforschung, zu der auch die Lehr- und Lernforschung zählt, als Resultate der Neurowissenschaften ausgegeben. Das trifft auch auf das dargestellte Beispiel zu: Um diese Behauptung begründen zu können, muss man nämlich zunächst Unterschiede in der Lernmotivation erheben, indem Personen mit geeigneten Tests befragt werden. Anschließend muss verglichen werden, wie sich diese Motivationsunterschiede auf Leistungen beim Lernen auswirken. Auch dies geschieht wiederum mit entsprechenden Tests, mit denen geprüft wird, wie Personen unterschiedliche Anforderungen bewältigen. Damit wird deutlich, dass diese Behauptung nur durch die Untersuchung des Verhaltens von Personen gestützt werden kann. Hingegen trägt die Untersuchung von Gehirnzuständen zu dieser Einsicht nichts bei.

Zweitens werden vielfach Erkenntnisse der Lehr- und Lernforschung mit unpassenden oder viel zu allgemeinen Befunden der Neurowissenschaften unterfüttert. In diesem Fall wird also das Richtige mit den falschen Gründen gestützt. Um das obige Beispiel noch einmal aufzugreifen: Das ist so, als würde man auf die Frage: „Warum ist dieses Flugzeug abgestürzt?", antworten: „Wegen der Schwerkraft." Diese Antwort ist natürlich viel zu allgemein, denn es interessiert einen ja gerade, warum manche Flugzeuge in der Luft bleiben – und manche nicht.

Ein häufiger Einwand von Anhängern und Anhängerinnen der neurowissenschaftlichen Perspektive ist, dass erst die Hirnforschung die Bedeutung der Emotionen für das Lernen erkannt habe und dass man erst seitdem wisse, dass Angst ein schlechter Ratgeber beim schulischen Lernen sei. Dieses Argument entbehrt allerdings jeglicher Grundlage und ist wohl auf die Tatsache zurückzuführen, dass viele Kinder mit Schulangst bei Medizinern landen. Wir können derzeit selbst mit Hilfe der besten Hirnscannings nicht zwischen verschiedenen Emotionen unterscheiden. Wir wissen also durch den Blick ins Hirn nicht, ob jemand gerade traurig oder fröhlich ist. Und die Rolle der Angst beim Lernen wurde bereits zu Zeiten geklärt, als der Behaviorismus noch die Psychologie dominierte. Angst kommt auf, wenn negative Konsequenzen, also Strafreize zu erwarten sind, und diesen kann man nur durch Flucht oder Vermeidung entgehen. Durch das Verabreichen von Strafen kann man also erreichen, dass ein Individuum ein unerwünschtes Verhalten unterlässt. Möchte man hingegen Verhalten aufbauen, müssen positive Konsequenzen erlebt werden. Eltern und Lehrpersonen könnten sich manches Ärgernis ersparen, wenn sie Straf- und Belohnungsreize gezielter einsetzen würden. Ziel der Schule ist es, Verhalten und Kompetenzen aufzubauen, die nicht spontan erworben werden. Dies kann nur gelingen, wenn die Lernenden mit dem Verhalten positive Erlebnisse verbinden. Dazu gehört Kompetenzerleben, also die Bewältigung einer Anforderung. Aus der Tatsache, dass Lehrpersonen und Eltern eine lange bekannte Einsicht – nämlich dass man durch Strafen Verhalten ab-, aber nicht aufbauen kann – nicht konsequent nutzen, lässt sich also keineswegs ableiten, dass Neurowissenschaften zu neuen pädagogischen Einsichten geführt haben bzw. führen können.

5. Worin liegen die Stärken neurowissenschaftlicher Untersuchungen in Bezug auf das Verständnis menschlichen Lernens?

Daraus, dass die Neurowissenschaften keine Bedeutung für die Gestaltung schulischer Lerngelegenheiten haben, folgt selbstverständlich nicht, dass sie keinen Beitrag zum Verständnis menschlichen Lernens leisten können. Das wäre ein Fehlschluss. Um die Bedeutung der Neurowissenschaften für die psychologische Forschung zum menschlichen Lernen zu veranschaulichen, werden im Folgenden sechs exemplarische Fälle der Kooperation zwischen beiden Disziplinen dargestellt.

Neurowissenschaftliche Erklärungen für entwicklungsspezifische kognitive Defizite
Neurowissenschaftliche Untersuchungen können Erklärungen für entwicklungsspezifische kognitive Defizite liefern, die auf kognitionswissenschaftlicher Ebene bereits bekannt und untersucht sind. Dies trifft zum Beispiel auf die Studie von Judy DeLoache (2004) zu, in der die mangelnde Fähigkeit von 18 bis 30 Monate alten Kleinkindern, verkleinerte Modelle von Gegenständen wie Stühlen, Rutschen oder Autos als solche zu erkennen (und entsprechend zu handeln), in Beziehung gesetzt wird zu der neurowissenschaftlichen Einsicht, dass visuelle Informationen im menschlichen Gehirn in zwei verschiedenen Systemen, nämlich im ventralen und im dorsalen System, verarbeitet werden, die in diesem Entwicklungsstadium noch nicht ausreichend miteinander verbunden sind.

Neurowissenschaftliche Erklärungen für kognitive Leistungsstörungen
Neurowissenschaftliche Untersuchungen können zur Erklärung kognitiver Leistungsstörungen beitragen. Ein Beispiel ist die Erklärung der Lese- und Rechtschreibschwäche (Dyslexie). Die meisten Kinder mit Dyslexie haben eine verminderte phonologische Bewusstheit. Das bedeutet, sie haben Schwierigkeiten, zusammengesetzte Sprachlaute in Wörtern zu erkennen und zu erzeugen. Kinder mit solchen phonologischen Defiziten zeichnen sich zudem durch deutlich geringere neuronale Aktivitäten

im temporal-parietalen Bereich aus, wenn sie zum Beispiel mit Aufgaben beschäftigt sind, bei denen es darum geht zu entscheiden, ob sich bestimmte Silben reimen (vgl. Simos u.a. 2002). Da die Aktivierung in dieser Hirnregion mit besserer Lesefähigkeit zunimmt, lässt sich Dyslexie also mit einer verminderten Hirntätigkeit in diesem Bereich erklären.

Außerdem ist in diesem Zusammenhang wichtig, dass neurowissenschaftliche Untersuchungen dadurch für die psychologische Lehr- und Lernforschung Bedeutung gewinnen können, dass sie uns Hinweise auf die Art der neuronalen Ursachen kognitiver Leistungsstörungen geben. Zum Beispiel hat sich gezeigt, dass Dyslexie nicht auf einer Fehlentwicklung des phonologischen Systems, sondern auf einer verlangsamten Entwicklung dieses Systems beruht (vgl. Goswami 2004). Da es denkbar ist, dass man auf verlangsamte Entwicklungen mit anderen Trainingsmaßnahmen als auf Fehlentwicklungen reagiert, lassen sich aus solchen Einsichten möglicherweise auch praktische Konsequenzen für die Beseitigung von Leistungsstörungen ableiten.

Verschiedene Ursachen kognitiver Leistungsstörungen
Kognitive Leistungsstörungen können mehrere neuronale Ursachen haben. Während sich also in solchen Fällen auf der Verhaltensebene keine Unterschiede feststellen lassen, können im Zuge neurowissenschaftlicher Untersuchungen bei verschiedenen Personen unterschiedliche Ursachen dieser Störung identifiziert werden. Dies trifft zum Beispiel auf die Lese- und Rechtschreibschwäche zu, der sowohl Störungen im visuellen System als auch Störungen im auditiven System zugrunde liegen können. Entsprechend diesen Unterschieden müssen also verschiedene Trainingsmaßnahmen ergriffen werden, um die kognitive Störung zu beseitigen. Auf diese Weise können neurowissenschaftliche Untersuchungen praktische Konsequenzen für Trainings- bzw. Unterrichtsmaßnahmen haben. Dabei muss allerdings einschränkend hervorgehoben werden, dass sie noch nichts über die inhaltliche Beschaffenheit dieser Maßnahmen aussagen. In erster Linie erfahren wir durch solche Untersuchungen nämlich nur, dass wir verschiedene Trainingsmaßnahmen ergreifen müssen, um die kognitiven Störungen zu beseitigen.

Frühzeitige Diagnose kognitiver Entwicklungsstörungen anhand neurowissenschaftlicher Befunde
Es mag im Prinzip möglich sein, anhand neurowissenschaftlicher Befunde kognitive Entwicklungsstörungen frühzeitig zu diagnostizieren, bevor sie sich auf der Verhaltensebene zeigen. Dies setzt voraus, dass es einen eindeutigen Zusammenhang zwischen dem Auftreten bestimmter Hirnzustände zu einem bestimmten Entwicklungszeitpunkt und dem späteren Auftreten bestimmter Leistungsstörungen gibt. Gegenwärtig lassen jedoch die neurowissenschaftlichen Methoden noch keine zuverlässige Frühdiagnose – zum Beispiel von Sprachstörungen – im Einzelfall zu.

Entscheidungen zwischen konkurrierenden kognitionswissenschaftlichen Erklärungen
Neurowissenschaftliche Befunde können in manchen Fällen herangezogen werden um zu entscheiden, welcher von zwei konkurrierenden kognitionswissenschaftlichen Erklärungen der Vorzug gegeben werden soll. Erklärt zum Beispiel Theorie A Dyslexie mit Störungen in der visuellen Wahrnehmung und Theorie B mit Störungen beim Sprachverstehen, dann ist es möglich, durch neurowissenschaftliche Untersuchungen der entsprechenden Hirnareale herauszufinden, welche dieser beiden Erklärungen zutrifft (siehe dazu auch Goswami 2004). Auch im so genannten Normalbereich könnten sich hier interessante Entwicklungen ergeben. Ganz aktuell ist ein Artikel von Immordino-Yang, Christodoulou und Singh (2012) zu nennen, in dem gezeigt wird, dass sich verschiedene Zustände der Aufmerksamkeit im Gehirn identifizieren lassen, die Unterschiede im Lernzuwachs erklären können.

Das Trainieren von Vorläuferfähigkeiten
Neurowissenschaftliche Untersuchungen haben ferner gezeigt, dass bestimmte Hirnareale, die später bei Erwachsenen wichtige Funktionen für das Rechnen übernehmen, bei Kindern besonders aktiviert werden, wenn sie ihre Finger abzählen (vgl. Dehaene 1997). Dieser Befund ist vereinbar mit der Annahme, dass es sich beim Rechnen mit Fingern um eine mathematische Vorläuferfähigkeit handelt, deren Förderung sich positiv auf den späteren Kompetenzerwerb auswirkt. Sollte sich diese Prognose in längsschnittlich angelegten Trainingsstudien als zutreffend herausstellen, dann würden sich aus neurowissenschaftlichen Einsichten – in Kombination mit Ergebnissen psychologischer Längsschnittsstudien – Anleitungen für die Unterrichtsgestaltung ergeben.

In diesem Zusammenhang muss aber beachtet werden, dass allein aus dem Befund, dass durch das Abzählen der Finger bei Kindern Hirnareale aktiviert werden, die später im Erwachsenenalter für das Ausführen von Rechenoperationen relevant sind, noch nicht ableiten lässt, dass die späteren Rechenleistungen gezielt durch das Üben des Fingerabzählens in der Kindheit verbessert werden können. Aus der Tatsache, dass man seine Hände beim Essen sowie beim Schreiben benutzt, würde man ja auch nicht schließen, dass Essen eine gezielte Übung für das spätere Schreiben ist. Dass am Zustandekommen zweier Kompetenzen die gleichen physiologischen Grundlagen beteiligt sind, lässt noch keinerlei Schlüsse über Fördermöglichkeiten zu. Bei der Entwicklung der Rechenleistung kann nämlich angenommen werden, dass diese zudem von einer ganzen Reihe kultureller Faktoren abhängt, die im Zuge der Beschreibung des menschlichen Gehirns überhaupt nicht erfasst werden.

6. Fazit

Die sechs dargestellten Fälle machen deutlich, dass neurowissenschaftliche Untersuchungen für die psychologische Lehr- und Lernforschung durchaus von Bedeutung sind, weil sich mit ihnen Unterschiede und Gemeinsamkeiten aufdecken lassen, die auf der Verhaltensebene nicht beobachtet werden können. In diesem Zusammenhang ist es wichtig zu beachten, dass sich viele der dargestellten Fälle auf die Diagnose und Erklärung von kognitiven Leistungsstörungen beziehen. Von der unbestreitbaren Kompetenz der Neurowissenschaften hinsichtlich der Diagnose und Erklärung pathologischer Fälle darf aber nicht vorschnell darauf geschlossen werden, dass ihr damit die gleichen Kompetenzen auch für die Gestaltung von Lerngelegenheiten im normalen Schulunterricht zukommen. Für die Frage, was uns Menschen in die Lage versetzt, die komplexen Anforderungen, die unsere Umwelt an uns stellt, zu bewältigen, müssen wir die Unterscheidung zwischen Gehirn und Geist beibehalten. Mediziner setzen sich mit der Frage auseinander, ob und wie ein nicht optimal funktionierendes Gehirn medikamentös optimiert werden kann. Lehrerinnen und Lehrer hingegen müssen sich mit dem menschlichen Geist und vor allem dem darin gespeicherten Wissen auseinandersetzen. Die Auseinandersetzung mit der Hirnforschung ist zweifelsohne interessant, aber nicht erforderlich für die Gestaltung optimaler Lerngelegenheiten.

Literatur

Ansari, D./De Smedt, B./Grabner, R. (2012): Neuroeducation – A Critical Overview of An Emerging Field. In: Neuroethics 2, H. 5, S. 105-117.

Blakemore, S./Frith, U. (2006): Wie wir lernen. Was die Hirnforschung darüber weiß. München: DVA.

Bruer, J. (1997): Education and the Brain: A Bridge Too Far. In: Educational Researcher 26, H. 8, S. 4-16.

Dehaene, S. (1997): The Number Sense. New York: Oxford University Press.

DeLoache, J./Uttat, D./Rosengreen, K. (2004): Scale Errors Offer Evidence for a Perception-Action Dissociation Early in Life. In: Science 304, H. 5673, S. 1027-1029.

Felten, M./Stern, E. (2012): Lernwirksam unterrichten. Berlin: Cornelsen.

Goswami, U. (2004): Neuroscience and Education. In: British Journal of Educational Psychology, H. 74, S. 1-14.

Immordino-Yang, M./Christodoulou, A./Singh, V. (2012): Rest Is Not Idleness: Implications of the Brain's Default Mode for Human Development and Education. In: Perspectives on Psychological Science, H. 7, S. 352-364.

Schumacher, R. (2007): The Brain Is Not Enough. Potentials and Limits in Integrating Neuroscience and Pedagogy. In: Analyse und Kritik 2, H. 1, S. 38-46.

Simos, P./Fletcher, J./Bergman, M. (2002): Dyslexia-specific Brain Activation Profile Becomes Normal Following Successful Remedial Training. In: Neurology 58, H. 8, S. 1203-1213.

Stern, E. (2005): Pedagogy Meets Neuroscience. In: Science 310, H. 5749, S. 745.

Stern, E./Grabner, R./Schumacher, R. (2005): Lehr-Lern-Forschung und Neurowissenschaften: Erwartungen, Befunde und Forschungsperspektiven. Reihe Bildungsreform, Band 13. Berlin: Bundesministerium für Bildung und Forschung (BMBF).

Zuerst veröffentlicht in:
DDS – Die Deutsche Schule
105. Jahrgang 2013, Heft 3, S. 321-335
© 2013 Waxmann

Peter Zedler

Allgemeine Erziehungswissenschaft und Empirische Bildungsforschung

Entwicklungslinien eines gelegentlich schwierigen Verhältnisses, Teil 1

Zusammenfassung

Der Beitrag geht dem Verhältnis von Allgemeiner Pädagogik und Empirischer Bildungsforschung in der Entwicklung seit den 1960er-Jahren nach. Im Vordergrund stehen dabei die Anschlüsse, die im Hinblick auf zentrale Themen und Probleme wechselseitig bestanden und aus heutiger Sicht gegeben sind.
Schlüsselwörter: Allgemeine Erziehungswissenschaft, Empirische Bildungsforschung

General Educational Science and Empirical Educational Research

Lines of Development of an Occasionally Difficult Relationship
Part 1

Summary

This article looks into the development of the relationship between general educational science and empirical educational research since the 1960s. It focusses on the connections, which existed with regard to central topics and problems and which exist from today's perspective.
Keywords: general educational science, empirical educational research

1. Eckpunkte und Zeichen des Umbaus der Erziehungswissenschaft: der geänderte Stellenwert von Allgemeiner Pädagogik und Empirischer Bildungsforschung

Es kommt zwar immer wieder vor, dass das, was lange Zeit randständig war, in den Vordergrund rückt, einzelnen Studien und Befunden eine exemplarische Bedeutung für einzelne Theoriebereiche zugewiesen wird und vormals wenig beachtete Fragestellungen im Kontext neuer Wissensbestände neue Bedeutung erhalten. Prozesse dieser Art gehören zur normalen Theoriendynamik. Ungewöhnlicher ist, wenn mit der Konjunktur für bestimmte Themen, Zugriffe und Bearbeitungsformen ein anhaltender Wandel in den subdisziplinären Strukturen einer Wissenschaft einhergeht. Ein solcher Wandel ist gegenwärtig für die erziehungswissenschaftliche Entwicklung in verstärktem Umfang zu finden. Bereits in den letzten beiden Dekaden haben sich u.a. stark ausgeprägte Veränderungen für das Stellengewicht des Fachgebietes Allgemeine Pädagogik ergeben, die gegenwärtig durch ebenso gravierende Veränderungen im Stellengewicht Empirischer Bildungsforschung verstärkt werden. Beide Bereiche haben ihre ursprünglichen Plätze in der disziplinären Matrix getauscht.

Galt die Allgemeine Pädagogik noch bis Anfang der 1990er-Jahre als eine Kerndisziplin der Erziehungswissenschaft, die zum vorrangigen Grundbestand an erziehungswissenschaftlichen Professuren gehörte, so ist sie zunehmend randständig.[1] Als Fachgebiet massiv geschrumpft, findet sie sich bei Stellenausschreibungen meist nur noch unter dem Dach der Allgemeinen Erziehungswissenschaft mit ergänzenden Schwerpunktbeimengungen vertreten. Entgegengesetzt hierzu hat sich die Empirische Bildungsforschung entwickelt: Noch Mitte der 1980er-Jahre in der Erziehungswissenschaft randständig und der Sache nach lediglich dort zu finden, wo es – abweichend vom Standard – Stellen für Bildungssoziologie oder Pädagogische

---

1 Der Datenreport Erziehungswissenschaft 2012 weist für den Zeitraum 1987 bis 2010 für die Fächer Allgemeine Pädagogik/Historische Pädagogik/Vergleichende und Systematische Pädagogik einen Gesamtrückgang von 14 Prozentpunkten aus, für die Empirische Bildungsforschung allein einen Zuwachs von 100 Stellen (vgl. Krüger/Kücker/Weishaupt, S. 155). Da die statistische Erfassung nicht differenziert zwischen den o.g. Fächern und diese sämtlich einem Fachgebiet Allgemeine Pädagogik zurechnet, fällt der Rückgang geringer aus, als er unter alleiniger Berücksichtigung der Lehrstühle/Professuren für Allgemeine Pädagogik oder Allgemeine Erziehungswissenschaft ausfallen würde. Im Datenreport werden den Professuren für Empirische Bildungsforschung die Stellen für empirische Schul- und Unterrichtsforschung zugeordnet, und sie werden als Teil des Fachgebiets Schulpädagogik geführt. Danach haben mittlerweile knapp ein Viertel der ausgeschriebenen Stellen in der Schulpädagogik einen Profilschwerpunkt in der Empirischen Bildungsforschung. Folgt man den Ausschreibungen und Denominationen der Lehrstühle/Professuren, so findet sich Empirische Bildungsforschung auch als angegebener Profilschwerpunkt für das Fach Allgemeine Erziehungswissenschaft. Wie immer man statistisch zählt, ist der o.g. Sachverhalt eines überproportional starken Rückgangs der Allgemeinen Pädagogik als Fach und als Fachgebiet ebenso unstrittig wie die starke Zunahme der Empirischen Bildungsforschung, sei es als Fach oder Fachgebiet, mit und ohne Akzentuierung auf Schule und Unterricht.

Psychologie gab, ist sie von einem Sammelbegriff zu einer Teildisziplin geworden, der als Fachgebiet in erziehungswissenschaftlichen Stellenausschreibungen der letzten Jahre eine hohe Priorität zukommt.[2] War sie früher eine ergänzende Informationsquelle ohne Definitionsmacht in pädagogischen Fragen, hat sie gegenwärtig den Status einer Wissensquelle, die für die Fort- und Weiterentwicklung pädagogischer Praxis und deren Organisation unverzichtbar erscheint. Bereits die Fachbezeichnung und noch mehr das ihr zugeordnete forschungsmethodische Arsenal stehen für einen Zugriff auf Problemstellungen, der in seiner Ergiebigkeit vielfach als Schlüssel für sachgerechte Problemlösungen angesehen wird. Im Horizont des ihr zuerkannten Stellenwertes scheint sich eine paradigmatische Änderung in der Erziehungswissenschaft zu vollziehen: Ein empirischer Zugriff auf Problemstellungen gehört mittlerweile zu den unterschwellig vorhandenen Normen für reputationsfähige Theoriebildung; und kaum jemand ist noch zu finden, der nicht auch empirisch arbeitet oder meint, in der Erziehungswissenschaft auf Bildungsforschung verzichten zu können.

Die Entwicklung ist nicht unumstritten, als Ganzes ebenso wie in einzelnen ihrer Facetten. Kontrovers gesehen werden ihre theorie- und wissenschaftsgeschichtliche Einordnung ebenso wie auch die Einschätzungen der Folgen, die für das Fach, seine Leistungsfähigkeit gegenüber pädagogischer Praxis sowie damit auch für diese selbst zu erwarten sind.

Zwei Sichtweisen auf die Entwicklung stehen sich gegenüber. Von der einen Seite als neuerliche realistische Wende bezeichnet,[3] wird der Ausbau der Bildungsforschung vielfach als Fortsetzung des Wandels der Pädagogik von einer philosophisch geprägten zu einer sozialwissenschaftlichen Disziplin gesehen – eines Wandels, mit dem sich die Erziehungswissenschaft zugleich europäisch und international vorhandenen Standards anpasst. Mit dieser Einordnung korrespondiert die Einschätzung, dass die Erziehungswissenschaft nur im Konzert mit benachbarten Disziplinen wie der Soziologie, Psychologie sowie Teilen der Wirtschaftswissenschaften und deren Methodenarsenal sich als Wissenschaft behaupten und die sich ihr stellenden Aufgaben angemessen bearbeiten kann. In der deutschen Tradition entwickelte Besonderheiten im Selbstverständnis und bei der disziplinären Matrix, die abseits so-

---

2   Für den Zeitraum 2003-2006 wies der Datenreport 2008 34 ausgeschriebene Professuren für das Fachgebiet Empirische Bildungsforschung aus (vgl. Krüger/Schnoor/Weishaupt 2008, S. 107), für den Zeitraum 2007-2010 insgesamt 73 (vgl. Krüger/Kücker/Weishaupt 2012, S. 153) – mithin mehr als eine Verdoppelung.

3   Der Begriff „realistische Wendung" geht auf die Antrittsvorlesung von H. Roth (1963) mit dem Titel „Die realistische Wendung in der Pädagogischen Forschung" zurück. In ihr vertrat Roth die These, dass „sich in allen Grund- und Hilfswissenschaften der Pädagogik eine realistische Wendung vollzogen hat, ein zunehmender Einbau erfahrungswissenschaftlicher Methoden, die die Pädagogik erst noch nachzuvollziehen und […] für sich nachzuentwickeln hat" (a.a.O., S. 96). Diese Forderung blieb weitgehend Programm. Anfang der 1970er-Jahre führte die Forderung zu den Anfängen einer erziehungswissenschaftlichen Bildungsforschung (vgl. Roth/Friedrich 1975).

zialwissenschaftlicher und internationaler Standards liegen, mögen – wissenschaftsge-schichtlich gesehen – plausible Gründe haben, können aber längerfristig nicht beste-hen.

Dem entgegen steht eine Sichtweise, die darauf hinweist, dass die Erziehungswissen-schaft im Zuge dieser Entwicklung mehr und mehr von dem verliert, was sie als eigenständige Disziplin ausmacht. Im Bestreben, eine „normale" (Sozial-)Wissen-schaft zu sein, der Überbetonung empirischer Verfahren, verbunden mit dem mas-siven Rückschnitt Allgemeiner Pädagogik, verliere erziehungswissenschaftliche Theoriebildung zunehmend die praktischen Verwendungsinteressen aus dem Auge, die sie als Wissenschaft begründet haben und begründen (vgl. Hoffmann 2010, S. 118f.). Folge seien eine festzustellende „Entpädagogisierung" der Erziehungs-wissenschaft (vgl. ebd.), das Entschwinden und der Verlust eines differenzierten Verständnisses für ihre genuinen Aufgaben. Zu ihren Aufgaben gehöre eben nicht nur festzustellen, was als Zusammenhang und Wirkung beobachtbar ist sondern auch zu klären, ob das, was beobachtbar ist, auch vertretbar, richtig und wünsch-bar ist und was in Hinblick darauf zu tun sei und besser zu machen wäre. Werden diese Fragen und Problemstellungen, die sich in Hinblick auf die Beurteilung und Gestaltung von pädagogischer Praxis stellen, aus der erziehungswissenschaftlichen Theoriebildung ausgeklammert oder gar aus ihr verabschiedet, wäre zu klären, wer stattdessen deren systematische Erörterung übernimmt. Denn die Probleme ver-schwinden ja nicht dadurch, dass sie in der Forschung ausgeklammert werden. Geister, die man verschweigt, werden bekanntlich immer lauter. Da herkömmlicher-weise die Allgemeine Pädagogik der wissenschaftliche Ort war, an dem kriterienori-entierte Fragen gegenüber pädagogischer Praxis und Erziehungswirklichkeit erörtert wurden, ist bei einer Ausdünnung oder einem Verzicht auf Allgemeine Pädagogik/ Allgemeine Erziehungswissenschaft mit Einbußen und Verlusten in der Qualität der Beantwortung dieser Fragen zu rechnen,[4] insbesondere dann, wenn für die Probleme der Kriterienorientierung und deren Erörterung nur die Allgemeine Pädagogik als zentraler Ort vorhanden wäre.

Kommt es weniger auf das Label (bzw. den Namen des Ortes) an, sondern darauf, dass bestimmte Problemstellungen systematisch und regelmäßig verhandelt wer-den, hängen Gewinn und Verluste des Ab- und Umbaus von Teilbereichen we-sentlich davon ab, wie stark die Grenzziehungen zwischen Teilbereichen sind und ob sie einen Import von Problemstellungen und eine Fortsetzung von Diskursen er-lauben. Aber wie stark oder schwach sind die Grenzziehungen resp. Öffnungen zwi-schen den Subdisziplinen und ihren Theoriebeständen, wie stark oder schwach die Überschneidungen von Themen und Problemfeldern, wie eng oder weitmaschig die

---

4   Auch politische und rechtliche Diskurse zu Kriterien der Gestaltung pädagogischer Praxis sind üblicherweise darauf angewiesen, bei den Fachwissenschaften nachzufragen; so wird beispielsweise bei der juristischen Verwendung des Kriteriums Kindeswohl auf fachwissen-schaftliche Diskurse verwiesen.

Vernetzung, wie vereinbar die Theoriesprachen, wie anschlussfähig die Themen und Problemstellungen der Subdisziplinen füreinander, wie eng und wie ausbaufähig die Kooperation?

Diesen Fragen wird im Folgenden nachgegangen. In einem ersten Schritt soll dazu die Frage beantwortet werden, wie stark sich die Allgemeine Pädagogik bereits in den zurückliegenden Jahren sozialwissenschaftlich geöffnet hat, wie durchlässig ihre ursprünglich philosophischen Begrenzungen gegenüber sozialwissenschaftlichen Theoriebeständen und dem forschungsmethodischen Inventar der Nachbardisziplinen wurden. In einem zweiten Schritt soll dann entlang eines Abgleiches zentraler Problemstellungen Allgemeiner Pädagogik mit korrespondierenden empirischen Theoriesträngen versucht werden, genauer zu bestimmten, was Verluste und Defizite sind, die mit der empirischen Umschrift der Erziehungswissenschaft im Gewande der Bildungsforschung einhergehen. Schließlich wird in einem dritten Abschnitt beleuchtet, was in der erziehungswissenschaftlichen Bildungsforschung weitgehend ausgeklammert wird, sich gerade aber im Hinblick auf die Probleme der Gestaltung von Erziehungs- und Bildungsprozessen als ein zentrales Problem erweist, das in der Allgemeinen Erziehungswissenschaft aufgrund ihrer Traditionslinien gut beheimatet wäre.

2.   Von der Allgemeinen Pädagogik zur Allgemeinen Erziehungswissenschaft. Entwicklungslinien der Einbindung und des Umgangs mit sozialwissenschaftlicher Forschung

Als Aufgabe und Anliegen Allgemeiner Pädagogik gilt gemeinhin die Entfaltung eines theoretischen Rahmens, mit dem Handlungen und Prozesse als „pädagogische" begriffen, in ihrem Zusammenhang bestimmt sowie in Hinblick auf verschiedene Gesichtspunkte erörtert werden können. Dieses ursprünglich von Herbart (1806) geprägte Verständnis hat sich im 19. und 20. Jahrhundert insoweit erhalten, als dem Fachgebiet Allgemeine Pädagogik die Aufgabe zugewiesen wurde, die Grundlagen bereitzustellen, die für alle „pädagogisch" genannten Prozesse, Praxen und Arbeitsfelder grundständig sowie unabhängig von deren sonstigen Besonderheiten als Fundament und Bindeglied tauglich sind. Als Bindeglied angesehen wird spätestens seit den 1950er-Jahren die Entfaltung eines „Grundgedankengangs",[5] der erkennbar machen soll, in welchen Formen pädagogisches Handeln sichtbar wird und was diesem Handeln Richtung und Ziel gibt.

Gut überlegte Vorschläge more philosophorum zu machen ist eines, sie so zu machen, dass von ihnen eine zureichende Orientierung ausgeht, etwas anderes. Als sich in den 1960er-Jahren Bedarf und Angebot an pädagogischen Dienstleistungen aus-

---

5   Für die 1950er-Jahre vgl. Flitner (1958) und für die Gegenwart Benner (1987/2001).

weiten, Fachgebiete und Studiengänge wie Sozialpädagogik und Erwachsenbildung zu den etablierten Bereichen der Lehrerbildung hinzutreten, nimmt das Problem der Schaffung einheits- und integrationsstiftender Grundlagen zu. Zugleich wird es schwieriger, in der philosophischen Theorietradition der Allgemeinen Pädagogik dafür eine hinreichende Grundlage zu sehen, und noch schwieriger, außerhalb der philosophischen Theorietradition ein gemeinsames theoretisches Fundament zu finden; letzteres allein schon deshalb, weil die Bestimmung von Gemeinsamkeiten in den Grundlagen eine Beheimatung in den Diskursen und Tätigkeitsfeldern der verschiedenen Teilbereiche voraussetzt – ein Spagat, der durch den hohen Stellenwert benachbarter Disziplinen wie Psychologie und Soziologie in diesen Bereichen zusätzlich erschwert wird.

Noch in den 1960er-Jahren setzt sich zudem die Überzeugung durch, dass die damals vorherrschende geisteswissenschaftliche Theoriebildung in der Erziehungswissenschaft revisionsbedürftig sei (vgl. Dahmer/Klafki 1968); zumindest einer Ergänzung bedürfe, die es erlaubt, die Tatsachen und gesellschaftlichen Zusammenhänge des Erziehungsfeldes zu erfassen und die Rolle und Funktionen von Schule und Bildung ebenso wie die von Erziehungswissenschaft für die gesellschaftliche Entwicklung zu reflektieren. Eingefordert wird eine realistische Wendung, die Öffnung gegenüber Formen sozialwissenschaftlicher Theoriebildung in Psychologie und Soziologie (vgl. Roth 1963). Diese freilich sind selbst in einem Grundlagenstreit begriffen. Mit der sich vollziehenden sozialwissenschaftlichen Öffnung beginnt daher zugleich eine ausgedehnte wissenschaftstheoretische Diskussion um die Grundlagen erziehungswissenschaftlicher Theoriebildung, gepaart mit einer starken Ausrichtung der Theoriebildung an der Bildungsreform in der zweiten Hälfte der 1960er- und frühen 1970er-Jahre.

Mit dieser Entwicklung differenziert sich auch das Feld der Fachvertreterinnen und -vertreter Allgemeiner Pädagogik. Während eine erste Gruppe am Diskurs um eine philosophische Grundlegung im Horizont ideen- und problemgeschichtlicher Traditionen festhält und ihn fortführt, geht eine zweite Gruppe dazu in Distanz und befasst sich verstärkt mit wissenschaftstheoretischen Grundlagen und Grundfragen einer Pädagogik als Erziehungswissenschaft, einschließlich einer Adaption des sozialwissenschaftlichen Theorieninventars zu ausgewählten Kernfragen pädagogischer Prozesse und ihrer Gestaltung. Eine dritte Gruppe hält sich gegenüber metatheoretischen Debatten zurück zugunsten eines Engagements in Segmenten der Bildungsreform, insbesondere Themen im angestammten Bereich Schule.[6] Die Diskursinteressen dieser Gruppierungen finden ihren Niederschlag in

---

6 Stellvertretend für die oben genannten drei Gruppierungen von Vertreterinnen und -vertretern Allgemeiner Pädagogik können aus der Generation der zwischen 1927 und 1934 geborenen für die erste Gruppe Heitger, Fischer und Derbolav stehen, für die zweite Brezinka, Heid und Blankertz und für die dritte von Hentig, Blankertz und Klafki. Wie die Doppelnennung von Blankertz andeutet, gab es ad personam starke Überschneidungen und

Zirkeln, Zeitschriften, schließlich auch in Neugründungen von Arbeitsgruppen und Kommissionen.

Sehen sich die Fachvertreterinnen und -vertreter Allgemeiner Pädagogik aus der Generation der 1927 bis Anfang der 1930er-Jahre Geborenen noch geeint in einem Selbstverständnis von Erziehungswissenschaft, das eine Mitverantwortung – reflektierend oder gestaltend – für das sieht, was in der „Praxis" resp. in der Reform geschieht, so ändert sich dies nach dem Ende der Bildungsreform und mit der Generation, die, zwischen 1942 und 1955 geboren, nunmehr die Professuren zu erobern beginnen.

Das Versiegen und das Ende der Reform[7] führt Anfang der 1980er-Jahre zu ersten Bilanzierungen der sozialwissenschaftlichen Wende. Mit ihnen gehen teils ein „back to the roots" und eine Wiederentdeckung der im philosophischen Diskurs verankerten Theoriestücke und Segmente Allgemeiner Pädagogik einher.[8] Auf dem Hintergrund der wissenschaftstheoretischen Auseinandersetzung und der sozialwissenschaftlichen Importe ist – insbesondere für diejenigen, die ihre akademische Sozialisation nicht in Sozialkontexten der philosophischen Theorietradition erfahren haben – eine schlichte Rückkehr zum philosophisch-ideengeschichtlichen Diskurs und seinen Konzepten freilich ebenso wenig möglich wie eine Tilgung der sozialwissenschaftlichen Ausweitungen. Im Selbstverständnis der meisten jüngeren Fachvertreterinnen und -vertreter ist Erziehungswissenschaft in erster Linie „Wissenschaft", zumal dem Engagement in Fragen der Reform und einem gemeinsamen Interesse mit der Praxis der Boden schwindet. Und das, was die Teilbereiche als wissenschaftliche Fachgebiete übergreift und verbindet, sind ihre wissenschaftstheoretischen Grundlagen. Sie sind die integrative Klammer, nicht mehr ein Grundgedanke, der, im pädagogischen Handeln immer schon latent angelegt, Theoriebildung und Praxis vorgängig verbindet. Was immer dann Allgemeine Pädagogik sein kann, so

---

„Wanderer" zwischen der philosophisch geprägten Pädagogikwelt und der grundlagentheoretischen Gruppe der Verfechter einer sozialwissenschaftlichen Öffnung sowie der Gruppe der Bildungsreform. Die Unterscheidung von drei Gruppen mag hier hinreichen, um die Öffnung der Allgemeinen Pädagogik in die Sozialwissenschaften in den dafür relevanten Themen und Theoriesegmenten zu verdeutlichen.

7   Das Ende der Bildungsreform der 1970er-Jahre wird zumeist mit der Auflösung des Deutschen Bildungsrates 1975 angesetzt. Die politischen Weichenstellungen liegen früher – finanzpolitisch bereits im März 1974 –, von den rechtlichen und politischen Rahmenbedingungen für eine länderübergreifende Reformplanung her gesehen erst 1982.

8   Galt in der ersten Hälfte der 1970er-Jahre im Zuge der Kritik an der Geisteswissenschaftlichen Pädagogik sowie im Hinblick auf die Bedarfe der curricularen Neustrukturierung die traditionelle Bildungstheorie als weitgehend irrelevant und durch die Qualifikationsforschung zu ersetzen, so ändert sich dies deutlich nach dem Ende der Bildungsreform. In nahezu allen einschlägigen Verlagen erscheinen Sammelbände und theoriegeschichtliche Monographien zum revitalisierten Diskurs um den Bildungsbegriff und seine nicht zu ersetzende Rolle als Zentralbegriff der Erziehungswissenschaft. Vgl. exemplarisch hierfür Buck 1981 und 1984 und Hansmann/Marotzki 1988. Zu dieser Entwicklung vgl. auch Hoffmann 1999.

nicht mehr nur ein Ort des ideen- und problemgeschichtlichen Vergleichs, der systematischen Analyse von Kategorien des pädagogischen Handelns, des zelebrierten Nachdenkens über das Richtige und einer virtuellen Mithaftung für die Praxis. Aufgabe ist es dann in erster Linie, abgesichertes Wissen zu erzeugen, kritische Aufklärung zu betreiben sowie ggf. Veränderungsprozesse wissenschaftlich zu beraten. In der Folge kommt es zu einer kritischen Diskussion der traditionellen Form philosophisch geprägter Allgemeiner Pädagogik, bei der zunächst vorsichtig, dann zunehmend offener Anspruch und Funktion Allgemeiner Pädagogik in Frage gestellt werden. Der kritische Diskurs setzt sich in Schüben bis in die späten 1990er-Jahre und darüber hinaus fort.

Im Rahmen dieses vornehmlich seitens der Vertreterinnen und Vertreter Allgemeiner Pädagogik geführten Diskurses werden die Rolle des Fachs ebenso wie dessen Aufgaben neu zu justieren versucht. Mehrheitlich zurückgewiesen wird ihr Stellenwert, als Zentrum und Kopf erziehungswissenschaftlicher Subdisziplinen dienen zu können. Ebenfalls zurückgewiesen wird der Anspruch, die pädagogische Tätigkeit zureichend reflektieren und orientieren zu können, insbesondere im Hinblick auf die professionalisierten Formen pädagogischer Tätigkeiten, die im Zentrum der Erziehungswissenschaft an Hochschulen stünden (vgl. Winkler 1994; Krüger 1994). Optiert wird für eine sozialwissenschaftliche Öffnung und Neuorientierung des Fachgebietes, die als Allgemeine Erziehungswissenschaft andere Aufgaben als traditionelle Allgemeine Pädagogik zu übernehmen habe.[9] Unstrittig bedürfe es neben den Spezialdisziplinen einer Teildisziplin, die zentrale Wissensbestände zusammenführt, metatheoretisch reflektiert und unter einer Perspektive, die für die Erziehungswissenschaft insgesamt zentral sei, integriert. Solchermaßen ausgerichtet sei eine Allgemeine Erziehungswissenschaft oder – sofern die ältere Bezeichnung präferiert wird – Allgemeine Pädagogik unverzichtbar (vgl. Lenzen 1980; Tenorth 1984).

Unterschiedlich gelagert sind die Vorschläge zu den zukunftsträchtigen Aufgaben einer Allgemeinen Erziehungswissenschaft. Noch im Kontext der wissenschaftstheoretischen Debatte um die Erziehungswissenschaft wurde vorgeschlagen, sie als integrative Klammer für die Gestaltung pädagogischer Prozesse zu sehen, sei es handlungstheoretisch akzentuiert oder unter Einschluss der sich auf der Systemebene stellenden Reform- resp. Gestaltungsfragen (vgl. König 1982; Zedler 1982; König/Zedler 1983;

---

9   Wissenschaftssoziologisch bemerkenswert erscheint, dass sich Anfang der 1990er-Jahre die Bezeichnung Allgemeine Erziehungswissenschaft auch als Lehrstuhlbezeichnung anstelle von Allgemeiner Pädagogik zu etablieren beginnt. War vorher Allgemeine Erziehungswissenschaft vielfach nur als Sammelbezeichnung für Allgemeine Pädagogik und Historische/ Systematische Pädagogik und Vergleichende Erziehungswissenschaft geläufig, beginnt sich Anfang der 1990er-Jahre Allgemeine Erziehungswissenschaft als Bezeichnung für eine erfahrungswissenschaftlich orientierte Allgemeine Pädagogik durchzusetzen. Daneben bleibt die Bezeichnung als Sammelbezeichnung z.B. in der Stellenstatistik des Bundesamtes sowie bei entsprechend gelagerten Untersuchungen erhalten, hier teilweise äquivok zu Allgemeiner Pädagogik gebraucht (vgl. die Reihe der Datenreporte Erziehungswissenschaft).

Zedler 1998). Im Diskurs der 1990er-Jahre kommen Vorschläge hinzu, die sie als eigenständiges Fachgebiet stärker abgrenzen und fokussieren. So wird empfohlen, sie an der Beobachtung auszurichten, dass immer mehr Abschnitte des Lebenslaufs Gegenstand einer pädagogischen Abstützung und Bearbeitung werden und den Prozess der Ausdifferenzierung von Teilbereichen und Tätigkeitsfeldern zu bestimmen scheinen (vgl. Lenzen 1994, 1998). Andere Vorschläge sehen vor, sie forschend als eine Form historischer Sozialwissenschaft zu betreiben, die dem gesellschaftlichen und geschichtlichen Wandel in den Problemstellungen und Strukturen des Pädagogischen nachgeht (vgl. Winkler 1994, 1998). Weitere Beiträge sehen sie vor allem als Ort eines Grundlagendiskurses, der insbesondere dann ergiebig sein würde, wenn er Antwortmöglichkeiten auf zentrale Fragen und Probleme verfügbar hält und gegeneinander abwägt (vgl. Uhl 2003), oder der insbesondere dann wichtig und nachhaltig wäre, wenn dabei die orientierende Funktion von Wissensbeständen untersucht und reflektiert würde (vgl. Marotzki 2004).

Die Reihe der Vorschläge setzt sich fort.[10] Wird der Hintergrund berücksichtigt, auf dem sie gemacht werden, erscheinen die meisten der Vorschläge als nachholende Anpassungskorrekturen einer de facto in Lehre und Forschung bei Vertreterinnen und Vertretern des Fachgebiets längst vollzogenen Entwicklung. Spätestens Ende der 1980er- und zu Beginn der 1990er-Jahre sind sozialwissenschaftlich geprägte Inhalte und Theoriefelder wie z.B. „Sozialisation" fest im Lehrangebot des Fachgebietes Allgemeine Erziehungswissenschaft verankert. Ihre Leitbegriffe haben den Status pädagogischer Grundbegriffe, und es gibt kein erziehungswissenschaftliches Lexikon, das nicht entsprechende Stichworte und Artikel enthält. Die sozialwissenschaftliche Öffnung, die in der 2. Hälfte der 1960er-Jahre noch ein Postulat war, hat sich längst vollzogen und bestimmt die Diskurse, die Theoriebildung, die Lehre und die Forschungsprojekte der Fachvertreterinnen und -vertreter. Prägend für die Mehrheit von ihnen sind bereits ab den 1970er-Jahren Adaptionen und Importe aus den benachbarten sozialwissenschaftlichen Disziplinen, über die das Fachgebiet und das Fach ihre Konturen gewinnen. Unabhängig davon, ob es um Dimensionen der Persönlichkeitsentwicklung geht, die moralische, soziale und kognitive Entwicklung, die biografische Entwicklung oder Fragen der Organisation und Gestaltung pädagogischer Prozesse und Einrichtungen: Bezugspunkte ihrer theoretischen Ausleuchtung sind vor allem zunächst Autoren und Theoriestränge aus Soziologie und Psychologie. Von Kohlberg bis Luhmann, von Habermas bis Bourdieu, von Schütze bis Oevermann usw. sind es vor allem Vertreterinnen und Vertreter aus benachbarten Disziplinen, deren Arbeiten den Diskurs des Faches prägen. Nicht wenige „Pädagoginnen und Pädagogen" sind in den 1980er-Jahren daher auf Tagungen der Deutschen Gesellschaft für Soziologie ebenso vertreten wie auf Tagungen der DGfE.

---

10 Eine sehr detaillierte und übersichtliche Darstellung der Debatte zu Status und Funktion der Allgemeinen Pädagogik zwischen 1994 und 2001 bietet die Arbeit von Kauder (2010); für den gleichen Zeitraum siehe auch Ehrenspeck 2001. Zur neueren Diskussion siehe Kraft 2012.

Die sozialwissenschaftliche Öffnung gilt auch für das forschungsmethodische Inventar. Gab es bei der Gruppe der philosophisch geprägten Vertreterinnen und Vertreter Allgemeiner Pädagogik gegenüber empirischen Verfahren lange Zeit eine Zurückhaltung, die von „beherzter Abneigung" (vgl. Saldern 2010, S. 124) bis hin zu freundlicher Abstinenz reichte, hatte sich dies bei Vertreterinnen und Vertretern der anderen beiden Gruppierungen des Fachgebietes längst geändert. Teils noch in den 1970er-Jahren hatten sie entweder im Rahmen der wissenschaftlichen Begleitung von Reformprojekten oder im Zuge der Projektierung und Umsetzung der Reformen empirisch-statistische oder qualitative Verfahren kennengelernt und eingesetzt, wenn auch nicht auf dem Level, das mit heutigen Statistik-Programmen ungleich leichter realisierbar ist. Gleichwohl reichte die Rezeption empirischer Verfahren – bei Vertreterinnen und Vertretern des Fachgebietes Allgemeine Pädagogik – von deskriptiver Statistik bis hin zu ökonometrischen Verfahren, z.B. dort, wo sie sich mit Fragen der Umsetzung von Schulangeboten in der Fläche oder im Zuge der Bildungsplanung mit Arbeiten und Studien der Qualifikations- sowie der Arbeitsmarkt- und Berufsforschung befassten. Die limitierenden Grenzziehungen des Fachs waren vor allem im Zuge der Reformplanung schwach, dafür die Ausdehnung der Orte des fachlichen Austausches mit Vertreterinnen und Vertretern benachbarter Disziplinen und benachbarter Fachgebiete umso stärker.[11]

Auch die Formen der geschichtlichen Aneignung von Erziehung und Bildung sowie die Form der Selbstreflexion werden mit der sozialwissenschaftlichen Wende der Erziehungswissenschaft empirisch: Im Zuge der Hinwendung Historischer Pädagogik zu Formen der Sozialgeschichte (vgl. Herrmann 1978) erfolgen noch in den 1970er-Jahren empirisch-statistische Untersuchungen zum Strukturwandel des Bildungssystems (vgl. Müller/Zymek 1987). Zeitlich parallel gelagert ist die Gründung der Kommission „Wissenschaftsforschung" (1978), in der sich Ende der 1970er-Jahre vor allem die sozialwissenschaftlich interessierten Vertreterinnen und Vertreter Allgemeiner Pädagogik einer geschichtlich und empirisch ausgerichteten Selbstreflexion der Fachs und seiner Entwicklung zuwenden. In ihren Arbeitsrahmen kann sich erstmals auch eine wissenschaftssoziologisch ausgerichtete Selbstreflexion des Fachs etablieren, die bis heute weitergeführt wird.

---

11 Soziologen und Soziologinnen sowie Erziehungswissenschaftler und Erziehungswissenschaftlerinnen arbeiteten an Themen und Projekten z.B. im „Arbeitskreis für Angewandte Sozialforschung", in einem Verein für drittmittelgestützte Forschung namens „Gesellschaft und Region" sowie „Bildung und Region" (Konstanz) zusammen; das Spektrum der Drittmittelgeber reichte von den Landesministerien über Bundesministerien bis zum HIS etc., und nicht selten waren die Treffen ihrer Mitglieder in die Vorbereitung von DFG-Anträgen oder späteren Arbeitsgruppen, wie z.B. den Arbeitskreis „Qualität von Schule" (ab 1987) oder auch die spätere Gründung der DGfE-Kommission Bildungsplanung/Bildungsorganisation/Bildungsrecht, eingebunden.

Auch ohne weitere Belege – etwa anhand der Projekte, die von Vertreterinnen und Vertretern des Faches Allgemeine Pädagogik durchgeführt wurden – macht die skizzierte Entwicklung deutlich, dass sich in den 1980er-Jahren eine sozialwissenschaftliche Umschrift des Faches Allgemeine Pädagogik vollzieht, die sich als Allgemeine Erziehungswissenschaft etabliert. Als Fachgebiet wird sie in den Konturen gesehen und betrieben, die aus Sicht ihrer Vertreterinnen und Vertreter für Erziehungswissenschaft zentral zugleich als integrative Klammer für die Adaption und Auseinandersetzung mit sozialwissenschaftlichen Studien und Befunden, einschließlich deren Forschungsmethodik, dienen können; für die einen liegt die integrative Klammer in der Gestaltung pädagogischer Praxis und ihrer institutionellen Rahmenbedingungen, für die anderen in der Befassung mit Lebensabschnitten, die in Lern- und Bildungsprozessen organisiert und pädagogisch begleitet werden. Und während die einen daran festhalten, dass Theorie sich an der Lösung der sich in der pädagogischen Praxis und bei deren Organisation stellenden Probleme zu beteiligen hat, sehen die anderen dies als eine chronische Überforderung von „Wissenschaft", die, wie auch der Bezug der Theorie auf Probleme der Praxis, abzulehnen sei.[12]

Die sozialwissenschaftliche Ausrichtung und Umschrift wird Anfang der 1990er-Jahre besonders in den Neuen Bundesländern deutlich. Soweit die Erziehungswissenschaft dort an ihren Stellenstrukturen mitwirken konnte, sind diese zumeist deutlich sozialwissenschaftlich akzentuiert.[13] Ausgehend von einem Selbstverständnis des Faches, demzufolge es Querschnittsaufgaben zu den übrigen Fachgebieten zu bedienen hat und sich fachübergreifend ausrichtet, reichen die Arbeitsschwerpunkte von wissenschaftstheoretischen und methodologischen Grundlagen bis hin zu Fragen der Professionalisierung, das Spektrum der Forschungsprojekte von Untersuchungen zum Transformationsprozess des Schulwesens in den Neuen Bundesländern (Erfurt/Berlin/

---

12 Die unterschiedlichen Zugriffe und Perspektiven konzentrieren sich früh an den Hochschulstandorten und führen zu typischen Ausformungen der Forschungsprojekte ebenso wie bei den angebotenen Studiengängen. Während z.B. an der Humboldt-Universität zu Berlin ein klarer Akzent auf die Distanz gegenüber einer Orientierung an den Problemen der Praxis (auch in der Lehrerausbildung) gelegt wird (Tenorth), wurde in Paderborn und Erfurt die Ausrichtung an Problemen der Praxis forciert: Während dazu in Paderborn eine Einbeziehung von Ansätzen und Theorien der Beratung und des Coachings in die Ausbildung erfolgte, wurden in Erfurt stärker Elemente der Systemdiagnose und Schulentwicklungsplanung nebst einem Studiengang Bildungsmanagement verankert (Zedler, Weishaupt). Mischformen fanden sich in den Neuen Bundesländern in Halle (Krüger) und Leipzig (Schulz). Ähnlich gelagerte Entwicklungen sind etwas später an einzelnen Instituten der alten Bundesländer zu beobachten.
13 Die sozialwissenschaftliche Akzentuierung gilt insbesondere für die Standorte Erfurt, Halle, Dresden und Leipzig. In Erfurt wurden beispielsweise neben einer Professur für Allgemeine Erziehungswissenschaft im gleichnamigen Fachgebiet Stellen für Empirische Bildungsforschung (1991 als Stellenbezeichnung ein Novum) und Forschungsmethodologie eingerichtet, ergänzt durch schwächer ausgestattete Bereiche wie Historische Pädagogik. Zu der Entwicklung in den Neuen Bundesländern vgl. u.a. Kell/Olbertz 1997.

Halle) und dem Wandel der Jugend-und Schulkultur (Halle) über international vergleichende Studien zu Aufbau und Geschichte der Bildungssysteme (Leipzig/Erfurt)
bis hin zu Studien, die die Konsequenzen der demografischen Entwicklung für die
künftigen Schulangebote der Länder nebst ihrer Auswirkungen auf den Lehrerbedarf
in den Blick nehmen (Erfurt). Die genannte Reihe empirisch angelegter Projekte
im Fachgebiet Allgemeine Erziehungswissenschaft ließe sich leicht verlängern. Entsprechend weich in den Abgrenzungen fällt das Verhältnis zur Bildungsforschung aus.

Unter Bildungsforschung werden seit Mitte der 1970er-Jahre sozialwissenschaftlich ausgerichtete Studien und Arbeiten verstanden, die – mit H. Roth zu sprechen
– geeignet sind, deutlich zu machen und besser zu verstehen, wie „Bildungsprozesse
(Lehr-, Lern-, Sozialisations- und Erziehungsprozesse)" je angelegt sind und gestaltet werden können, um – wie Roth/Friedrich es als Kern einer erziehungswissenschaftlichen Bildungsforschung formulierten – zu klären „wie Menschen sich besser
entwickeln und entfalten können" (1975, S. 31). Wie immer das Verständnis seither akzentuiert und profiliert wird[14] – stärker soziologisch auf Rahmenbedingungen
hin bezogen oder psychologisch auf Lehr-Lernprozesse hin akzentuiert, stärker auf
Unterricht und Schule und andere pädagogische Einrichtungen konzentriert oder auf
die gesamte Lebensspanne oder das gesamte Bildungssystem hin ausgerichtet –, fest
steht, dass an dem, was der Bildungsforschung als Korpus von Arbeiten zugeordnet
werden kann, Vertreterinnen und Vertreter der Allgemeinen Erziehungswissenschaft
in nicht geringem Umfang beteiligt waren. Mit der sozialwissenschaftlichen Öffnung
und der Hinwendung zur Bildungsforschung wurden die Fachgebiete füreinander offen, nahmen die Überlappungen zur Bildungsforschung zu. Wie offen die Fachgebiete
dadurch füreinander wurden, lässt sich an den akademischen Karrieren und den
Forschungsschwerpunkten der Fachvertreter Allgemeiner Erziehungswissenschaft
deutlich ablesen.[15] Gleichwohl fallen gerade deshalb hier die Leer- und Bruchstellen

---

14 Die Verwendung des Begriffs „Bildungsforschung" verläuft über die Jahre gesehen ebenso
dynamisch wie die der Begriffe „Allgemeine Pädagogik"/„Allgemeine Erziehungswissenschaft". Neben der „erziehungswissenschaftlichen Bildungsforschung" in den Konturen der
beiden Gutachtenbände des Deutschen Bildungsrates (Roth/Friedrich 1975) gehörten in den
1970er- und 1980er-Jahren vor allem und insbesondere die Qualifikations-, Berufs- und Ar-
beitsmarktforschung (IAB, SOFI), ebenso die Hochschulforschung (HIS) dazu. Verliefen die
Abgrenzungen der Erziehungswissenschaft zu diesem Hauptstrang der Bildungsforschung in
den 1970er-Jahren noch recht scharf – bis hin zur Ausgrenzung der Bildungsökonomie aus
der Erziehungswissenschaft –, wurden die Grenzen im Verlauf der 1980er-Jahre erheblich
durchlässiger, sichtbar u.a. an der Arbeit der Sektion Bildungssoziologie der DGfS, ebenso
wie an der Aufnahme der Bildungsökonomie in den Kreis der erziehungswissenschaftlichen
Professuren zu Beginn der 1990er-Jahre. Zu den Konturen der gegenwärtigen erziehungswissenschaftlichen Bildungsforschung vgl. die Beiträge in dem von Merkens herausgege-
benen Band „Erziehungswissenschaft und Bildungsforschung" (2006).
15 Schulpädagogen wechselten auf Stellen Allgemeiner Pädagogik und umgekehrt, Jugend-
forscher und bildungssoziologisch ausgewiesene Erwachsenbildner auf Stellen Allgemeiner
Erziehungswissenschaft, Fachvertreter aus dem Bereich der Allgemeinen Pädagogik auf Stellen der Berufspädagogik etc. Aus Gründen des Datenschutzes wird hier auf die Angabe prä-
gnanter Beispiele verzichtet.

besonders auf, die die sozialwissenschaftliche Transformation im Vergleich zur Theorietradition Allgemeiner Pädagogik hinterlassen hat.

Literatur

Benner, D. (^{1}1987/^{4}2001): Allgemeine Pädagogik. Weinheim/München: Juventa.

Buck, G. (1981): Hermeneutik und Bildung. Elemente einer verstehenden Bildungslehre. Fink: München.

Buck, G. (1984): Rückwege aus der Entfremdung. Paderborn: Schöningh/München: Fink.

Dahmer, I./Klafki, W. (1968): Geisteswissenschaftliche Pädagogik am Ausgang ihrer Epoche – E. Weniger. Weinheim/Berlin: J. Beltz.

Ehrenspeck, Y. (2001): Allgemeine Pädagogik zwischen Wissenschaftsforschung und Disziplinpolitik. In: Keiner, E./Pollak, G. (Hrsg.): Erziehungswissenschaft: Wissenschaftstheorie und Wissenschaftspolitik. Weinheim/Basel: Beltz, S. 171-186.

Flitner, W. (1958): Das Selbstverständnis der Erziehungswissenschaft in der Gegenwart. Heidelberg: Quelle & Meyer.

Hansmann O./Marotzki W. (Hrsg.) (1988): Diskurs Bildungstheorie I: Systematische Markierungen. Weinheim: Deutscher Studienverlag.

Herbart, J.F. (1806/1887): Allgemeine Pädagogik aus dem Zweck der Erziehung abgeleitet. In: Joh. Fr. Herbarts Sämtliche Werke. Hrsg. von K. Kehrbach. Langensalza: H. Beyer & Söhne, Bd. 2, S. 1-139.

Herrmann, U. (1978): Pädagogik und geschichtliches Denken. In: Thiersch, H./Ruprecht, H./Herrmann, U. (Hrsg.): Die Entwicklung der Erziehungswissenschaft. München: Juventa, S. 173-238.

Hoffmann, D. (Hrsg.) (1999): Rekonstruktion und Revision des Bildungsbegriffs. Vorschläge zu seiner Modernisierung. Weinheim: Deutscher Studienverlag.

Hoffmann, D. (2010): Von der Unentbehrlichkeit zur Entbehrlichkeit ‚allgemeiner Wissenschaft' im Falle von Erziehung und Bildung. In: Gaus, D./Drieschner, E. (Hrsg.): ‚Bildung' jenseits pädagogischer Theoriebildung? Fragen zu Sinn, Zweck und Funktion der Allgemeinen Pädagogik. Wiesbaden: VS, S. 107-122.

Kauder, P. (2010): Niedergang der Allgemeinen Pädagogik? Die Lage am Ende der 1990er Jahre. Bad Heilbrunn: Klinkhardt.

Kell, A./Olbertz, J.-H. (1997): Erziehungswissenschaftliche Forschung an den Universitäten der neuen Länder – Beitrag zum Forschungsatlas. In: Kell, A./Olbertz, J.-H. (Hrsg.): Vom Wünschbaren zum Machbaren. Erziehungswissenschaft in den neuen Bundesländern. Weinheim: Deutscher Studienverlag, S. 21-89.

König, E. (1982): Aufgaben und Probleme handlungsleitender Erziehungswissenschaft. In: König, E./Zedler, P. (Hrsg.): Erziehungswissenschaftliche Forschung: Positionen, Perspektiven, Probleme. Paderborn: Schöningh, S. 80-103.

König, E./Zedler, P. (1983): Einführung in die Wissenschaftstheorie der Erziehungswissenschaft. Düsseldorf: Schwann

Kraft, V. (2012): Wozu noch Allgemeine Pädagogik? In: Zeitschrift für Pädagogik 58, H. 3, S. 285-301.

Krüger, H.-H. (1994): Allgemeine Pädagogik auf dem Rückzug? Notizen zur disziplinären Neuvermessung der Erziehungswissenschaft. In: Krüger, H.-H./Rauschenbach, T. (Hrsg.): Erziehungswissenschaft. Die Disziplin am Beginn einer neuen Epoche. Weinheim/München: Juventa, S. 115-130.

Krüger, H.-H./Kücker, C./Weishaupt, H. (2012): Personal. In: Thole, W./Faulstich-Wieland, H./Horn, P./Weishaupt, H./Züchner, I. (Hrsg.): Datenreport Erziehungswissenschaft. Opladen: B. Budrich, S. 137-158.

Krüger, H.-H./Schnoor, O./Weishaupt, H. (2008): Personal. In: Tillmann, K.-J./Rauschenbach, T./Tippelt, R./Weishaupt, H. (Hrsg.): Datenreport Erziehungswissenschaft. Opladen: B. Budrich, S. 87-112.

Lenzen, D. (1980): Allgemeine Erziehungswissenschaft: Restkategorie oder Kernstück? Fünf Annäherungen an die Wissenschaft von der Erziehung. In: betrifft: Erziehung 13, H. 11, S. 58-66.

Lenzen, D. (1994): Erziehungswissenschaft – Pädagogik. In: Lenzen, D. (Hrsg.): Erziehungswissenschaft. Ein Grundkurs. Reinbek bei Hamburg: Rowohlt, S. 11-41

Lenzen, D. (1998): Allgemeine Pädagogik – Teil- oder Leitdisziplin der Erziehungswissenschaft? In: Brinkmann, W./Petersen, J. (Hrsg.): Theorien und Modelle der Allgemeinen Pädagogik. Donauwörth: Auer, S. 32-54.

Marotzki, W. (2004): Allgemeine Erziehungswissenschaft: Wissenslagerung und professionstheoretische Bezüge. In: Bildung und Erziehung 57, S. 403-414.

Merkens, H. (Hrsg.) (2006): Erziehungswissenschaft und Bildungsforschung. Wiesbaden: VS.

Müller, D.K./Zymek, B. (1987): Sozialgeschichte und Statistik des Schulsystems in den Staaten des Deutschen Reiches, 1800-1945. Datenhandbuch zur deutschen Bildungsgeschichte. Göttingen: Vandenhoeck & Ruprecht.

Roth, H. (1963): Die realistische Wendung in der Pädagogischen Forschung. In: Kraul, M./Schlömerkemper, J. (Hrsg.): Bildungsforschung und Bildungsreform. Heinrich Roth revisited. In: Die Deutsche Schule, 9. Beiheft, S. 93-106.

Roth, H./Friedrich, D. (1975) (Hrsg.): Bildungsforschung. Probleme – Perspektiven – Prioritäten. 2 Bde. Stuttgart: E. Klett.

Saldern, M. v. (2010): Ungeliebtes Kind? Zur Rolle der empirischen Pädagogik als Pädagogik. In: Gaus, D./Drieschner, E. (Hrsg.): ‚Bildung‘ jenseits pädagogischer Theoriebildung? Fragen zu Sinn, Zweck und Funktion der Allgemeinen Pädagogik. Wiesbaden: VS, S. 123-144.

Tenorth, H.-E. (1984): Berufsethik, Kategorialanalyse, Methodenreflexion. Zum historischen Wandel des „Allgemeinen" in der wissenschaftlichen Pädagogik. In: Zeitschrift für Pädagogik 30, S. 49-68.

Uhl, S. (2003): Die aktuelle Kritik an der Allgemeinen Pädagogik und was man darauf antworten kann. In: Unser Weg 58, S. 25-32.

Winkler, M. (1994): Wo bleibt das Allgemeine? Vom Aufstieg der allgemeinen Pädagogik zum Fall der Allgemeinen Pädagogik. In: Krüger, H.-H./Rauschenbach, T. (Hrsg.): Erziehungswissenschaft. Die Disziplin am Beginn einer neuen Epoche. Weinheim/München: Juventa, S. 93-114.

Winkler, M. (1998): Maria und die *positive Haltung* – auch ein Zugang zur Allgemeinen Pädagogik. In: Brinkmann, W./Petersen, J. (Hrsg.): Theorien und Modelle der Allgemeinen Pädagogik. Donauwörth: Auer, S. 55-86.

Zedler, P. (1982): Erziehungswissenschaftliche Theoriebildung am Beginn der 80er Jahre – Problemstrukturen und Perspektiven. In: König, E./Zedler, P. (Hrsg.): Erziehungswissenschaftliche Forschung: Positionen, Perspektiven, Probleme. Paderborn: Schöningh, S. 266-290.

Zedler, P. (1983): Erziehungswissenschaft als systembezogene Reflexion von Entwicklungsmöglichkeiten. In: König, E./Zedler, P.: Einführung in die Wissenschaftstheorie der Erziehungswissenschaft. Düsseldorf: Schwann, S. 150-160.

Zedler, P. (1998): Zurück im Elfenbeinturm? Versuch einer kritischen Bilanz des Verhältnisses von Bildungpolitik und Erziehungswissenschaft am Ende der 90er Jahre
(Kurzfassung). In: Keiner, E./Pollak, G. (Hrsg.): Erziehungswissenschaft: Wissenschaftstheorie und Wissenschaftspolitik. Weinheim/Basel: Beltz, S. 219-220.

Zuerst veröffentlicht in:
DDS – Die Deutsche Schule
105. Jahrgang 2013, Heft 4, S. 415-433
© 2013 Waxmann

Peter Zedler

Allgemeine Erziehungswissenschaft und Empirische Bildungsforschung

Entwicklungslinien eines gelegentlich schwierigen Verhältnisses, Teil 2

Zusammenfassung

Der Beitrag geht dem Verhältnis von Allgemeiner Pädagogik und Empirischer Bildungs-forschung in der Entwicklung seit den 1960er-Jahren nach. Im Vordergrund stehen dabei die Anschlüsse, die im Hinblick auf zentrale Themen und Probleme wechselseitig bestan-den und aus heutiger Sicht gegeben sind.
Schlüsselwörter: Allgemeine Erziehungswissenschaft, Empirische Bildungsforschung, Aus-differenzierung der Erziehungswissenschaft, Forschungsmethoden

General Educational Science and Empirical Educational Research

Lines of Development of an Occasionally Difficult Relationship, Part 2

Summary

This article looks into the development of the relationship between general educational science and empirical educational research since the 1960s. It focusses the connections, which existed with regard to central topics and problems and which exist from today's perspective.
Keywords: general educational science, empirical educational research, differentiation of educational science, research methods

3. Leerstellen in der sozialwissenschaftlichen Transformation Allgemeiner Pädagogik. Oder: Zu einigen Defiziten und Schwächen erziehungswissenschaftlicher Bildungsforschung

Allgemeine Pädagogik befasst sich – in der philosophischen Tradition des Faches – mit einer Theorie der Bildung, einer Theorie der Erziehung sowie einer Theorie der pädagogischen Institutionen (vgl. Benner 1987/2004) Es sind unstrittig obligate Theoriefelder. Einer „Theorie der Bildung" kommt dabei die Aufgabe zu, zu klären, was „Bildung" heißt und was der Begriff nicht meint, welche Aufgaben Bildung hat, wie sich Bildung als Prozess gliedern oder stufen lässt und welche grundständigen Probleme mit der Gestaltung solcher Prozesse verbunden sind – ggf. unter besonderer Berücksichtigung der dafür gegebenen gesellschaftlichen Bedingungen. Analog gelagert ist das, was eine Theorie der Erziehung zu klären hat: das Begriffsverständnis von „Erziehung" in Abgrenzung zu anderen Formen der Einflussnahme, was ihre Aufgaben sind, wie man sie gliedern kann, welche besonderen Probleme dabei auftauchen und was maßgeblich zu berücksichtigen ist, sofern Erziehung nicht schon vom gedanklichen Ansatz her misslingen soll. Und einer Theorie der pädagogischen Institutionen schließlich kommt die Aufgabe zu, zu klären, wie das, was Erziehung und Bildung meint, als Anspruch und Aufgabe in der pädagogischen Praxis organisiert und in dazu vorhandenen Einrichtungen umgesetzt wird. Ebenfalls hat sie zu klären, was Fehlentwicklungen sind, was dem Anspruch und den Aufgaben nicht genügt, was „parapädagogisch", mithin nur dem Anscheine nach „pädagogisch" ist. Wird explizit gemacht, was Erziehung und Bildung verbindet, als pädagogische Praxis eint und zu einer besonderen Praxis/Kunst macht, was deren „Eigenlogik" ist, wird dies als pädagogischer Grundgedankengang bezeichnet (vgl. Flitner 1958; Benner 1987).[1]

Eine Theorie der Bildung, der Erziehung oder der pädagogischen Institutionen klärt mithin nicht, was „der Fall" ist. Sie beschreibt nicht, wie „Bildung" oder „Erziehung" sich als Prozess bei Individuen beobachtbar vollzieht oder wie die Einrichtungen aussehen, in denen sie stattfinden. Vielmehr zielt „Theorie" hierbei darauf ab, Kriterien dafür zu begründen und bereitzustellen, aufgrund derer überhaupt erst von „Bildung", von „Erziehung" und von „pädagogischen" Einrichtungen gesprochen werden kann. Sie informieren nicht über eine gegebene Wirklichkeit, sagen auch nicht, was als Ergebnis pädagogischer Prozesse und Einrichtungen im Sinne zu erlernender Verhaltensweisen, Wissensbestände oder Kompetenzen bewirkt werden soll. Aber sie sagen etwas darüber aus, was bei abverlangten Lernprozessen zu vermeiden ist,

---

1 Als Gesamtentwurf ist eine Allgemeine Pädagogik selten geworden und im oben genannten Sinne seit den 1980er-Jahren nur von Benner (1987/2004) vorgelegt worden. Ihre Kernstücke – eine Theorie der Bildung, Ansätze zu einer Theorie der (verfehlten) Erziehung und zu einer Theorie der pädagogischen Institutionen, insbesondere einer Theorie der Schule – sind mannigfaltig. Und rechnet man dem die Texte hinzu, die dazu seitens der Klassiker der Pädagogik vorliegen, füllt die Ideen- und Theoriegeschichte in diesem Bereich Bibliotheken.

was im Interesse der pädagogischen Klientel „in the long run" zu beachten ist, wenn die Adressaten und Adressatinnen selbst und nicht nur andere davon einen Nutzen haben sollen, wenn je zugemutete Bildung und Erziehung verantwortbar sein soll. Sie begründen Funktionen, die pädagogische Prozesse und Einrichtungen für die Heranwachsenden haben sollten, und im Horizont dieser Funktionen Aufgaben von Bildung und Erziehung.

Unter dem (sozialwissenschaftlichen) Interesse an der Beschaffenheit der Wirklichkeit pädagogischer Praxis, der Prozesse und Einrichtungen sowie der feststellbaren Wirkungen, die – beabsichtigt oder nicht – bei Heranwachsenden nachweisbar sind, sind die Überlegungen und Debatten zu Kriterien und Aufgaben aufs erste betrachtet wenig hilfreich. Ebenso wenig tauglich sind sie, um Aussagen darüber zu machen, in welchem Rahmen das, was bei pädagogischer Praxis kriterial als „pädagogisch" zu beachten und bei „Erziehung" und „Bildung" kriterial zentral ist, umgesetzt werden kann – wie also z.B. das staatliche System der Einrichtungen gestaltet werden sollte, was politisch-rechtlich geändert, an Vorgaben gemacht oder nicht gemacht, an Angeboten landesweit eingerichtet, an Standards festgeschrieben werden sollte usw.

Auch wenn die Theorie zu diesem Rahmen keine Informationen bietet, liegt ihr großer Vorzug darin, Erziehungs- und Bildungsprozessen *und dem pädagogischen Handeln* eine normative Rationalitätsstruktur zu geben, differenziert nach Aufgaben und Altersstufen. Die Kriterien[2] geben dem Handeln eine Ausrichtung, die als Richtschnur und Bewertungsmaßstab dienlich sein kann, sie strukturieren entlang grundlegender Unterscheidungen das Aufgabenfeld, erlauben Gegebenheiten abzuwägen und zu bewerten und erzeugen einen „pädagogischen" Akzeptationskorridor gegenüber anderweitigen Zwecksetzungen und Wirkungsabsichten. Zugleich bewahren sie damit Bildungs- und Erziehungsprozesse vor einer pluralen Beliebigkeit von Zielen und Anforderungen.

Diese Orientierungsleistung können die Kriterien allerdings nur dann praktisch entfalten, wenn sie auf „Wirklichkeit" bezogen werden. Nur wenn die Kriterien appliziert und ausbuchstabiert werden im Rückgriff auf Wissensbestände über faktisch Gegebenes, können sie eine selektive Kraft entfalten. Was z.B. Bildung in Rücksicht auf die Curricula von Schulfächern oder Anforderungsniveaus/Standards heißen kann, lässt sich nur in Kenntnis solcher Anforderungen bestimmen; was „Allgemeinbildung" substantiell zu leisten hätte und curricular umfassen müsste, nur in Kenntnis der zu erwartenden Entwicklungsverläufe von Heranwachsenden und der darin eingelassenen Anforderungen. Werden die Kriterien nicht in Ansehung der Wirklichkeit und der daraus für die Heranwachsenden resultierenden Probleme entfaltet, büßen sie ihre selektive Kraft ein.

---

2 In der philosophischen, insbesondere der neukantianischen Tradition werden die Kriterien auch als Prinzipien bezeichnet.

Eine nicht nur zufällige, sondern systematische Einbindung sozialwissenschaftlichen Wissens erfolgt in der philosophisch geprägten Allgemeinen Pädagogik allerdings ebenso wenig wie eine systematische Einbindung von traditioneller Bildungstheorie und Erziehungstheorie in den sozialwissenschaftlichen Theoriesträngen. Größtenteils sind in den 1980er- und 1990er-Jahren die Anschlüsse für eine Übernahme und Übersetzung der Anliegen zu schmal, die Probleme einer „Übersetzung" der Theoriesprachen[3] zu groß, die kommunikativen Abschottungen zu stark, um sich systematisch aufeinander zu beziehen und darüber zu einer problemorientierten Übernahme und Erweiterung der eigenen Theoriestränge zu gelangen.

Die Folge ist eine doppelte: Während der philosophisch geprägte Diskurs von Erziehung und Bildung sich in der praktisch-politischen Gestaltung des Bildungswesens kaum mehr Gehör und Geltung verschaffen kann, kommt es in der sozialwissenschaftlich orientierten erziehungswissenschaftlichen Theoriebildung zu einer weitgehenden Ausklammerung von Erziehungs- und Bildungstheorie. Während der philosophische Diskurs zum mahnenden Vorbehalt gegenüber der Wirklichkeit wird, ohne Definitionsmacht in praktischen Fragen der Gestaltung, bleiben auf der sozialwissenschaftlichen Strecke Erziehungstheorie und Bildungstheorie weitgehend eine Leerstelle, die den Stellenwert der Erziehungswissenschaft für Praxis begrenzt. Wollte man die Folgen etwas zugespitzt formulieren, kann man sagen, dass mit dieser Entwicklung die erziehungswissenschaftliche Theoriebildung ihre ursprünglichen Kernstücke und ihre unmittelbar orientierende Kraft verliert.

Die Konturen dieser „Leerstellen" zeigen sich deutlicher bei einem Abgleich der sozialwissenschaftlich vorhandenen Theoriestränge im Hinblick auf die Kernstücke pädagogischer Theoriebildung: Erziehungstheorie, Bildungstheorie, Theorie pädagogischer Institutionen.

Als Thema und empirischer Forschungsgegenstand ist „Erziehung" in der sozialwissenschaftlichen Theoriebildung die Ausnahme. Ganz besonders gilt dies für

---

3 Damals und auch heute nicht ohne Weiteres möglich ist eine Transformation zentraler Begriffe wie „Bildung" in eine Sprache, die für empirische Untersuchungen anschlussfähig ist. Die geisteswissenschaftliche Fassung (via Humboldt) von „Bildung" als „Verhältnis gegenüber sich und Welt" sowie von Erziehung als absichtsgeleitetem Prozess der Gestaltung des Verhältnisses gegenüber Normen, dessen Ergebnis „Haltungen" sind, lässt sich nicht ohne Weiteres mit „Einstellung zu" übersetzen. Zwar gab es bereits in den 1980er-Jahren eine ausgedehnte Debatte zum Vergleich von Theoriesprachen, die aber in der Erziehungswissenschaft ohne Resonanz blieb. Erst in den letzten Jahren finden sich vermehrt Arbeiten, die vergleichend Grundbegriffe wie Sozialisation – Erziehung – Bildung in ihren Unterschieden auf einer Sprachebene auszuloten suchen.
   Die Schwierigkeiten der „Übersetzung" dürften mit einer der entscheidenden Gründe dafür sein, dass die häufig angemahnte Kooperation zwischen Vertreterinnen und Vertretern Allgemeiner Pädagogik und empirischer Forschung nur sehr selten tatsächlich zustande kommt, setzt ihr Gelingen doch einen erheblichen Spagat und eine gewisse Beheimatung in beiden Bereichen voraus.

den Bereich öffentlicher, insbesondere *schulischer Erziehung*. Obgleich in jedem Schulgesetz verankert, wird der Bereich der Erziehung resp. der Einflussnahme auf das Verhältnis gegenüber Normen, auf Einstellungen, Haltungen und wertorientierte Überzeugungen in der empirischer Forschung weitgehend ausgegrenzt. Deren Entwicklung bei Heranwachsenden wird zwar im Zusammenhang schulischer Sozialisation thematisiert, sei es als Wirkung des heimlichen Lehrplans und der Schulkultur oder bei der Gestaltung von Unterricht, nicht aber als Problem einer absichtlich organisierten Einflussnahme, nicht als Problem und Aufgabe von „Erziehung". Sofern eine Einflussnahme auf das Verhältnis gegenüber Normen angedacht und thematisch wird, wird sie auf Fragen der moralischen Erziehung verkürzt. Zwar gibt es einige wenige (ältere) Untersuchungen zu Erziehungszielen von Lehrkräften (vgl. Eckert 1993) sowie regelmäßige Untersuchungen zu Elternpräferenzen bei schulischen Erziehungsaufgaben, jedoch – abseits des Segmentes moralischer oder Werteerziehung – kaum Untersuchungen darüber, wie Lehrkräfte und Schulen diese „Erziehungsziele" verfolgen, wie und in welcher Weise darauf geachtet und in welchen Situationen ggf. wie interveniert wird. Was in Termini der pädagogischen Theorietradition „erziehender Unterricht" hieß, d.h. ein Unterricht, der darauf ausgerichtet ist, die Gewinnung einer anderen Sicht auf die Dinge mit der Gewinnung einer veränderten Einstellung zu den Dingen zu verbinden, der auf die Herausbildung von Interessen und nachhaltig wirksame motivationale Voraussetzungen des Lernens gerichtet ist, ist empirisch wenig beleuchtet. Das gilt in gleicher Weise für den Bereich der Unterstützung der „Selbsterziehung" – in der Tradition Herbarts der dritte und vielleicht wichtigste und schwierigste Teil von „Erziehung".

Annäherungen an einen „erziehenden Unterricht" – bei Herbart das Hauptgeschäft von Erziehung – finden sich im Kontext der neueren Unterrichtsforschung unter dem Interesse an Faktoren der Verbesserung von Unterrichtsqualität und Schülerleistungen. Zahlreiche Untersuchungen weisen aus, dass den motivationalen Voraussetzungen, der Einstellung der Schülerinnen und Schüler gegenüber Fächern sowie den sogenannten metakognitiven Fähigkeiten eine Schlüsselrolle für die Schulleistung und den Unterrichtserfolg zukommt. Sie aber lassen sich auch als die Faktoren verstehen, die ein „erziehender Unterricht" immer schon als Zentrum und Aufgabe der Einflussnahme in den Blick nahm. Wie das, was als zentraler Faktor für Schülerleistungen feststellbar ist, sich beeinflussen lässt, didaktisch organisierbar und handlungstheoretisch zu fassen wäre, ist bis dato noch eine offene Frage (vgl. Neuenschwander 2005; Lipowsky 2006). Insgesamt erscheint der Abstand der Unterrichtsforschung noch groß, darauf gerichtete Einflussnahmen überhaupt als eine Form von Erziehung zu verstehen und den Begriff „Erziehung" im Kontext von Unterricht und Schule zu verwenden. Sofern überhaupt thematisiert, werden Einflussnahmen auf die motivationalen Voraussetzungen und Einstellungen mehr als ein Sekundäreffekt von Unterricht und bestimmten Unterrichtsformen angesprochen (vgl. Kahlert 2012; Jürgens 2012), weniger als unverzichtbare, weil als Nebenwirkung stets zugleich unvermeidbare Aufgabe (als Ausnahme vgl. Girmes 1997). Als didaktische Aufgabe rücken die motivationalen

Voraussetzungen und Einstellungen von Schülerinnen und Schülern meist nur dort ins Blickfeld, wo diese Voraussetzungen so ungünstig sind, dass ein „normaler" Unterricht nicht mehr möglich ist und im Wege einer „Beziehungsdidaktik" und mittels quasitherapeutischer Interventionen (vgl. u.a. Prior 2009) versucht wird, Zugänge für den „Unterricht" als Sozialform zu erschließen.

Ein handlungstheoretisches Defizit besteht in großen Teilen auch für den Bereich der *familialen Erziehung*. Der Bereich ist zwar deutlich besser als der der schulischen Erziehung ausgeleuchtet, soziologisch (vgl. Ecarius/Köbel/Wahl 2011), psychologisch (vgl. Hofer/Wild/Noack 2002) ebenso wie in seinen historischen Konturen (vgl. u.a. Ecarius 2002). Doch auch hier sind die Ansätze zu einer sozialwissenschaftlich fundierten Erziehungstheorie noch spärlich und die Ausnahme. Im Vordergrund stehen Formen und Strukturen der Familie und die davon ausgehenden Sozialisationseffekte. Zu den klassischen Studien über das „soziale Kapital" der Familie in seinen Wirkungen auf Habitus, schulische Kompetenzentwicklung etc. (vgl. Stecher 2001) und den Studien zu Erziehungsstilen (vgl. u.a. Liebenwein 2008) treten in neuerer Zeit Studien, in denen generationelle Unterschiede im Erziehungsstil einzelner Familien und deren Transfer nachgegangen wird oder die dem Bindungsstil und dessen Auswirkungen auf den späteren Umgang mit Krisen und deren Bewältigung nachgehen (vgl. die Übersicht bei Ecarius/Köbel/Wahl 2011; Zander 2011). Wenige Untersuchungen finden sich zu elterlichen Normsetzungen bei der Bewältigung von Entwicklungsaufgaben Heranwachsender sowie zu Veranlassungen und Wirkungen jeweiliger Einflussnahmen, also zu dem, was elterliche „Erziehung" als intervenierende Maßnahme, nicht als dauerhafte Form des Umgangs ausmacht. Dies erscheint umso erstaunlicher, als unübersehbar die elterlichen Unsicherheiten im Hinblick auf Erziehung gestiegen sind und zumindest die Nachfrage nach Beratung, sei es durch Ratgeberliteratur, Zeitschriften, Internet oder öffentliche Medien, in den letzten 10 bis 15 Jahren stark gestiegen ist. Und längst hat auch der politisch-administrative Bereich auf den „Notstand in Erziehungsfragen" reagiert, IT-Plattformen eingerichtet, nebst Gründung eines Wissenschaftlichen Beirats zur Stützung familialer Erziehungskompetenzen (vgl. Wissenschaftlicher Beirat 2005). In Relation zu der gesellschaftlichen Nachfrage an Unterstützung ist das sozialwissenschaftliche Angebot zu einer handlungsorientierten Unterstützung von Erziehung schmal und beschränkt sich auf einige Arbeiten aus der Psychologie (vgl. Fuhrer 2005) sowie didaktisch akzentuierte Arbeiten zur Elternbildung (vgl. Tschöpe-Scheffler 2005/2006). Aus der Erziehungswissenschaft i.e.S. ist dagegen das Thema „Erziehung" in seinen handlungstheoretischen ebenso wie in seinen organisationalen Konturen weitgehend verschwunden.[4]

---

4   Zu den wenigen erziehungswissenschaftlichen Arbeiten, die sowohl die interaktive als auch die organisationale Dimension von Erziehung grundlagentheoretisch auf dem Hintergrund sozialwissenschaftlicher Theorieansätze ausleuchten, vgl. Grzesik 1998. Nicht berücksichtigt sind in der obigen These philosophisch-grundlagentheoretische Arbeiten wie die von Klaus Prange, die explizit keinen sozialwissenschaftlich-empirischen Zugriff aufweisen. Zur orga-

Deutlich stärker ausgebaut sind der Umfang und die Vielfalt der Arbeiten und Studien, die sich auf *empirischem Wege* dem annähern, was traditionelle *Bildungstheorie* thematisiert und auszuleuchten beanspruchte.

Die empirischen Untersuchungen schließen teils direkt an das Verständnis von Bildung in der Tradition der Bildungstheorie an, teils gelten sie dem, was „Bildung" im Kontext von Unterricht und Schule leisten sollte, teils gelten sie stärker den Funktionen, die Bildung und Bildungsprozesse für die Entwicklung und den Lebenszusammenhang der Heranwachsenden übernehmen.[5]

Dem Verständnis von Bildung in der Tradition von Bildungstheorie am nächsten kommen Arbeiten, die biographisch auszuleuchten suchen, wann und wie sich „Bildung" als Verhältnis des Einzelnen „gegenüber sich und Welt" im Lebenslauf ereignet. Auf der Grundlage der in biographischen Interviews erhobenen Daten wird das Augenmerk auf Phasen und Prozesse gelegt, in denen es zu einer grundlegenden Umschichtung und Umstrukturierung von Sichtweisen und Einstellungen kam, die zudem für die Befragten in der Regel lebenspraktische Konsequenzen hatten. Lernprozesse dieser Art, in denen es zu Strukturänderungen in der Sicht auf Dinge und im Selbstverständnis kam, werden als transformatorische Lernprozesse bezeichnet und vergleichend daraufhin untersucht, ob sie eine paradigmatische Typik aufweisen (vgl. Marotzki 1990, 1999; Nohl 2006; Ecarius/Friebertshäuser 2005; Koller 2010; v. Rosenberg 2011; Miethe/Müller 2012). Die Untersuchungen konkretisieren „Bildung" als Prozess, der sich ereignet, nicht als einen Prozess, der nur als ein beabsichtigter und organisierter verläuft. Er wird unabhängig von Aufgaben gesehen, die „Bildung" für die Heranwachsenden im herkömmlichen Verständnis haben soll, nämlich die Heranwachsenden mit all dem auszustatten, was sie in die Lage versetzt, sich in ihrer Individualität zugleich „als Mensch gegenüber dem gesellschaftlichen Außendruck" (Blankertz 1983, S. 75) zu behaupten, und sie zu „Urteil und Kritik" befähigt – dies in Kenntnis der Dinge, die sie für das Leben brauchen. Die Untersuchungen koppeln sich von diesem Bezug auf organisierte Bildung im Rahmen von Schule und Hochschule sowie auf ein daraufhin ausgelegtes substantiiertes Begriffs- und Aufgabenverständnis von Bildung ab.

---

nisationstheoretischen Sicht auf Erziehung gehören auch und insbesondere Fragen der Aufgabenverteilung und Zusammenarbeit von Einrichtungen mit einem Erziehungsauftrag wie Familie und Schule, mithin Fragen des Managements von Erziehungsleistungen.

5   Für einen Abgleich zwischen dem Gegenstandsbereich traditioneller Bildungstheorie und mit ihm korrespondierenden empirischen Theoriesträngen unberücksichtigt bleibt hier die Vielzahl an empirischen Arbeiten, die der Diagnose und Steuerung der Organisation von Bildungsprozessen und deren Effekten dienen (vgl. z.B. Autorengruppe Bildungsberichterstattung 2012). Sie bleiben außer Betracht, da in der traditionellen Bildungstheorie Fragen der Organisation von Bildungsprozessen nicht behandelt, sondern dem Bereich der Schulpläne resp. der staatswissenschaftlichen Theoriebildung oder der Schul- und Bildungssoziologie zugeordnet wurden.

Eine zweite Gruppe von Studien ist einem inhaltlich konturierten Bildungsverständnis deutlich näher. Ausgehend von einem Vergleich messbarer Leistungen von Unterricht und Schule untersuchen sie, was in einzelnen Fächern auf verschiedenen Stufen des Bildungssystems bei Schülerinnen und Schülern bestimmter Altersgruppen an Kompetenzen in welchem Ausmaß vorhanden ist. Da mittlerweile TIMSS, PISA, IGLU und die Reihe weiterer Leistungsvergleichsuntersuchungen allseits bekannt sind, kann hier eine genauere Darstellung entfallen. Wie von den Autoren und Autorinnen immer wieder hervorgehoben, beanspruchen die untersuchten „Basiskompetenzen" allerdings nicht, den „Horizont moderner Allgemeinbildung" auszumessen, deren Substanz in der Begegnung und Bereitstellung unterschiedlicher Formen von Rationalität gesehen wird (vgl. Deutsches PISA-Konsortium 2001, S. 21). Vielmehr zielen die „Basiskompetenzen" darauf ab, als die Kompetenzen zu gelten, die, quer zu Themen und Fächern liegend, in jeder Kultur grundlegend geworden sind (vgl. ebd.). Sie beanspruchen somit, grundständig zu sein, auch gerade in ihrer Bedeutsamkeit für das zukünftige Leben der Heranwachsenden. Sie beanspruchen diese Rolle insbesondere in der Form der sog. „Bildungsstandards", d.h. in Festlegungen der von Schülerinnen und Schülern zu erreichenden Kompetenzstärke innerhalb eines definierten Performanzkorridors. Obwohl dem sogenannten Literacy-Konzept verpflichtet, das gerade nicht einen Bildungskanon zu definieren, vielmehr unterhalb der Schwelle kultureller Besonderheiten allgemein benötigte Fähigkeiten zu definieren sucht, fungieren die bei PISA untersuchten und in „Standards" als Lernleistung und Output von Unterricht festgeschriebenen Kompetenzen auf dem Hintergrund der deutschen Diskussion um Allgemeinbildung de facto als deren formaler Ersatz. Und dies mit einer normativen Kraft, die in ihrer Definitionsmacht im Hinblick auf das, was Bildung in Schule (Berufsausbildung) zu leisten habe, alles übertrifft, was bis dato an Bestimmungen zu Fächern und Zielen vorgeschlagen und in politisch-administrativen Gremien vereinbart wurde. De facto verwendet wie eine Theorie der Allgemeinbildung ist die damit verknüpfte Einkürzung von „Bildung" doppelt gelagert: Zum einen reduziert und konzentriert sie Bildung auf das, was an „Kompetenzen" in den Untersuchungen gemessen wurde und messbar erschien, grenzt damit mindestens gleichgewichtige Kompetenzfelder wie „Kompetenzen zu sozialer Partizipation" und „Kompetenzen zum autonomen Handeln" usw. (vgl. Weinert 2001) sowie ganze Fächerbereiche der Schule wie den Bereich der ästhetisch-expressiven Fächer (Musik bis Sport) indirekt aus. Orientiert man sich hinsichtlich dessen, was Schule leisten sollte, an Expertenratings (vgl. BMBF 1998) oder anderen Einschätzungen von Eltern, Unternehmen und Verbänden, dann sind die Verengungen der Standards als Messlatte dessen, was Schule leisten soll, massiv. Zum anderen erfolgt mit den Standards eine Einkürzung, bei der bei den eingeforderten Kompetenzen genau das ausgeklammert wird, was aus bildungstheoretischer Sicht deren Stellenwert für „Bildung" ausmacht: die darin angelegten Möglichkeiten des Erwerbs einer Form von Reflexivität und Rationalität, die für den Habitus formend wirksam wird, die Einstellungen auf Dinge prägt und für das Handeln bedeutsam wird (vgl. Benner 2012).[6]

Diese Einkürzungen gegenüber dem, was – herkömmlich gedacht – „Bildung" leisten soll und Bildungstheorie zu begründen suchte, sind umso gewichtiger, als die öffentliche Resonanz der Studien den Einkürzungen eine durchschlagende Geltung verschafft hat: Die Standards und die darin normierten Kompetenzanforderungen definieren gemäß politisch-administrativer Vereinbarungen die Ausrichtung der Schulen und die Überprüfung und Bewertung ihrer Leistungen.

Umso bedeutsamer erscheinen daher Studien, die der Rolle von Erziehung und Bildung und den dabei erworbenen kognitiven und psychischen Ressourcen unter Einschluss der dafür feststellbaren Einflüsse im Lebenslauf nachgehen. Denn sie untersuchen damit, ob und in welchem Maße tatsächlich gelingt, was „Bildung" – in der Theorietradition von Humboldt über Dilthey bis Spranger und Blankertz – als allererstes leisten sollte, nämlich die Menschen mit kognitiven und psychischen Ressourcen auszustatten, die ihnen bestmögliche Voraussetzungen bieten, um das Leben als Mensch und Bürger chancenreich bewältigen zu können. Zu den Studien, die – umfassend angelegt – solche Fragen erstmals empirisch zu beantworten gestatten, gehört an prominenter Stelle die sog. LifE-Studie. Sie geht der Rolle nach, die Einflüsse des Elternhauses, der Schule, der Gruppe der Gleichaltrigen, ebenso wie das Leistungsverhalten, intra- und interpersonale Kompetenzen sowie motivationale Komponenten auf den Lebensverlauf von Kindern, auf deren soziale und berufliche Entwicklung haben – bis hin zu Partnerwahl und Indikatoren des physischen und psychischen Wohlbefindens (vgl. Fend 2006; Fend/Berger/Grob 2009). Die LifE-Studie erstreckt sich auf einen Zeitraum vom 12. bis zum 35. Lebensjahr, setzt sich aus mehreren Teilstudien zusammen und umfasst über die Untersuchungszeitpunkte stabil 1.527 Teilnehmerinnen und Teilnehmer aus Hessen (Frankfurt und zwei ländliche Kreise). Zugrunde liegt ein Modell, das davon ausgeht, dass personale und soziale Ressourcen die Bewältigung alterstypischer Entwicklungsaufgaben und Entscheidungen bestimmen, die sich auf die Nutzung der gesellschaftlich gegebenen Rahmenbedingungen und Möglichkeiten aus- und darüber auf die weitere Entfaltung der Ressourcen zurückwirken (vgl. Fend/Berger/Grob 2009, S. 14). Die Befunde sind ein Fundus für eine empirisch gesättigte Bildungstheorie. Sie weisen u.a. aus, dass Schule und Schultypen und Schulabschluss auf die „hochkulturelle Orientierung" (Lesen, politisches Interesse/Verständnis und Gemeinsinn sowie Auslandserfahrung) einen starken Einfluss haben, der deutlich über dem Einfluss des Elternhauses liegt. Weit geringer ist demgegenüber der Studie zufolge der Einfluss von Schulabschlüssen

---

6 So massiv die Einkürzungen der Standards als Messlatte schulischer Aufgabenzuweisung sind, so ist doch gleichzeitig zu sehen, dass eine andere Substantiierung von Bildung resp. Allgemeinbildung ausblieb, selbst Vorschläge dazu nicht vorhanden waren und sind, die daraus resultierende Leerstelle daher konkurrenzlos durch den Vorschlag der Standards zu besetzen war.

auf das Einkommen, die Zufriedenheit und die Weiterbildungsbereitschaft und nicht bemerkbar im Hinblick auf Anzahl der Arbeitsstellen, Leistungsengagement, berufliche Selbstwirksamkeit u.a.m. (vgl. Fend 2006, S. 48); ebenso gilt, dass die soziale Herkunft sich zwar auf den Erwerb von Schulabschlüssen erheblich auswirkt, jedoch keine Effekte auf den künftigen Berufsstatus hat (vgl. Georg 2009).

Noch umfassender angelegt ist das Forschungsprojekt NEPS (National Educational Panel Study), das Kinder und Jugendliche ab dem dritten Lebensjahr über die Schul- und Jugendzeit, die Phase der Berufsausbildung und des Berufseintritts über den Berufsverlauf bis hin ins hohe Erwachsenalter erfasst (vgl. Blossfeld/ Roßbach/von Maurice 2011; URL: www.neps-data.de; Zugriffsdatum: 21.04.2013). Zu erwarten sind von dem Projekt repräsentative Ergebnisse auf Bundesebene über Kompetenzentwicklung, Bildungsentscheidungen, berufliche Nutzung von Bildungsabschlüssen und dafür je zentrale Einflussfaktoren. Sie werden damit – wie schon bei der LifE-Studie der Fall – eine breit gelagerte Einordnung der Einflussfaktoren und Auswirkungen von Bildungsprozessen auf die Lebensverläufe erlauben.

So wichtig diese Studien für eine tatsachengestützte Einordnung des Stellenwertes von Bildungsprozessen und der darüber geförderten und für sie einflussreichen Ressourcen sind – nicht zureichend beantworten können sie die Frage, wie pädagogische Prozesse und Einrichtungen gestaltet werden sollten, was in welcher Weise durch wen erreicht werden sollte, was stärker gefördert, was gefordert und wie anders, als bislang der Fall, unterstützt werden sollte.

Zumindest das, was dabei zu beachten wäre, hat im Verständnis der Tradition von Allgemeiner Pädagogik eine Theorie der pädagogischen Institutionen zu leisten. Die Theoriebildung in diesem Bereich beschränkte sich in der Allgemeinen Pädagogik allerdings wesentlich darauf, die in einer Theorie der Erziehung und Bildung entfalteten Kriterien als Anspruch an die Einrichtungen anzulegen und zu zeigen, dass sie diesem Anspruch nur unzulänglich oder überhaupt nicht nachkamen. Werden Anspruch und Wirklichkeit gegeneinander gehalten, kann auf diesem Wege die Geschichte der pädagogischen Einrichtungen als eine Reformgeschichte rekonstruiert werden, die insoweit kritisch ausfällt, als sie zugleich zeigt, in welchem Umfang die Reformen anderen als den pädagogisch an sie anzulegenden Kriterien folgten. Werden Anspruch und Wirklichkeit nicht geschichtlich konturiert, sondern auf die Gegenwart bezogen, resultiert aus dem Zugriff eine stets latente Reformanforderung, die sich um so mehr Gehör verschaffen kann, je besser die angelegten Kriterien zugleich das Ausmaß an bürgerlicher Unzufriedenheit mit dem gegebenen System und dem Nachwuchs zu bündeln in der Lage sind.

Im Vergleich zu diesen traditionellen Arbeiten im Umkreis einer Theorie pädagogischer Institutionen ist der empirisch-sozialwissenschaftliche Blick nicht auf die Differenz von Wunsch und Wirklichkeit, sondern auf die tatsächlichen Abläufe und Veränderungen gerichtet, die sich im Kontext des sozialen, ökomischen und politischen Wandels bei den Einrichtungen des Bildungssystems nachweisen lassen. Reformprozesse werden dabei als Änderungen im Schulangebot und deren Auswirkungen auf die Bildungsnachfrage (vgl. u.a. Drewek/Huschner/Ejury 2001), als Prozess der Verbreitung von Innovationen (vgl. Rürup 2007) oder als Prozess der politischen Umgestaltung und administrativen Umsetzung des Schulangebots samt seiner personellen und sonstigen Voraussetzungen betrachtet (vgl. Köhler 2009). Führt die sozialwissenschaftlich orientierte Forschung über pädagogische Einrichtungen in Geschichte und Gegenwart zwar zu einer nahezu überbürdenden Fülle von Informationen und Wissensbeständen über die Entwicklung des Angebots an Einrichtungen, deren Veränderungen und jeweilige gesellschaftliche Voraussetzungen und Wirkungen, so doch nicht zu Antworten auf die Frage, wie wir künftig den Umgang mit den Heranwachsenden besser organisieren und gestalten können. Mehr noch scheint es so zu sein, dass damit die Erziehungswissenschaft ausfällt als ein Ort des Wissens über das, was pädagogisch wichtig ist, was mit Blick auf das „Gedeihen" und das „Lebensglück" der Heranwachsenden zentral ist.

4. Philosophische Probleme im Rahmen der Bildungsforschung? Alte und neue Aufgaben der Allgemeinen Erziehungswissenschaft

Zu den Aufgaben von Philosophie und Wissenschaft gehörte es nach Maßgabe der pädagogischen Theorietradition wohl immer schon, über den Umgang mit Heranwachsenden durch die ältere Generation in einer Weise nachzudenken, die den Akteuren der Gestaltung – von den „Pädagogen" und „Pädagoginnen" über die institutionellen Akteure wie Schule bis hin zur Politik – rationales Handeln und Entscheiden ermöglichen sollte. Theorie sollte Handlungs- und Entscheidungsrationalität stiften, zumindest dazu beitragen. Im Wege einer theoretischen Strukturierung von Aufgaben und Wegen im Umgang mit Heranwachsenden sollte sie diese den wechselnden „Geschmäckern" der Herrschenden entziehen und ebenso das Handeln von Willkür, Zufall und unbegründeten Vorgaben befreien. Diese aufklärerische Mitverantwortung für die pädagogische Praxis hat die erziehungswissenschaftliche Theoriebildung geschichtlich gesehen begleitet und maßgeblich vorangetrieben.

Man kann auch anders votieren: Wenn akzeptiert wird, dass erziehungswissenschaftliche Theoriebildung Rationalität, sei es auf der Ebene des Handelns von Eltern, Lehrkräften etc., sei es auf der Ebene der Organisation der verschiedenen Einrichtungen des Bildungssystems, sei es auf der Ebene des Zusammenwirkens der Einrichtungen, stiften, erleichtern und so weit als möglich sichern sowie Fehlentwicklungen als solche feststellen können sollte, kommt sie nicht umhin, sich den Fragen einer Gestaltung dieser Prozesse zuzuwenden.

Tut sie das, kann Erziehungswissenschaft Fragen des richtigen Handelns, Fragen der Organisation und des Managements sowie Fragen der Koordination und Kontrolle des Zusammenwirkens der Einrichtungen nicht mehr ausgrenzen, sondern hat vielmehr auf diesen Ebenen zu überlegen, auf welchem theoriefähigen Wege sie dazu beitragen kann, dem Umgang mit der nachwachsenden Generation eine rationale Grundlage zu geben. Sie hat es dann neben der Frage, wie Erziehung, Unterricht und Bildung tatsächlich aussehen, wie sie organisational strukturiert sind und wie die Einrichtungen und ihre Prozesse gemanagt werden, zusätzlich mit der Frage zu tun, wie sich das Handeln in Erziehung und Unterricht bewerten und ggf. verbessern lässt, wie Organisation und Management der pädagogischen Praxis zu beurteilen und wie ggf. zu verändern sind, an welchen Leistungen und Gesamtwirkungen das System der Einrichtungen und ihrer Organisation zu messen und zu beurteilen und an welchen Anforderungen es verstärkt auszurichten ist.

Wendet sie sich den Problemen zu, die sich mit der Gestaltung pädagogischer Praxis stellen, weiten sich die erziehungswissenschaftlichen Theoriefelder ebenso aus, wie sich zugleich die Probleme einer Bewertung der gegebenen Verhältnisse zuspitzen. Wird die Gestaltung des Angebots von Bildungseinrichtungen als erziehungswissenschaftliches Problem akzeptiert, dann gehören z.B. Probleme der Schulentwicklungsplanung resp. der regionalen Verteilung des Angebots an pädagogischen Einrichtungen nebst bildungsökonomischen Fragen ebenso zur Erziehungswissenschaft wie die tradierten Probleme einer Erziehungstheorie in praktischer Absicht. Und wenn sie sich mit der Breite der mit der Gestaltung von pädagogischer Praxis anstehenden Probleme befasst, dann hat sie es nicht mehr nur mit der Analyse der Reformen und den Vergangenheiten des Bildungssystems zu tun, sondern zusätzlich mit Fragen seiner Steuerung und Kontrolle sowie den Möglichkeiten und Chancen einer Veränderung der Organisationen, die nicht das Gegenteil des Beabsichtigten erzeugt.

Und in all diesen Feldern kommt zu dem empirischen Wissen, das dafür je als Grundlage dienen kann, stets die Frage hinzu, wie das, was der Fall ist, zu bewerten ist. In praktischer Absicht ist es unumgänglich, nicht nur zu wissen, wie Erziehung erfolgt, sondern was „gute" Erziehung ausmacht, nicht nur zu wissen, wie Unterricht praktiziert wird, sondern was „guten" Unterricht ausmacht, nicht nur zu wissen, welche Entwicklungsaufgaben von Heranwachsenden zu bewältigen sind und wie das in der Regel erfolgt, sondern was dafür „ungünstig" oder „besser" ist. Und bei Fragen der Organisation von „Bildung" steht dann nicht nur die Frage an, was in Schule geleistet und an Kompetenzen entwickelt wird, sondern die Frage, welches Spektrum von Kompetenzen in welcher Gewichtung zu welchem Zwecke angestrebt werden sollte – auch dann, wenn dafür die Messwerkzeuge nicht zureichen und unsicher ist, welche Art von Kompetenzen heute das Latein von morgen sind. Und parallel dazu ist die Frage zu beantworten, welche Verteilung von Angeboten mit welchen

Zielsetzungen wünschenswert und weniger wünschenswert bzw. was eine „gute" oder eine „schlechte" Versorgung sei.

Spätestens an diesen beiden Punkten – der Frage nach der Bewertung der gegebenen Verhältnisse sowie der Stiftung von praktischer Rationalität auf den verschiedenen Ebenen der Gestaltung von Erziehungs- und Bildungsprozessen – zeigen sich „Leerstellen" der Bildungsforschung. Was empirische Forschung im Hinblick auf Bewertungen unmittelbar beitragen kann, sind Feststellungen darüber, was bestimmte Gruppen (Eltern, Lehrkräfte, Unternehmen, Verbände, Expertinnen und Experten etc.) als Ziel präferieren, als Wirkung bzw. Zweck von Unterricht und Erziehung gerne hätten und von Schule und Bildungssystem erwarten (vgl. u.a. BMBF 1998; für Eltern und Lehrkräfte vgl. u.a. Jahrbücher der Schulentwicklung 1986ff.). Nicht so ohne Weiteres ist sie in der Lage, etwas als Ziel oder Zweck auszuzeichnen und zu begründen, was angestrebt und gemacht und mit welchen Mitteln verfolgt werden sollte. Woher können aber hinreichend begründete wertende oder gar präskriptiv gewendete Vorgaben genommen werden, wenn sie in Ansehung der Tatsachen und nicht allein more philosophorum – sei es prinzipientheoretisch oder klassisch über den Umweg der Ethik oder über die Vorgaben des Rechtssystems – gewonnen werden sollen?

Wissenschaftstheoretisch ist mit dieser Frage das sogenannte Problem des naturalistischen Fehlschlusses verknüpft, des logisch korrekten Übergangs von deskriptiven zu evaluativen und präskriptiven Aussagen, von Behauptungen zu Empfehlungen und Vorschriften – ein Problem, das wissenschaftstheoretisch aufgeklärte Empiriker als offenes Problem gerne wie der Teufel das Weihwasser meiden oder möglichst unauffällig zu überspringen suchen. Als grundlegende Frage in der Formulierung eines pädagogischen Klassikers formuliert: „[...] wann entspringt aus der Kenntnis dessen, was ist, die Regel über das, was sein soll?" (Dilthey 1888/1978, S. 62).

Die Wege, auf denen der „Sprung" – ein logisch einwandfreier Übergang ist nicht möglich[7] – praktiziert wird, werden in der Regel nicht offen verhandelt, die verwendeten Kriterien, über die die Bewertung zustande kommt, nicht erörtert. Der empirische Königsweg der Bewertung ist der des Vergleichs: Unabhängig davon, ob es

---

7 Es gibt eine lange und breite Diskussion zu der Frage des Übergangs von Behauptungen zu Wertungen und Empfehlungen, die sich von der Philosophie über die Soziologie bis zur Rechtswissenschaft erstreckt. Die Bezeichnung „naturalistischer Fehlschluss" für Probleme des fälschlichen Übergangs von Behauptungen zu normativen Sätzen geht auf Moores „Principia Ethica" (1903) zurück, in denen er zeigte, dass in ethischen Argumenten häufig darauf zurückgegriffen werde, dass ein in der Natur oder Entwicklung gegebener Sachverhalt, eine bestimmte Eigenschaft X „gut" sei, „gut" gleichbedeutend X sei und damit ausgeblendet werde, dass „gut" auch etwas ganz anderes sein könne. In Anlehnung daran werden Aussagen, in denen von einem festgestelltem Merkmal auf „gut", „besser", „wünschenswert", „erstrebenswert" etc. geschlossen wird und somit die evaluative oder präskriptive Aussage lediglich durch das Festgestellte begründet wird, als naturalistischer Fehlschluss bezeichnet. Zum Problem des naturalistischen Fehlschlusses siehe (in Auswahl) Albert 1968; Hudson 1969; Schurz 1997; v. d. Pfordten 1993.

um die Frage einer guten Versorgung mit Schulangeboten geht oder um die Frage, was Unterricht und Schule leisten – entscheidend für ein „besser" oder „schlechter" ist zunächst, Indikatoren für einen Vergleich zu haben oder festzulegen, z.B. Abiturquoten oder die Performanz in bestimmten Kompetenzdimensionen bei Schülerinnen und Schülern entlang bestimmter Kompetenzstufen. Sind diese erst einmal festgelegt, können die in Untersuchungen ermittelten Werte hierarchisch geordnet und die untersuchten Einheiten daraufhin miteinander verglichen werden. Wird die darüber nahegelegte Schlussfolgerung nicht genau kontrolliert, ist die Wertung perfekt: Gemäß der Unterstellung, dass eine höhere Abiturquote „besser" als eine niedrige sei, eine höhere Abiturquote der Beleg für „gute" Schulversorgung sei, das Erreichen einer „höheren" Kompetenzstufe in einer Kompetenzdimension von relativ mehr Schülerinnen und Schülern ein hinreichender Beweis einer „besseren" Leistung von Unterricht und Schule sei, erscheint klar, was anzustreben ist, nämlich das, was den „höheren" Output, die „bessere" Leistung erzielt. Aus dem Vergleich wird eine Bewertung, darüber schließlich eine – wie es scheint – einwandfreie Empfehlung.

Um diese zu vertiefen, kann in einem zweiten Schritt mittels multivariater Analysen untersucht werden, was mögliche und wahrscheinliche Determinanten der als besser bzw. erstrebenswert angesehenen Ergebnisse – im Beispiel eine höhere Abiturquote (z.B. als Erfolgsquote bei Gymnasien) oder höhere Performanzwerte in den Kompetenzdimensionen – sind. Die angenommenen funktionalen Zusammenhänge werden mittels Regressionsanalyse validiert und ggf. – um bessere oder eindeutigere Zusammenhänge zu finden – nach beiden Seiten hin variiert. Reicht dies nicht, werden zusätzlich situative Variablen als Moderatorenvariablen in den angenommenen funktionalen Zusammenhang zwischen dem Erreichen der besseren Werte und den dafür relevanten Einflussfaktoren eingebracht. Wird auf diese Weise – wie z.B. bei den Untersuchungen zur Qualitätsverbesserung von Unterricht der Fall – nicht noch einmal geprüft, ob das, was als Ausgangspunkt und spätere abhängige Variable dient – höhere Performanzwerte bzw. bessere Ergebnisse bei Kompetenztests oder auch die Abiturquote als Indikator für bessere Schulversorgung –, dann werden die häufig prima vista ausgewählten Indikatoren unversehens zum Bewertungsmaßstab und die Einflussfaktoren unversehens zu Steuergrößen mit präskriptiver Kraft für den, der das „Bessere" möchte.

Tendenziell unbeachtet bleiben dann sowohl die Nebenfolgen einer Verfolgung des „Besseren" als auch andere, alternative Indikatoren, alternative Bewertungsmaßstäbe und andere Zielstellungen. Werden diese gar nicht erst berücksichtigt, öffentlich abgewogen und gewichtet und dies auf den verschiedenen Ebenen der Gestaltung von Unterricht und Schule, droht eine Ausrichtung, die meist schon nach geraumer Zeit als so einseitig und linear betrachtet wird, dass die Entwicklung als Ganzes zurückgewiesen und neu bewertet wird.

Dies führt zu der Frage, was denn – auf den verschiedenen Ebenen der Gestaltung von Erziehungs- und Bildungsprozessen – relevante Maßstäbe der Beurteilung sein können, die zu berücksichtigen wären, was Indikatoren für Fehlentwicklungen sind und was neben den Kriterien, die derzeit in der Steuerung des Systems leitend sind, zusätzlich zu berücksichtigen wünschenswert wäre. Die traditionelle Allgemeine Pädagogik entwickelte Kriterien für pädagogisches Handeln, die sie im Hinblick auf die Funktion, die Erziehungs- und Bildungsprozesse für die Entwicklung der Heranwachsenden haben sollten, begründete. Dies reicht auf vielen Ebenen der Gestaltung nicht hin, z.B. als Kriterium für die Bewertung der Angebotsdichte an Schulformen oder auch nur als Kriterium für die Leistungsanforderungen an Schülerinnen und Schüler. Was allerdings wünschenswert wäre, ist, dass das eine Kriterium nicht dogmatisch gegenüber dem anderen eingewandt und ausgetauscht, sondern offen verhandelt und gegeneinander abgewogen wird – schon alleine, damit man weiß, was man tut, wenn man für das eine als oberste Priorität (für eine gewisse Zeit) eintritt.

Das Spektrum der potentiell relevanten Bewertungsmaßstäbe ist groß und wird umso breiter, je weniger der Blick auf die Bedienung der ökonomischen und verfassungsrechtlich gewichtigen Funktionen des Bildungssystems eingeengt, sondern stattdessen aufgenommen wird, was im Interesse von Kindern und Jugendlichen relevant und abzuwägen wäre, z.B. aus Elternsicht fröhlich-ausgeglichene versus leistungsstarke Kinder, Indikatoren der psychischen Gesundheit und des Wohlbefindens versus Indikatoren des kognitiven Outputs von Unterricht und Schule u.v.a.m. Fragen der Konstruktion und Gewichtung von relevanten Bewertungsmaßstäben für die Beurteilung von Erziehung und Unterricht sowie des Systems der Bildungseinrichtungen waren Teil der Philosophie, ihr Ort ursprünglich die Allgemeine Pädagogik. Heute erneut und verschärft bedürfte es aus meiner Sicht eines empirisch versierten Nachdenkens über das, was als Bewertungsmaßstab wichtig und im Interesse der Heranwachsenden als Indikatoren-Set nutzbar wäre. Diskurse darüber gibt es leider nicht, aber vielleicht wäre eine Allgemeine Erziehungswissenschaft ein brauchbarer Ort dafür. Ohne eine Öffnung der Bildungsforschung gegenüber anderen Systemindikatoren und darin eingelassenen Fragestellungen und Bewertungsmaßstäben droht jedenfalls in der Tat, dass das, was Pädagogik und das Interesse an ihr ausmacht, aus der Bildungsforschung entschwindet; und umgekehrt, dass das, was Pädagogik ausmacht, auf Fragen reduziert wird, die ohne Relevanz zumindest in der Systembeobachtung und politischen Gestaltung bleiben. Dies ist tendenziell leider der Fall.

Ein zweites Problem erscheint gleichrangig: das Problem der Organisation von praktischer Handlungs- und Entscheidungsrationaliät. Werden Fragen und Probleme einer Gestaltung pädagogischer Praxis in praktischer Absicht als integrative Klammer von

Erziehungswissenschaft akzeptiert, und wird dabei der Theorie die Rolle zugewiesen, „Rationalität" zu ermöglichen – verstanden als Erzeugung einer Sicht, kraft derer ein Handeln und Entscheiden mit Übersicht und Weitblick möglich wird –, dann stellt sich für Erziehungswissenschaft und Bildungsforschung die Frage, wie das, was ggf. dafür an Theorie und Empirie zur Verfügung steht, als Angebot den potentiellen Nutzer erreicht, wie dessen Nutzung zur Verbesserung von „Praxis" organisiert werden kann und, umgekehrt, wie Probleme der Praxis resp. Probleme auf den verschiedenen Ebenen der Gestaltung der Praxis theoriefähig gemacht werden können, um zu größerer Entscheidungsrationalität zu gelangen.

Man braucht über diese Fragen einer Koordination von Wissenschaft und Praxis nicht nachzudenken, wenn die gesellschaftliche Verwendung von Theorie dem Theorieproduzenten gleichgültig ist und für Nachfrage und Angebot an wissenschaftlichem Wissen ein eher zufällig korrespondierendes Modell präferiert wird. Mit einem solchen Modell werden dann allerdings auch die Verbesserungen der Praxis zufällig, und auch die Politik wird von Rationalitätsansprüchen zugunsten einer Evolution der Verhältnisse entlastet. Anders sieht die Problemlage aus, wenn die Überlassung an den Zufall und die selbstregulativen Kräfte des Marktes keine vernünftige Option mehr ist. Dann wird es sinnvoll zu überlegen, wie die Koordination von Wissensbeständen und Problemen der Praxis übernommen werden könnte und wer sie übernehmen könnte. Dann wäre es wichtig zu überlegen, wie die Koordination organisiert, das Wissensmanagement angelegt werden und Rückmeldungen in beiden Systemen zu einer Stärkung der praktischen Systemrationalität beitragen könnten. Ohne hier die theoretischen Perspektiven zu entfalten, die es dazu gibt, könnte – vorausgesetzt, die Erziehungswissenschaft ließe sich darauf ein – die Allgemeine Erziehungswissenschaft als Ort der Kommunikation darüber dienen. Keinen Ort dafür zu haben, kann zugegebenermaßen auch sehr nützlich sein, zumindest für diejenigen, die schon immer nur das machen wollten, was sie schon immer tun. Demgegenüber sei hier daran festgehalten, dass es mehr denn je Menschen bedarf, die dem Idealbild des empirisch versierten Philosophen im Felde der Pädagogik nahe- und seiner Aufgabe nachkommen und die Rolle eines Maklers und Koordinators sozialwissenschaftlicher Wissensbestände im Interesse und in Ansehung der Probleme pädagogischer Praxis übernehmen können.

Literatur

Albert, H. (1968): Traktat über kritische Vernunft. Tübingen: Mohr.
Autorengruppe Bildungsberichterstattung (2012): Bildung in Deutschland 2012. Bielefeld: Bertelsmann.
Benner, D. (1987, [4]2001): Allgemeine Pädagogik. Weinheim/München: Juventa.
Benner, D. (2012): Bildung und Kompetenz. Paderborn: Schöningh.

Blankertz, H. (1983): Pädagogische Theorie und erzieherische Praxis im Spiegel des Verhältnisses von Wissenschaftstheorie und Wissenschaftspraxis. In: König, E./Zedler, P. (Hrsg.): Erziehungswissenschaftliche Forschung: Positionen, Perspektiven, Probleme. München: Fink, S. 65-79.

Blossfeld, H.-P./Roßbach, H.-G./von Maurice, J. (Hrsg.) (2011): Education as a Lifelong Process: the German National Educational Panel Study (NEPS). Wiesbaden: VS.

BMBF (Bundesministerium für Bildung und Forschung) (Hrsg.) (1998): Integrierter Abschlußbericht. Zusammenfassung von Delphi I „Wissensdelphi" und Delphi II „Bildungsdelphi". Bonn u.a.: BMBF.

Deutsches PISA-Konsortium (Hrsg.) (2001): PISA 2000. Basiskompetenzen von Schülerinnen und Schülern im internationalen Vergleich. Opladen: Leske + Budrich.

Dilthey, F. (1888/1978): Über die Möglichkeit einer allgemeingültigen pädagogischen Wissenschaft. In: Ders.: Gesammelte Schriften, Bd. 6, Hälfte 2: Abhandlungen zur Poetik, Ethik und Pädagogik. Stuttgart/Göttingen: Teubner/Vandenhoeck & Ruprecht, S. 56-82.

Drewek, P./Huschner, A./Ejury, R. (Hrsg.) (2001): Politische Transformation und Eigendynamik des Schulsystems im 20. Jahrhundert. Weinheim: Deutscher Studienverlag.

Ecarius, J. (2002): Familienerziehung im historischen Wandel. Eine qualitative Studie über Erziehung und Erziehungserfahrungen von drei Generationen. Opladen: Leske + Budrich.

Ecarius, J./Friebertshäuser, B. (2005): Literalität, Bildung und Biographie. Perspektiven erziehungswissenschaftlicher Biographieforschung. Opladen: Barbara Budrich.

Ecarius, J./Köbel, N./Wahl, K. (2011): Familie, Erziehung und Sozialisation. Wiesbaden: VS.

Eckert, T. (1993): Erziehungsleitende Vorstellungen und Schulverständnis von Lehrern. Frankfurt a.M. u.a.: Lang.

Fend, H. (2006): Zum Verhältnis von Erziehungswissenschaft und Bildungssoziologie am Beispiel der Schultheorien. In: Merkens, H. (Hrsg.): Erziehungswissenschaft und Bildungsforschung. Wiesbaden: VS, S. 41-54.

Fend, H./Berger, F./Grob, U. (Hrsg.) (2009): Lebensverläufe, Lebensbewältigung, Lebensglück. Ergebnisse der LifE-Studie. Wiesbaden: VS.

Flitner, W. (1958): Das Selbstverständnis der Erziehungswissenschaft in der Gegenwart. Heidelberg: Quelle & Meyer.

Fuhrer, U. (2005): Lehrbuch Erziehungspsychologie. Bern: Huber/Hogrefe.

Georg, W. (2009): Prädiktion des Berufsstatus. In: Fend, H./Berger, F./Grob, U. (Hrsg.): Lebensverläufe, Lebensbewältigung, Lebensglück. Ergebnisse der LifE-Studie. Wiesbaden: VS, S. 141-160.

Girmes, R. (1997): Sich zeigen und die Welt zeigen. Bildung und Erziehung in posttraditionalen Gesellschaften. Opladen: Leske + Budrich.

Grzesik, J. (1998): Was kann und soll Erziehung bewirken? Möglichkeiten und Grenzen der erzieherischen Beeinflussung. Münster u.a.: Waxmann.

Hofer, M./Wild, E./ Noack, P. (2002) (Hrsg.): Lehrbuch Familienbeziehungen. Eltern und Kinder in der Entwicklung. Göttingen u.a.: Hogrefe.

Hudson, W.D. (Hrsg.) (1969): The Is-Ought Question. Bristol: MacMillan & Co.

Jahrbuch der Schulentwicklung (1986ff.). Hrsg. von Hans-Günter Rolff u.a. Weinheim: Beltz.

Jürgens, E. (2012): Erzieherische Wirkungen Offener Lernformen. In: Sandfuchs, U./Melzer, W./Dühlmeier, B./Rausch, A. (Hrsg.): Handbuch Erziehung. Bad Heilbrunn: Klinkhardt, S. 229-235.

Kahlert, J. (2012): Erzieherische Wirkungen in den Unterrichtsfächern. In: Sandfuchs, U./ Melzer, W./Dühlmeier, B./Rausch, A. (Hrsg.): Handbuch Erziehung. Bad Heilbrunn: Klinkhardt, S. 222-228.

Köhler, G. (2009): Diskurs und Systemtransformation. Der Einfluß diskursiver Verständigungsprozesse auf Schule und Bildung im Transformationsprozess der neuen Bundesländer. Göttingen: Cuvillier.

Koller, H.-C. (2010): Grundzüge einer Theorie transformatorischer Bildungsprozesse. In: Liesner, A./Lohmann, I. (Hrsg.): Gesellschaftliche Bedingungen von Bildung und Erziehung. Eine Einführung. Stuttgart: Kohlhammer, S. 288-300.

Liebenwein, S. (2008): Erziehung und soziale Milieus. Elterliche Erziehungsstile in milieuspezifischer Differenzierung. Wiesbaden: VS.

Lipowsky, F. (2006): Lehrerkompetenzen und Lehrerhandeln im Spiegel der empirischen Forschung. Habilitationsschrift. Frankfurt a.M.

Marotzki, W. (1990): Entwurf einer strukturalen Bildungstheorie. Biographietheoretische Auslegung von Bildungsprozessen in hochkomplexen Gesellschaften. Weinheim: Deutscher Studienverlag.

Marotzki, W. (1999): Bildungstheorie und Allgemeine Biographieforschung. In: Krüger, H.-H./Marotzki, W. (Hrsg.): Handbuch erziehungswissenschaftlicher Biographieforschung. Opladen: Leske + Budrich, S. 57-68.

Miethe, I./Müller, H.-R. (Hrsg.) (2012): Qualitative Bildungsforschung und Bildungstheorie. Opladen: Barbara Budrich.

Moore, G.E. (1903/1970): Principia Ethica. Stuttgart: Reclam.

NEPS (Nationales Bildungspanel) (o.J.). URL: https://www.neps-data.de; Zugriffsdatum: 06.11.2012.

Neuenschwander, M.P. (2005): Unterrichtssystem und Unterrichtsqualität. Konturen einer Unterrichtstheorie für die Sekundarstufe und ihre empirische Bewährung. Bern/ Stuttgart/Wien: Haupt.

Nohl, A.-M. (2006): Bildung und Spontaneität. Phasen biographischer Wandlungsprozesse in drei Lebensaltern – Empirische Rekonstruktion und pragmatische Reflexionen. Opladen: Barbara Budrich.

Pfordten, D. v.d. (1993): Deskription, Evaluation, Präskription. Berlin: Duncker & Humblot.

Prior, M. (2009): MiniMax für Lehrer. Weinheim/Basel: Beltz.

Rosenberg, F. v. (2011): Phasen interkultureller Bildungsprozesse. Fremde Erfahrungsansprüche als Anlass für die Transformation von Selbst- und Weltverhältnissen. In: Zeitschrift für Bildungsforschung, H. 1, S. 41-54.

Rürup, M. (2007): Innovationswege im deutschen Bildungssystem. Die Verbreitung der Idee „Schulautonomie" im Ländervergleich. Wiesbaden: VS.

Schurz, G. (1997): The Is-Ought Problem. Dordrecht/Boston/London: Kluwer Academic Publishers.

Stecher, L. (2001): Die Wirkung sozialer Beziehungen. Empirische Ergebnisse zur Bedeutung sozialen Kapitals für die Entwicklung von Kindern und Jugendlichen. Weinheim/München: Juventa.

Tschöpe-Scheffler, S. (Hrsg.) (2005, [2]2006): Konzepte der Elternbildung – eine kritische Übersicht. Opladen: Barbara Budrich.

Weinert, F.E. (2001): Perspektiven der Schulleistungsmessung – mehrperspektivisch betrachtet. In: Weinert, F.E. (Hrsg.): Leistungsmessungen in Schulen. Weinheim/Basel: Beltz, S. 353-366.

Wissenschaftlicher Beirat für Familienfragen (2005): Familiale Erziehungskompetenzen. Beziehungsklima und Erziehungsleistungen in der Familie als Problem und Aufgabe. Weinheim/München: Juventa.

Zander, M. (Hrsg.) (2011): Handbuch Resilienzförderung. Wiesbaden: Springer.

Zuerst veröffentlicht in:
DDS – Die Deutsche Schule
106. Jahrgang 2014, Heft 1, S. 85-95
© 2014 Waxmann

Lutz R. Reuter

Bildungsforschung aus politik- und rechtswissenschaftlicher Perspektive[1]

Zusammenfassung

Die Bildungsforschung untersucht die individuellen, gesellschaftlichen, wirtschaftlichen und politischen Bedingungen, unter denen Erziehungs- und Bildungsprozesse in öffentlichen und privaten Institutionen stattfinden. Thema politikwissenschaftlicher Bildungsforschung ist die Schnittstelle von Bildung und politischem System; die rechtswissenschaftliche Bildungsforschung untersucht die Schnittstelle zwischen Erziehung bzw. Bildung und Rechtsordnung. Der folgende Beitrag differenziert beide Begriffe näher aus und beschreibt ihre Fragestellungen und Gegenstandsbereiche. Eingehend werden die Entstehung und Entwicklung sowie die Arbeitsbereiche und Institutionen der beiden Forschungszweige dargestellt. Der Artikel schließt mit vier Beispielen künftiger politikwissenschaftlich orientierter Bildungsforschung.
Schlüsselwörter: Bildungsberatung, Bildungsberichterstattung, Bildungsförderung, Bildungsmonitoring, Bildungsplanung, Politikberatung

Educational Research from the Perspectives of Social Sciences and Jurisprudence

Abstract

Foci of educational research are the individual, social, economic, and political conditions, which influence education processes in public and private institutions. Topic of political scientific research on education is the cutting line between the educational and political systems, while jurisprudential research on education deals with the relationship between educational systems, processes, and players on the one hand and the legal order on the other. The article differentiates the two different disciplinary approaches to educational research and describes their main questions and subject areas. It looks into the emergence and development as well as into the fields and institutions of the two ap-

---

1 Diesem Beitrag liegt mein gemeinsam mit Isabelle Sieh verfasster und im Handbuch Bildungsforschung (Tippelt/Schmidt 2010) veröffentlichter Artikel „Politik- und rechtswissenschaftliche Bildungsforschung" zugrunde (vgl. ebd., S. 185-198).

proaches to educational research. The article closes with four examples of forthcoming political scientific research on education.
Keywords: educational consulting, educational reporting, promotion of education, educational monitoring, educational planning, political consulting

1. Bildungsforschung und Politik

Die *Bildungsforschung* untersucht die Voraussetzungen und Möglichkeiten von Erziehungs- und Bildungsprozessen in unterschiedlichen, insbesondere individuellen, gesellschaftlichen oder politischen Kontexten (vgl. Deutscher Bildungsrat 1974, S. 16; Tippelt/Schmidt 2010, S. 10). Sie definiert sich von ihrem Gegenstand und nicht von einer einzelnen Fachwissenschaft her. Das Präfix *Bildung* kennzeichnet den Vorgang der Entfaltung der Individualität eines Menschen, seine physische, kognitive und emotionale Entwicklung und Auseinandersetzung mit der sozialen, gesellschaftlichen, politischen und natürlichen Umwelt. Die Grenzen zum Begriff der Erziehung sind fließend und auch institutionell (z.B. *Erziehungs*auftrag der Schule) nicht genau bestimmbar. *Erziehung* bezieht sich indes eher auf die Entwicklung weltanschaulicher, ethischer und ästhetischer Einstellungen und Verhaltensdispositionen im Kindes- und Jugendalter, während *Bildung* alle Formen des informellen und formellen Erwerbs von Kenntnissen, Fähigkeiten und Fertigkeiten (Kompetenzen) über die gesamte Lebensspanne umfasst. Als Teilbereich der multidisziplinären Bildungsforschung befasst sich die *politikwissenschaftliche* Bildungsforschung mit der Schnittstelle von Bildung und politischem System. Die Dimension des Politischen unterscheidet die politikwissenschaftliche von anderen Subdisziplinen der Bildungsforschung. Diese politische Dimension lässt sich über den Politikbegriff, die *Form* (*polity*), den *Inhalt* (*policy*) und den *Prozess* (*politics*) des Politischen näher strukturieren.

Die formale oder institutionelle Dimension (*polity*) betrifft Erscheinungsformen der Politik wie Verfassungen, Recht und Institutionen sowie Merkmale wie Ordnung, Organisation und Verfahrensregeln. Politikwissenschaftliche Bildungsforschung befasst sich mit Blick auf diese Politikdimension mit den konstitutionellen Rahmenbedingungen der Bildungsprozesse und des Bildungssystems, mit den Zuständigkeiten der politischen Ebenen und politischen Akteure, mit den Institutionen des Bildungssystems und mit den Instrumenten zur Durchsetzung bildungspolitischer Entscheidungen. Forschungsfragen sind beispielsweise, ob zentralisierte gegenüber föderativen Kompetenzstrukturen und Entscheidungsmustern die Modernisierung des Schulwesens erleichtern oder erschweren (vgl. Heidenheimer 1992), in welchem Verhältnis private und öffentliche Bildungsfinanzierung zueinander stehen, wie sich die Divergenzen bei den Bildungsausgaben in ökonomisch äquivalenten Staaten erklären lassen und welche sozialen Effekte sich daraus ergeben (vgl. Schmidt 2002).

Von der formalen oder institutionellen ist die inhaltliche Dimension des Politik-begriffs (*policy*) zu unterscheiden. Erscheinungsform dieser Dimension sind die Ziele und Aufgaben politischer Programme. Ihre Merkmale sind Wertorientierung, Gestaltung, Problemlösung oder Aufgabenerfüllung. Gegenstände der politikwissen-schaftlichen Bildungsforschung sind hier beispielsweise die unterschiedlichen Handlungskonzepte zur Gestaltung der Aufgaben und Strukturen von Bildungs-einrichtungen, in denen sich die konkurrierenden Interessen bzw. die ideellen bil-dungspolitischen Einstellungen von Parteien oder Verbänden widerspiegeln (z.B. Chancengleichheit vs. Elitenförderung; Inklusion vs. Differenzierung). Beispiele für einschlägige Untersuchungen sind die vergleichende Analyse der Regelung und Durchsetzung der Schulpflicht in den deutschen Bundesländern (vgl. Neumann/Reuter 1997), die Steuerungsmodi bundesstaatlicher Bildungssysteme (vgl. Arbeits-gruppe 2007) oder die sukzessive Veränderung des Hochschulreformdiskurses (vgl. Witte 2006).

Bei der prozessualen Dimension (*politics*) geht es um Erscheinungsformen der Politik wie Interessen und Konflikte sowie die Merkmale ihrer Austragung wie Macht, Ressourcen, Konsens oder Kompromiss. Die politikwissenschaftliche Bildungs-forschung untersucht, ob und wie die Akteure mit bildungspolitischen Problemen symbolisch oder problemlösend umgehen, mit welchen Handlungsprogrammen (z.B. Einführung der Gemeinschaftsschule, Senkung der Abbruchquoten) sie im politischen Wettbewerb auf gesellschaftliche oder wirtschaftliche Herausforderungen reagieren und wie der Politikkreislauf von Problemerfassung, Zielformulierung, Entscheidung und Umsetzung bei bildungspolitischen Themen (z.B. Internationalisierung der deut-schen Hochschulen) verläuft. Beispiel für eine Studie zur prozessualen Dimension ist die Untersuchung der Einbindung nichtstaatlicher Verbände in den Bologna-Prozess (vgl. Fuchs 1997; Toens 2008).

Das Politikfeld Bildung kann danach in institutioneller, inhaltlicher und prozes-sualer Hinsicht untersucht werden; in der Regel schließen Untersuchungen meh-rere Dimensionen ein. Obwohl damit alle relevanten Dimensionen der Politik er-fasst werden, wird kritisiert, dass diese Definition in Bezug auf den eigentlichen Kern des Politischen blass bleibe. Deshalb sei betont, dass Kern der politikwissen-schaftlichen Bildungsforschung die Politics-Dimension ist, die Analyse soziopoliti-scher Interessenkonflikte über Ziele, Inhalte und Ressourcen im Politikfeld Bildung (Beispiel: Abbau von Chancenungleichheit).

2. Bildungsforschung und Recht

Rechtswissenschaftliche Bildungsforschung befasst sich mit der Schnittstelle von Bildung und Rechtsordnung. Da die Rechtsordnung als Produkt politischer Prozesse Teil des politischen Systems ist, liegt es nahe, rechtswissenschaftliche Fragestellungen als Teil politikwissenschaftlicher Bildungsforschung zu verstehen. Allerdings sprechen einige Gründe wie das wechselseitige Bedingungsverhältnis von Politik und Recht und vor allem die begriffliche, methodische und institutionelle Ausdifferenzierung des Rechts für eine Differenzierung von politik- und rechtswissenschaftlicher Bildungsforschung. Dabei spielt eine wichtige Rolle, dass den Menschenrechten, die seit der Aufklärung als Verkörperung der Idee von der Unverfügbarkeit des Menschen gelten, eine besondere *Bildungs*-Bedeutung zukommt. In Rechtsdokumenten wie Verfassungen niedergelegt, stellen sie die verrechtlichte Form der dem Menschen angeborenen und unveräußerlichen (Natur-)Rechte dar; ihnen sind Gesetzgebung, vollziehende Gewalt und Rechtsprechung verpflichtet (vgl. Art. 1 Abs. 3 GG). Im Übrigen aber ist Recht in der pluralistischen Demokratie Ausdruck politischer Entscheidungen. Geltungsgrund des Rechts ist nicht vermeintliche sachliche Richtigkeit, sondern die Korrektheit des Verfahrens, mit der es zustande gekommen ist. Sicherung gegen eine Beliebigkeit seiner Inhalte ist allerdings die Verträglichkeit der in einem geregelten Verfahren geschaffenen Norm mit den Kernprinzipien[2] der Verfassung; die Menschenrechte sind *Maßstab* der materiellen Gültigkeit der Rechtsnormen.

Für die rechtswissenschaftliche Bildungsforschung folgt daraus zweierlei: Sie ist Teil des Grundrechtsdiskurses, wenn es um Bildungsfragen im Zusammenhang mit der Würde des Menschen und seiner Persönlichkeitsentfaltung geht. Im Mittelpunkt dieses Themenbereichs stehen Fragen nach den Freiheiten im Bildungsprozess sowie den Rechten auf Bildung, Chancengleichheit und gesellschaftliche Teilhabe, d.h. nach dem Verhältnis von Persönlichkeitsentfaltung (Art. 2 GG) und Gleichheitssatz (Art. 3 GG) (vgl. Niehues/Rux 2006). Zum anderen geht es in der rechtswissenschaftlichen Bildungsforschung um ähnliche Fragen wie in der politikwissenschaftlichen Bildungsforschung: Wer definiert den rechtlichen Rahmen für die Ziele, Aufgaben, Strukturen, Prozesse, Institutionen und Ressourcen im Politikfeld Bildung und Erziehung? Welche Interessen setzen sich im Rahmen des Rechts durch bzw. werden durch das bestehende Rechtssystem gesichert oder marginalisiert? Wie sind sie inhaltlich bestimmt? Wer verfügt über die Interpretationsmacht? Welche Funktionen hat das Bildungsrecht (Herrschaftssicherung, Kontrolle, Schutz, Steuerung, soziale In- oder Exklusion; vgl. Avenarius 2010)?

Die Ausdifferenzierung des Politikbegriffs in Form, Inhalt und Prozess lässt sich auch auf den Rechtsbegriff übertragen und zur Beschreibung des Gegenstandsbereichs

---

2 Vgl. Art. 79 (3) in Verbindung mit Art. 1 und Art. 20 GG.

der rechtswissenschaftlichen Bildungsforschung nutzen. Bei der *formalen* Dimension geht es um das bestehende Bildungsrecht, wie es im nationalen Verfassungsrecht (z.B. Art. 7, 12, 74 Ziff. 11-13, 91b GG; Landesverfassungen), im Völkerrecht (z.B. Art. 14 Europäische Menschenrechtskonvention; Art. 28 UN-Kinderrechtskonvention), im Recht der europäischen Union (z.B. Art. 165f. Vertrag über die Arbeitsweise der Europäischen Union, AEUV) und in den Schul-, Berufsbildungs-, Hochschul- und Weiterbildungsgesetzen niedergelegt ist (vgl. Avenarius 2010, S. 19-55). Bei der *inhaltlichen* Dimension geht es um Konflikte bei der Formulierung neuer bzw. Auslegung geltender Bildungsnormen. Hierzu ein Beispiel: Verpflichtet die *Aufsicht des Staates über das Schulwesen* nach Art. 7 Abs. 1 GG diesen zu einer umfassenden Gestaltung des Schulwesens oder gestattet der Artikel eine staatliche Rechtsaufsicht über autonome Schulen (vgl. ebd., S. 180-183)? Bei der *prozessualen* Dimension geht es um Fragen nach den rechtlichen Konfliktregeln, nach den Interessen und der Durchsetzungsmacht unterschiedlicher Akteure bei der Vorbereitung, Implementierung und Anwendung bildungsrechtlicher Bestimmungen und nach der Funktion der rechtlichen Institutionen bei Entscheidungen im Bildungswesen. Dazu wiederum ein Beispiel: Beinhaltet das Recht auf Bildung einen Anspruch auf Bestand des Gymnasiums *oder* auf Einführung der Gemeinschaftsschule für alle?

Vereinfacht formuliert stehen im Zentrum politikwissenschaftlicher Bildungs-forschung die politischen Rahmenbedingungen sowie die Entscheidungen, Hand-lungen und Wirkungen mit Blick auf das Bildungssystem, während sich die rechtswis-senschaftliche Bildungsforschung vorrangig mit den rechtlichen Rahmenbedingungen des Bildungssystems, der Anwendung des Bildungsrechts als Instrument politi-scher Steuerung und administrativer Kontrolle sowie mit Fragen des individuel-len Rechtsschutzes der Lernenden befasst. Damit sind sie miteinander verknüpft und überschneiden sich in der Frage nach der Legitimation sowie den Inhalten und Grenzen staatlichen Handelns im Bildungswesen (*Politics*-Dimension).

3. Entwicklungen und Akteure der politik- und rechtswissenschaftlichen Bildungsforschung

Die Entwicklung erster Ansätze einer auch politikwissenschaftlich orientierten Bildungsforschung nach 1945 ist mit der Gründung der *Hochschule für Internationale Pädagogische Forschung* in Frankfurt a.M. (seit 1951; seit 1964 *Deutsches Institut für Internationale Pädagogische Forschung*, DIPF), des *Max-Planck-Instituts für Bildungsforschung* in Berlin (MPIB, seit 1963) oder des *Deutschen Jugendinstituts* (DJI, seit 1961) verbunden. Ihnen folgen das *Bundesinstitut für Berufsbildungsforschung* in Berlin (BIBB, seit 1970), das *Institut für Arbeitsmarkt- und Berufsforschung* der Bundesanstalt für Arbeit in Nürnberg (IAB, seit 1967) und die *Hochschul-Informationssystem GmbH* in Hannover (HIS, seit 1969, seit 2013 *Deutsches*

Zentrum für Hochschul- und Wissenschaftsforschung, DZHW). Die Einsetzung des *Deutschen Ausschusses für das Erziehungs- und Bildungswesen* (1953-1965) und des *Deutschen Bildungsrates* (1965-1975), die Gründung des *Wissenschaftsrates* (1957) sowie die Ergänzung des Grundgesetzes um die Aufgaben gesamtstaatlicher Bildungsplanung und Forschungsförderung (1969) forcieren eine praxisnahe planungs- und beratungsorientierte Bildungsforschung. Die aufgrund von Art. 91b GG gegründete *Bund-Länder-Kommission für Bildungsplanung und Forschungsförderung* in Bonn (BLK, 1970-2007) fungiert als Koordinierungsinstitut zwischen den seit der Grundgesetzreform verschränkten Bundes- und Landeskompetenzen im Bildungsbereich. Dieser Prozess geht mit einer steigenden Komplexität im Bildungssystem einher, mit der sich die politikwissenschaftliche Bildungsforschung intensiv beschäftigt. Auch durch die Bildungsexpansion der 1960er- und 1970er-Jahre wird die politikwissenschaftlich orientierte, institutionell allerdings durchweg an die Erziehungswissenschaft angebundene Bildungsforschung angeregt und entsprechend ausgebaut. Dies gilt für die universitäre Projektförderung, die außeruniversitäre Forschung sowie die Ressortforschung. Die Erwartungen der politischen Akteure an die Bildungsforschung erweisen sich analog zu der Ernüchterung der allgemeinen Planungseuphorie in der zweiten Hälfte der 1970er-Jahre bald als illusorisch. Denn Bildungsforschung und Bildungsplanung können politische Entscheidungen über Bildungsreformen nicht ersetzen, wie es sich die *Kultusministerkonferenz* (KMK) mit der vom Deutschen Bildungsrat vorgeschlagenen Begleitforschung zum Gesamtschulexperimentalprogramm noch vorstellte. Die Nichtverlängerung des Mandats für den Bildungsrat im Jahr 1975 ist ein deutliches Indiz für die gesunkene Bedeutung, die von Seiten der Politik in dieser Phase der politikberatenden Bildungsforschung zugemessen wird. Die komplexen Systemvoraussetzungen des kooperativen (Bildungs-)Föderalismus und politischer Dissens über Ziele, Inhalte und Finanzierung der Bildungssystementwicklung sind Ursache dafür, dass auch der BLK die Fortschreibung des Bildungsgesamtplans nicht mehr gelingt. Sie beschränkt sich auf die Förderung von Modellversuchen und Begleitforschung und wird im Zuge der Föderalismusreform von 2006 durch die in ihren Aufgaben beschränkte *Gemeinsame Wissenschaftskonferenz* (GWK, seit 2008) ersetzt. Impulse für die politikwissenschaftlich orientierte Bildungsforschung in Deutschland geben schließlich die wachsenden bildungspolitischen Ambitionen internationaler Organisationen (UNESCO: vgl. Hüfner/Reuter 1996; OECD: vgl. Weymann/Martens 2005; EU: vgl. Bauer 1999; Weltbank: vgl. Maurer 2007; nationale und internationale Nichtregierungsorganisationen: vgl. Müller-Böling 2000; Fuchs 1997).

Auch die rechtswissenschaftliche Bildungsforschung, die mit dem Entwurf für ein Landesschulgesetz der Kommission Schulrecht des Deutschen Juristentages (1981) zeitweilig eine breite Aufmerksamkeit auf sich zieht, verliert wieder das öffentliche Interesse (vgl. Avenarius 2010, S. 16). Dies hängt auch damit zusammen, dass nach dem Ende der Bildungsreformen der 1970er-Jahre bis zum Ende des Jahrhunderts keine bedeutenden bildungsrechtlichen Gerichtsurteile mehr ergehen (vgl. Urteil des

BVerfG zum Ausbildungsplatzförderungsgesetz von 1980). Die 1980er-Jahre bringen keine grundlegend neuen Impulse institutioneller, personeller oder thematischer Art für die politikwissenschaftliche Bildungsforschung. Die fortbestehenden staatlichen Institutionen der Bildungsforschung, -planung und -beratung entwickeln z.T. veränderte Aufgaben, wobei sie ihre Position im Gefüge der bildungspolitischen Akteure teilweise festigen können (BIBB, Wissenschaftsrat) bzw. an Einfluss verlieren (BLK).

Die in den 1990er-Jahren einsetzende öffentliche Debatte um Hochschulreformen, der breite europäische Konsens zur Entwicklung einer gemeinsamen Hochschulinitiative (Bologna-Prozess) und der Aufbau eines umfassenden internationalen Bildungsmonitorings wie z.B. *Third International Mathematics and Science Study* (TIMSS) (vgl. Baumert u.a. 1997) und *Programme for International Student Assessment* (PISA) begründen eine Renaissance der (auch) politikwissenschaftlich orientierten Bildungsforschung. Die Europäisierung und Internationalisierung der Bildungsberichterstattung durch EU, OECD und andere internationale Akteure führen zu einer Dominanz bildungssystemvergleichender Projekte in der Bildungsforschung (vgl. Lauterbach 1999; Reuter 1999). Dabei handelt es sich um komparatistische Studien zum Bildungsföderalismus (Arbeitsgruppe 2007), interregionale und internationale Ländervergleichsstudien (Döbert/Klieme/Sroka 2004) sowie Untersuchungen zu Fragen der Steuerung des Bildungssystems (Altrichter/Maag Merki 2010).

Ausdruck des Selbstverständnisses der Bildungsforschung ist, dass die einschlägigen Arbeitsbereiche und Institute in der Regel nicht monodisziplinär verfasst sind. Insofern gibt es keine politik- oder rechtswissenschaftlich orientierten Bildungsforschungseinrichtungen. Politikwissenschaftliche Bildungsforschung findet projektbezogen in Universitäten (z.B. Berlin, Dortmund, Halle, Kassel) und außeruniversitären Einrichtungen staatlicher (z.B. DIPF) wie nichtstaatlicher Trägerschaft (z.B. *Centrum für Hochschulentwicklung*, CHE) statt. Zu erwähnen sind weiterhin die von den Kultusministerien getragenen Institute für Bildungsforschung, Qualitätssicherung, Schulentwicklung und Lehrerfortbildung. Auf europäischer Ebene sind für die Hochschulforschung insbesondere das *Center of Higher Education Policy* (CHEPS) in Enschede (Niederlande) und die *Academic Cooperation Association* (ACA) in Brüssel (Belgien) zu nennen. Außerhalb des tertiären und beruflichen Bildungssektors existieren bislang kaum politikwissenschaftlich orientierte europäische Bildungsforschungsinstitute. Institutionen wie das *Consortium of Institutions for Development and Research in Education in Europe* (CIDREE) in Sint-Katelijne-Waver (Belgien) vernetzen lediglich nationale Forschungsinstitute oder stellen Informationen über die europäischen Bildungssysteme bereit wie das *Informationsnetz zum Bildungswesen in Europa* (EURYDICE) in Brüssel (Belgien). Zudem unterhält die Europäische Kommission einige Forschungseinrichtungen wie das *Center for Research in Lifelong Learning* (CRELL) in Ispra (Italien) oder das *Network of Experts in Social Sciences of Education and Training* (NESSE) in Lyon (Frankreich).

Innerhalb der politik- und rechtswissenschaftlichen Fachvereinigungen hat sich die Bildungsforschung nur zeitweilig institutionell etablieren können. Kurzzeitig gab es in der Deutschen Vereinigung für Politische Wissenschaft Arbeitsgruppen für Bildungspolitik und Bildungsverwaltung; einschlägige Fragen werden gelegentlich im Rahmen der Sektion Regierungslehre, Staatslehre und politische Verwaltung behandelt. Aktivitäten praxisorientierter politik- und rechtswissenschaftlicher Bildungsforschung finden Platz in der Deutschen Gesellschaft für Bildungsverwaltung (z.B. Arbeitsgruppe Bildungsrecht) und in den Sektionen (z.B. Kommission Bildungsorganisation, Bildungsplanung, Bildungsrecht) der Deutschen Gesellschaft für Erziehungswissenschaft (vgl. Weishaupt 2000). Seit 2012 besteht die Gesellschaft für empirische Bildungsforschung, die sich die „Zusammenarbeit der Disziplinen, die mit empirischen Methoden zu Bildungsfragen arbeiten", zum Ziel gesetzt hat (vgl. URL: www.gebf-ev.de). Ein wichtiges Forum internationaler Kommunikation in der rechtswissenschaftlichen Bildungsforschung ist die *European Association for Education Law and Policy* (ELA) in Antwerpen (Belgien); nach ihrer Satzung ist sie vor allem der internationalen Forschung zum Recht auf Bildung verpflichtet. Im Gegensatz zur praktischen Bedeutung des Rechts und der Rechtsprechung für das Bildungssystem in Deutschland (z.B. Bildungsautonomie: vgl. Aktionsrat Bildung 2010; Leistungsbewertung: vgl. Avenarius 2010; Ethik- und Religionsunterricht: vgl. Link 1995) nimmt die bildungsrechtliche Forschung innerhalb der Rechtswissenschaft eine ähnlich randständige Rolle ein. Bislang ist ihr nur kurzzeitig eine fachverbandliche Präsenz gelungen, als sich der Deutsche Juristentag (DJT) mit den rechtlichen Grundsätzen für das öffentliche Schulwesen und der Stellung der an ihm Beteiligten befasst (vgl. Oppermann 1976) und mit seiner Kommission Schulrecht Einfluss auf die Schulrechtsdiskussion in den Bundesländern nimmt (vgl. DJT 1981). Auch die Vereinigung der Deutschen Staatsrechtslehrer befasst sich mehrfach mit dem bildungsverfassungsrechtlichen Rahmen der deutschen Bildungspolitik (vgl. Bothe 1995). Schließlich sei die interdisziplinäre Projektgruppe *Bildung neu denken* der Vereinigung der Bayerischen Wirtschaft mit ihrem Abschlussband zum juristischen Konzept eines künftigen Bildungssystems erwähnt (vgl. vbw 2005). Aus dieser Projektgruppe geht der Aktionsrat Bildung hervor, der auf der Basis bildungswissenschaftlicher Erkenntnisse Handlungsempfehlungen an die Adresse der bildungspolitischen Akteure gibt (vgl. vbw 2011).

4. Ausblick

Als Teilbereich der sozialwissenschaftlichen Bildungsforschung ist die politikwissenschaftliche Bildungsforschung in Deutschland in Universitäten und Bildungsforschungsinstituten über Forschungsprojekte, nicht in Gestalt von Professuren und Arbeitsbereichen etabliert. Rechtswissenschaftliche Bildungsforschung wird nur noch an wenigen Institutionen und fast ausschließlich von Juristen betrieben. Soweit sie praxisorientiert ist, folgt die politikwissenschaftliche Bildungsforschung weiterhin den Konjunkturen der Bildungspolitik. Dies gilt besonders für ihre ressortunterstützenden und politikberatenden Funktionen. Doch auch nach ihrer Blütezeit zwischen 1965 und 1975 gibt es wichtige Beispiele wissenschaftlicher Bildungspolitikberatung (vgl. z.B. BMBF 1998) und politikwissenschaftlicher Bildungsforschung (vgl. BMBF 2010-2016). Seit den 1990er-Jahren erarbeiten auch Unternehmensberatungsfirmen bildungspolitische Analysen und Gutachten (vgl. Kienbaum 1991; McKinsey 2010). Vor dem Hintergrund der öffentlichen Reaktionen insbesondere auf die ersten Daten der PISA-Studie etablieren die Kultusminister das *Institut zur Qualitätsentwicklung im Bildungswesen* an der Humboldt-Universität zu Berlin (IQB, seit 2004). Nach Kontroversen um die Einführung eines ersten nationalen Bildungsberichts (vgl. KMK 2003) einigen sich Bund und Länder auf eine regelmäßige gemeinsame und indikatorgestützte Bildungsberichterstattung, die ihre Rechtsgrundlage in Art. 91b Abs. 2 GG erhalten hat (vgl. Konsortium 2006).

Bildungsforschung ist nicht disziplinär gebunden, sondern bedient sich je nach Forschungsgegenstand und Forschungsinteresse disziplinärer Kategorien und Theorieansätze. Für die weitere politikwissenschaftlich orientierte Bildungsforschung seien exemplarisch vier Bereiche benannt: (1) Angesichts der Globalisierung sind Bildung und Forschung von strategischer Bedeutung für die Zukunft konkurrierender Wirtschafts- und Gesellschaftssysteme (vgl. BMBF 1998); die Bildungspolitik wird nicht umhin kommen, diese Entwicklungen *proaktiv* zu berücksichtigen. (2) Die Bildungssysteme in der EU dürften ihre historisch ausgeprägten nationalen Konturen verlieren; die (Bildungs-)Politik wird voraussichtlich weniger regional und national geprägt sein; EU-Zuständigkeiten, innereuropäischer Wettbewerb und innergesellschaftliche Pluralisierung dürften tendenziell zu einer strukturellen Angleichung der nationalen Bildungssysteme führen. (3) Bildungspolitik wird in Deutschland seit der industriellen Revolution als staatliche Aufgabe verstanden; internationale Bildungssystemvergleiche weisen indes bemerkenswerte Variationen in Bezug auf (Bildungs-)Trägerschaft, Finanzierung, Verwaltung, Programmentwicklung sowie Rechenschaftslegung, Evaluation und Akkreditierung auf. (4) Als teilautonome Systeme verändern sich Bildungssysteme in der Regel eher in kleinen Schritten, während der wirtschaftlich-technische Wandel sich beschleunigt und gelegentlich sprunghaft verläuft; die Abstimmung zwischen Bildungs- und Beschäftigungssystem bleibt auf diesem Hintergrund eine Herausforderung. Der politik- wie der rechtswissenschaftlich orientierten Bildungsforschung stellen sich damit weiterhin Fragen nach der Steuerungsfähigkeit der Bildungspolitik, nach ihren Instrumenten, institutionellen Arrangements und Ressourcen.

Literatur

Aktionsrat Bildung des vbw – Vereinigung der Bayerischen Wirtschaft e.V. (Hrsg.) (2010): Bildungsautonomie: Zwischen Regulierung und Eigenverantwortung. Wiesbaden: VS.

Altrichter, H./Maag Merki, K. (Hrsg.) (2010): Handbuch Neue Steuerung im Schulsystem. Wiesbaden: VS.

Arbeitsgruppe Internationale Vergleichsstudie (Hrsg.) (2007): Schulleistung und Steuerung des Schulsystems im Bundesstaat: Kanada und Deutschland im Vergleich. Münster u.a.: Waxmann.

Avenarius, H. (^{8}2010): Schulrecht. Kronach: Link.

Bauer, P. (1999): Europäische Integration und deutscher Föderalismus: Eine Untersuchung des europäischen Mehrebenenregierens im Bildungsbereich. Münster: agenda Verlag.

Baumert, J./Lehmann, R./Lehrke, M./Schmitz, B./Clausen, M./Hosenfeld, I./Köller, O./Neubrand, J. (1997): TIMSS: Mathematisch-naturwissenschaftlicher Unterricht im internationalen Vergleich. Deskriptive Befunde. Opladen: Leske + Budrich.

Bothe, M. (1995): Erziehungsauftrag und Erziehungsmaßstab der Schule im freiheitlichen Verfassungsstaat. In: Veröffentlichungen der Vereinigung Deutscher Staatsrechtslehrer 54, S. 7-46.

Bundesministerium für Bildung und Forschung (BMBF) (Hrsg.) (1998): Delphi-Befragung 1996/1998 (Endbericht). München: Infratest Burke Sozialforschung.

Bundesministerium für Bildung und Forschung (BMBF) (2010-2016): SteBis – Forschungsschwerpunkt Steuerung im Bildungssystem. URL: www.stebis.de/forschungsschwerpunkt/index.html; Zugriffsdatum: 23.12.2013.

Deutscher Bildungsrat (1974): Empfehlungen der Bildungskommission: Aspekte für die Planung der Bildungsforschung. Bonn: Bundesdruckerei.

Deutscher Juristentag (DJT) (Hrsg.) (1981): Schule im Rechtsstaat, Bd. 1: Entwurf für ein Landesschulgesetz. München: Beck.

Döbert, H./Klieme, E./Sroka, W. (Hrsg.) (2004): Conditions of School Performance in Seven Countries: A Quest for Understanding the International Variation of PISA Results. Münster u.a.: Waxmann.

Fuchs, H.-W. (1997): Bildung und Wissenschaft seit der Wende: Zur Transformation des ostdeutschen Bildungssystems. Opladen: Leske + Budrich.

Heidenheimer, A. (1992): Government and Higher Education in Unitary and Federal Systems. In: Clark, B.R./Neave, G. (Hrsg.): The Encyclopedia of Higher Education, Bd. 2: Analytical Perspectives. Oxford: Pergamon, S. 924-934.

Hüfner, K./Reuter, W. (Hrsg.) (1996): UNESCO-Handbuch. Neuwied: Luchterhand.

Kienbaum-Unternehmensberatung (Hrsg.) (1991): Organisationsentwicklung im Schulbereich: Gutachten im Auftrag des Kultusministeriums Nordrhein-Westfalen. Frechen: Verlag Ritterbach.

Konsortium Bildungsberichterstattung (Hrsg.) (2006): Bildung in Deutschland: Ein indikatorengestützter Bericht mit einer Analyse zu Bildung und Migration. Bielefeld: wbv.

Kultusministerkonferenz (KMK) (Hrsg.) (2003): Bildungsbericht für Deutschland: Erste Befunde. Opladen: Leske + Budrich.

Lauterbach, U. (Hrsg.) (1999): Internationales Handbuch der Berufsbildung (Loseblattsammlung). Baden-Baden: Nomos.

Link, C. (1995): Religionsunterricht. In: Listl, J./Pirson, D. (Hrsg.): Handbuch des Staatskirchenrechts der Bundesrepublik Deutschland, Bd. 2. Berlin: Duncker & Humblot, S. 439-509.

Maurer, M. (2007): Jenseits globaler Kräfte? In: Zeitschrift für Pädagogik 53, S. 200-214.

McKinsey (2010): How the World's Most Improved School Systems Keep Getting Better. URL: www.mckinseyonsociety.com; Zugriffsdatum: 23.12.2013.

Müller-Böling, D. (2000): Die entfesselte Hochschule. Gütersloh: Bertelsmann.

Neumann, U./Reuter, L.R. (1997): Alles was Recht ist: Minderheiten im deutschen Schulwesen. Ein Forschungsbericht. In: Deutsch lernen: Zeitschrift für den Sprachunterricht mit ausländischen Arbeitnehmern 22, S. 224-243.

Niehues, N./Rux, J. (⁴2006): Schul- und Prüfungsrecht, Bd. 1: Schulrecht. München: Beck.

Oppermann, T. (1976): Nach welchen Grundsätzen sind das öffentliche Schulwesen und die Stellung der an ihm Beteiligten zu ordnen? Gutachten C. In: Deutscher Juristentag (Hrsg.): Verhandlungen des Einundfünfzigsten Deutschen Juristentages, Bd. 1: Gutachten. München: Beck, C 1-C 108.

Reuter, L.R. (1999): UNESCO und Weiterbildung. In: Grundlagen der Weiterbildung: Praxishilfen. Neuwied: Luchterhand, Nr. 1.20.20, S. 1-22 (Loseblattsammlung).

Schmidt, M.G. (2002): Warum Mittelmaß? Deutschlands Bildungsausgaben im internationalen Vergleich. In: Politische Vierteljahresschrift 43, S. 3-19.

Tippelt, R./Schmidt, B. (Hrsg.) (³2010): Handbuch Bildungsforschung. Wiesbaden: VS.

Toens, K. (2008): Hochschulpolitische Interessenvermittlung im Bologna-Prozess. Akteure, Strategien und machtpolitische Auswirkungen auf nationale Verbände. In: Rehder, B./Winter, T. v./Willems, U. (Hrsg.): Interessenvermittlung in Politikfeldern. Vergleichende Befunde der Policy- und Verbändeforschung. Wiesbaden: VS, S. 230-247.

Vereinigung der Bayerischen Wirtschaft (vbw) (Hrsg.) (2005): Bildung neu denken: Das juristische Konzept. Wiesbaden: VS.

Vereinigung der Bayerischen Wirtschaft (vbw) (Hrsg.) (2011): Bildungsreform 2000-2010-2020: Jahresgutachten 2011 des Aktionsrats Bildung. Wiesbaden: VS.

Weishaupt, H. (Hrsg.) (2000): Qualitätssicherung im Bildungswesen: Problemlage und aktuelle Forschungsbefunde. Erfurt: Universität.

Weymann, A./Martens, K. (2005): Bildungspolitik durch internationale Organisationen: Entwicklung, Strategien und Bedeutung der OECD. In: Österreichische Zeitschrift für Soziologie 30, H. 4, S. 68-86.

Witte, J. (2006): Change of Degrees and Degrees of Change: Comparing Adaptations of European Higher Education Systems in the Context of the Bologna Process. Twente: Universität.

Zuerst veröffentlicht in:
DDS – Die Deutsche Schule
106. Jahrgang 2014, Heft 3, S. 264-290
© 2014 Waxmann

Beate Krais

Bildungssoziologie

Zusammenfassung

Als eigenständiges Teilgebiet der Soziologie hat sich die Bildungssoziologie erst nach dem Zweiten Weltkrieg entwickelt. Schwerpunkte bildungssoziologischer Forschung sind zum einen Fragen der Sozialisation vor dem Hintergrund sozialer Verhältnisse und Interaktionen, zum anderen die Frage nach der Beziehung von Bildung und Strukturen sozialer Ungleichheit in der Gesellschaft. In diesem Aufsatz werden jeweils die Entwicklungen zu diesen Fragenkomplexen vorgestellt und einige Aspekte des Forschungsstandes diskutiert, die kritisch zu sehen sind. Dabei wird vorrangig die Forschung berücksichtigt, die sich mit der Situation in Deutschland auseinandersetzt.
Schlüsselwörter: Sozialisation, Kinder als soziale Akteure, Bindungsforschung, langfristige Entwicklungen von Bildungsungleichheiten nach der sozialen Herkunft und nach Geschlecht, die Schule als blinder Fleck der Ungleichheitsforschung, die Rolle von Klassifikationen, Bildung als zentrales Element von Veränderungen im sozialen Raum

Sociology of Education

Summary

Educational sociology did not develop into a special field within sociology until after the Second World War. Over the years, two issues have been at the core of research in this field: These issues are, on the one hand, processes of socialization in different social contexts and interactions and, on the other, the relationship between education and structures of social inequality in society. This essay will outline the developments that have taken place in this area and will discuss some aspects of where research stands today which must be seen in a critical light. The main focus will be on the research dealing with the situation in Germany.
Keywords: socialization, children as social actors, research into bonding, long-term developments of educational inequalities based on social background and sex, schools as blind spot in inequality research, the role of classifications, education as a central element of change in the social space

1. Einleitung

Die erste Veröffentlichung, mit der sich die Bildungssoziologie hierzulande als eigenständiges Fachgebiet in der Soziologie etablierte, war ein Sonderheft der *Kölner Zeitschrift für Soziologie und Sozialpsychologie* zur Soziologie der Schule (vgl. Heintz 1959). Dieses dokumentierte nicht nur den internationalen Stand der soziologischen Forschung zu diesem Thema, es gab der Bildungssoziologie auch eine Art „Wegmarke" für die weitere Forschung vor, indem es die Schule als „Mittelklassen-Institution" thematisierte.

Bereits ein Jahr zuvor, 1958, war in der Deutschen Gesellschaft für Soziologie die Sektion *Bildung und Erziehung* gegründet und dieses Fachgebiet damit auch institutionell verankert worden. Die im internationalen Kontext ungewöhnliche und kaum übersetzbare Doppelung von *Bildung* und *Erziehung* im Namen der Sektion ist keineswegs zufällig. Zum einen knüpft die Sektion damit an den in anderen Ländern üblichen, weiten Begriff *„education"* an, zum andern aber verweist sie auf die besondere historische Konstellation, in der die Bildungssoziologie entstand: *Bildung* ist ein Schlüsselbegriff der deutschen, geisteswissenschaftlich geprägten Pädagogik, deren Interesse vorrangig der Schule galt. Dagegen beanspruchte die Soziologie von vornherein, eine umfassende, auf empirische Forschung gegründete Perspektive auf Phänomene von Bildung und Sozialisation in den unterschiedlichsten gesellschaftlichen Kontexten zu entwickeln. Gleichwohl ist festzustellen, dass die Bildungssoziologie sich mit dieser Perspektive von Anfang an in einem interdisziplinären Forschungsfeld bewegte, in dem neben der Pädagogik vor allem die Psychologie eine große Rolle spielte.

Mittlerweile versteht sich die Pädagogik als eine plural verfasste Disziplin, als *Erziehungswissenschaft* mit einer starken empirischen Komponente, und schließlich ist daneben unter der Bezeichnung *Empirische Bildungsforschung* eine institutionell eng an die Erziehungswissenschaft gebundene Hybrid-Disziplin entstanden. Die bildungssoziologische Forschung ist damit mehr denn je in einen multiperspektivischen, interdisziplinären Kontext eingebettet, der es schwer macht, eine eigene Stimme der Bildungssoziologie zu identifizieren.

Auch der Blick auf die institutionelle Verankerung der Bildungssoziologie hilft hier nicht weiter: An den Instituten für Soziologie deutscher Universitäten ist dieses Fachgebiet im Jahre 2014 nur mit wenigen Professuren vertreten, und wenn, dann meist in Form einer Teildenomination – während die erziehungswissenschaftlichen Fachbereiche mit Professuren für Bildungssoziologie relativ gut bestückt sind. Tagungen und Mitgliederlisten der Sektion *Bildung und Erziehung* in der Deutschen Gesellschaft für Soziologie verstärken den Eindruck, dass die Bildungssoziologie heute überwiegend an den Fachbereichen für Erziehungswissenschaft beheimatet ist. Und schließlich sind auch die Fachzeitschriften, in denen bildungssoziologische Beiträge veröffentlicht werden, eher in die Debatten der Erziehungswissenschaft eingebunden als in die der soziologischen Fachgemeinschaft.

So will ich, um die Frage „Was ist Bildungssoziologie?" zu beantworten, an die Anfänge der Bildungssoziologie in der Bundesrepublik Deutschland[1] zu einer Zeit zurückgehen, als es noch kaum Berührungspunkte zwischen ihr und der Pädagogik gab. Es wird zu zeigen sein, dass sich einige Schwerpunkte bildungssoziologischer Forschung identifizieren lassen, die bis heute in der Soziologie beheimatet und in übergreifende soziologische Fragestellungen eingebettet sind.

Insbesondere mit drei Fragen haben sich Soziologinnen und Soziologen seit den Anfängen der Bildungssoziologie auseinandergesetzt:
- mit der Frage nach den Prozessen der *Sozialisation* und deren sozialen Bedingungen;
- mit der Frage nach dem Zusammenhang von *Bildung und sozialer Ungleichheit*;
- und schließlich mit der Frage, wie *Bildung und gesellschaftliche Entwicklungen* aufeinander bezogen sind.

Im Folgenden will ich den soziologischen Beitrag zu diesen Themenbereichen jeweils kurz vorstellen, wichtige Entwicklungen skizzieren und einige Aspekte des Forschungsstandes diskutieren, die ich kritisch sehe. Dabei soll, auch wenn die Bildungssoziologie in der Bundesrepublik von Anfang an in die internationalen Debatten des Fachs eingebunden war, vorrangig die Forschung berücksichtigt werden, die sich mit den Verhältnissen unseres Landes auseinandersetzt.

2. Sozialisation: Die wechselseitige Konstitution der sozialen Welt und des Individuums

Als Kind der Moderne, in deren Gesellschaftsverständnis das Individuum die zentrale Rolle spielt, muss die Soziologie Menschen als vergesellschaftete Individuen denken können. Sie fragt also auch: Wie werden die neu in die Welt geborenen Menschen eigentlich zu Mitgliedern der Gesellschaft, wie werden sie sozialisiert?

---

1   Die bildungssoziologische Forschung in der DDR entwickelte sich erst spät. Bildungsforschung war lange Zeit an der Akademie der Pädagogischen Wissenschaften angesiedelt, die unmittelbar dem Ministerium für Volksbildung unterstellt und daher öffentlich nicht sichtbar war. Erst als Teil einer sich „von unten" entwickelnden Soziologie in den 1980er-Jahren entstand dann auch in der DDR eine eigenständige Bildungssoziologie; diese wurde maßgeblich geprägt von Artur Meier an der Humboldt-Universität (vgl. Meier/Rabe-Kleberg/ Rodax 1997). – Heute ist festzustellen, dass eine Reihe von namhaften Soziologinnen und Soziologen, die (nicht nur) zu „deutschen Zuständen" im Bildungswesen forschen, an Universitäten in der Schweiz, in Österreich und in Luxemburg arbeiten.

Mit dieser Frage hat sich als einer der ersten Soziologen Émile Durkheim auseinandergesetzt. Wie Marx bewegte ihn die neue, das Denken über die soziale Welt revolutionierende Entdeckung, dass der soziale Zusammenhang, den wir „Gesellschaft" nennen, nicht von überirdischen Mächten, sondern von den Menschen gemacht wird, und das nicht von einigen wenigen Mächtigen, sondern von uns allen. Zu dieser Entdeckung gehörte zugleich die Einsicht, dass, wie Marx schreibt, die Menschen zwar ihre Geschichte selbst machen, aber „nicht aus freien Stücken", sodass das, was wir „Gesellschaft" nennen, uns als fremde Macht gegenübersteht (vgl. Marx 1972/1852, S. 115). Diese Einsicht war für die Entstehung einer Wissenschaft vom Sozialen ebenso konstitutiv wie das Verständnis vom Sozialen als von Menschen gemacht.

Während Marx jedoch das Rätsel des Kapitals – als einem gegenüber den Menschen verselbständigten Produkt ihres Tuns – zu lösen suchte, beschäftigte Durkheim ein anderes Problem: Ihm ging es um das, was er die „moralische Kraft" der Gesellschaft nannte, die „kollektive Ordnung", die Gesellschaften zusammenhält. Soziale Ordnung begriff Durkheim als etwas, das sich in den Sitten und Vorstellungen der Individuen niederschlägt und ihre alltägliche Praxis anleitet – er nennt dies auch „Moral" (vgl. Durkheim 1983/1897, S. 279ff.). Er ging davon aus, dass die soziale Ordnung einer Gesellschaft in ihren „kollektiven Repräsentationen" gründet, das heißt in den in einer Gesellschaft gebräuchlichen Klassifikationen oder symbolischen Ordnungen.

Diese entstehen *in der Gesellschaft*, *in der sozialen Praxis*, und Durkheim hat, wie später Bourdieu, der sich in diesem Punkt auf ihn bezieht, ein klares Bewusstsein vom *arbitraire culturel*, von der *kulturellen, nicht zwingend in der Sache selbst begründeten* Prägung dieser symbolischen Ordnungen (vgl. Durkheim 2007/1912). Dies hat unter anderem zur Folge, dass sich die in einer historischen Gesellschaft existierenden Klassifikationen, entstanden in der sozialen Praxis, keineswegs zu einem widerspruchsfreien Ganzen zusammenfügen, selbst wenn schon in den frühesten uns bekannten Gesellschaften „Experten" des Kulturellen (Zauberer, Weise, Priester) bei der Produktion dieser Weltsichten und Einteilungsprinzipien eine wesentliche Rolle spielen. Charakteristisch für die soziale Praxis sind daher Unschärfen, Ungenauigkeiten, Ambivalenzen, die den Umgang mit Widersprüchen in und zwischen den gebräuchlichen Klassifikationen ermöglichen.[2]

Wenn aber die „kollektiven Repräsentationen" so zentral für die soziale Ordnung einer Gesellschaft sind und wenn sie in jeder historischen Gesellschaft „gemacht", verändert, ergänzt werden, dann ist die Schule, jedenfalls in der modernen Gesellschaft,

---

2 Es ist daher ein Missverständnis, wenn Durkheims Überlegungen zu den kollektiven Repräsentationen und Klassifikationen als „Werte*systeme*" verstanden werden, wie dies z.B. bei Parsons der Fall ist. Durkheim denkt die Klassifikationen oder symbolischen Ordnungen einer Gesellschaft explizit *nicht* in einem konsistenten, in sich logischen systematischen Zusammenhang.

ein für die Entwicklung und Übermittlung dieser symbolischen Ordnungen zentraler Ort. Diese Position hat später Bourdieu in seinen Untersuchungen zur Reproduktion sozialer Ungleichheit durch die Schule wieder aufgegriffen.

Dass Durkheim der Schule diese enorme Bedeutung zuschrieb, hat historische Voraussetzungen, die hier kurz skizziert werden sollen. Im Frankreich der Dritten Republik, in der Durkheim lebte und arbeitete, spielte die *école républicaine*, die nach einem von Staatsstreichen und Revolutionen geprägten Jahrhundert erstmals – gegen die katholische Kirche und die mit ihr verbündete Aristokratie und Bourgeoisie – die Bildung aller Bürgerinnen und Bürger gewährleisten sollte, eine große Rolle. Die Schulen, die Hochschulen zur Ausbildung der Lehrerinnen und Lehrer und anderer staatlicher Funktionsträger (die *grandes écoles*), auch die Universitäten wurden öffentliche, von der Republik getragene Einrichtungen. Der Schule kam die Aufgabe zu, die Nation zu bilden – und zwar, in diesem von politischen und sozialen Konflikten zerrissenen, durch die Niederlage von 1870/71 im Krieg gegen den Nachbarn jenseits des Rheins zusätzlich traumatisierten Land, durchaus in der doppelten Bedeutung des Wortes „bilden".[3] Durkheim hat sich dann auch vehement für die *école républicaine* eingesetzt, die vom Staat getragene, kontrollierte und finanzierte Schule für alle (vgl. Durkheim 2013/1922).

Die bildungssoziologische Forschung dokumentiert, dass die Frage nach der Sozialisation, ausgesprochen oder unausgesprochen, auch im 20. und 21. Jahrhundert in der Regel nicht losgelöst von einem normativen Kern gestellt wird. In der jungen Bundesrepublik wurde diese Frage explizit vor dem Hintergrund des Nationalsozialismus formuliert – es ging um eine „Erziehung nach Auschwitz", wie der Titel eines einflussreichen Aufsatzes von Theodor W. Adorno lautete (vgl. 1970a).

Die ersten empirischen Untersuchungen der Bildungssoziologie in Deutschland nach dem Zweiten Weltkrieg (vgl. Anger 1960; Habermas u.a. 1961), die noch von den Besatzungsmächten angestoßen worden waren, galten dann auch der Frage, wie es in der demokratisch noch ungefestigten Bundesrepublik an den Universitäten aussehe – also bei jenen Institutionen, die, wie es bei Parsons und Platt (1990/1972) heißt, als „soziale Treuhänder" für die Kultur moderner Gesellschaften fungieren. Dass Überlegungen zu einem Gegenentwurf zur „autoritären Persönlichkeit" (vgl. Adorno u.a. 1950), nämlich zur „anti-autoritären Erziehung", zu einem zentralen Thema der Studentenbewegung der späten 1960er-Jahre wurden, war allerdings angesichts der Ergebnisse der genannten frühen Studien zur Universität nicht zu erwarten.

---

3   Die militärische Niederlage von 1871 wurde in Frankreich der Überlegenheit des deutschen Bildungssystems zugeschrieben: „Sedan était la victoire du maître d'école allemand" – der deutsche Sieg bei Sedan, hieß es lange Zeit in Frankreich, „war der Sieg des deutschen Schulmeisters" (vgl. Ozouf 1962, S. 22).

Im Hintergrund der Forschung zur Sozialisation steht heute meist eine Vorstellung von der Entwicklung des Kindes zu einem selbstständig denkenden und handelnden, am gesellschaftlichen Leben aktiv teilnehmenden, emotional differenzierten, Anteil nehmenden Menschen. Die Debatten um die über Bildung vermittelte Reproduktion sozialer Ungleichheiten beziehen daher ihren kritischen Impetus auch daraus, dass befürchtet wird, ein niedriges Bildungsniveau beschädige die Handlungs- und Teilhabemöglichkeiten der Individuen.

Betrachtet man die soziologische Forschung zur Sozialisation über einen längeren Zeitraum hinweg, stellt man schnell fest, dass es sich hier um ein von Diskontinuitäten in den Problemformulierungen und in den theoretischen Bezügen geprägtes Feld handelt. Die ausgeprägte Interdisziplinarität in der Sozialisationsforschung spielt dabei zweifellos eine große Rolle. Diese konstruktiv aufzunehmen, indem eine gemeinsame theoretische Plattform, ein „metatheoretisches Modell" benutzt wird, beansprucht das von Hurrelmann (2012) entwickelte „Modell der produktiven Realitätsverarbeitung" – angesichts der weiterhin bestehenden disziplinären Vielfalt in der Sozialisationsforschung ist allerdings zu bezweifeln, inwieweit dies tatsächlich gelungen ist.

Ein wichtiger Schritt auf dem Weg zu einer soziologisch fundierten Sozialisationsforschung war ein Ereignis, das gemeinhin zu den Katastrophen des Forschungsprozesses gerechnet wird: das Eingeständnis einer Forschergruppe, die schichtspezifische Sozialisationsforschung – d.h. insbesondere ihr eigenes, groß angelegtes Forschungsprojekt zu dieser Frage – sei gescheitert (vgl. Krappmann/Oevermann/Kreppner 1976).[4] Dieses Eingeständnis hatte jedoch nicht das Ende der soziologischen Sozialisationsforschung in Deutschland zur Folge, sondern führte zu einer intensiven Auseinandersetzung mit der soziologischen Theorie und in der Folge zur Entwicklung neuer Ansätze in der Sozialisationsforschung.

Von zentraler Bedeutung für diese Entwicklung waren insbesondere die Rezeption der Überlegungen von George Herbert Mead zur Konstitution des Individuums aus dem Handeln und aus der Interaktion (vgl. Krappmann 1971), aber auch die ebenfalls von Mead beeinflusste Theorie kommunikativen Handelns von Jürgen Habermas (1981). Damit wurde ein Perspektivenwechsel in der soziologischen Sicht auf individuelle Sozialisationsprozesse eingeleitet, der sich auf zwei ineinander verschränkte Prämissen gründet:

- Sozialisation ist *nicht* zu reduzieren auf jene Prozesse, in denen intentional erzieherisches Handeln von Erziehenden auf die zu Erziehenden einwirkt; vielmehr *ist Sozialisation unlösbar eingewoben in den Alltag, in die Praxis der Individuen*, und damit auch in das Handeln, das *nicht* intentional auf Erziehung gerichtet ist;

---

4   Die Forschung zu Sozialisationsfragen in den 1960er-Jahren hatte sich, im Anschluss an die erstmals öffentlich thematisierten Bildungsungleichheiten in der Bundesrepublik, zunächst auf dieses Thema konzentriert.

- Kinder und Jugendliche sind *nicht* als *Objekte* von Erziehung und damit des Handelns von Erwachsenen zu betrachten, sie sind vielmehr von vornherein als soziale *Subjekte* in der Welt; sie sind als *Akteure in die soziale Interaktion* einbezogen. Dies gilt auch für die intentional erzieherisch geprägte, d.h., von vornherein als Beziehung zwischen *Ungleichen* konzipierte Interaktion z.B. zwischen Lehrenden und Lernenden in der Schule.

Auf diesen Prämissen bauen zwei verschiedene Forschungsstränge auf, die der Sozialisationsforschung zuzurechnen sind. Gemeinsam ist ihnen, dass sie sich absetzen von der älteren Vorstellung von Sozialisation, die diese als die Übernahme von Wissen, Werten, Handlungspraktiken des Alltags usw. durch Kinder und Jugendliche konzipiert. Vielmehr wird Sozialisation als ein Prozess begriffen, der in der *sozialen Praxis der Individuen*, in ihren *Erfahrungen* und *Handlungen* gründet und eine eigenständige Auseinandersetzung mit der Welt impliziert.

Methodisch rücken Beobachtungen von Interaktionen und Handlungen, aber auch intensive Befragungen und die sozialräumliche Kartographie z.B. von Tätigkeiten der Kinder und ihrer Interaktionspartner in den Vordergrund; die in standardisierten Erhebungen generierten großen Datensätze, mit denen in weiten Bereichen der Bildungssoziologie gearbeitet wird, sind nur noch *ein* Typ von Datenmaterial aus einem breitem Spektrum an empirischem Material.

Einen guten Überblick über die Positionen, theoretischen Traditionen und Entwicklungen in der Sozialisationsforschung bieten Hurrelmann, Grundmann und Walper (2008) sowie Abels und König (2010). Im Folgenden werden einige wichtige Publikationen zu diesen beiden Forschungssträngen vorgestellt.

Den *ersten* Forschungsstrang bildet die Forschung, die einen starken Akzent auf die Entstehung eines handlungsfähigen Subjekts setzt und dabei insbesondere die Ausbildung von moralischer Urteilsfähigkeit und von sozialen Kompetenzen wie die Fähigkeit zu Empathie, zur Übernahme von Verantwortung, zur Selbstreflexivität thematisiert. Konzepte aus der Psychologie, insbesondere aus der Entwicklungspsychologie, spielen dabei eine wichtige Rolle. Zu nennen sind hier die Arbeiten zur Entwicklung des moralischen Urteils bei Kindern und Jugendlichen, die an Jean Piaget und Lawrence Kohlberg anknüpfen (vgl. Edelstein/Nunner-Winkler 2000). Auch die Bedeutung früher Bindungen für die Entwicklung des Gewissens und sozialer Kompetenzen und, gewissermaßen als deren Kehrseite, von Gewaltbereitschaft und Aggressivität hat in den soziologisch orientierten Studien zur Sozialisation besondere Aufmerksamkeit gefunden (vgl. Hopf 2005).

Gerade bei der Forschung zu Gewaltbereitschaft, Aggressivität und Rechtextremismus wird der Horizont der Sozialisationsforschung, der sich meist auf die Kindheit beschränkt, erweitert um Fragen der Sozialisation im Jugend- und Erwachsenenalter (vgl. Sutterlüty 2002; Heitmeyer 2002). Diesen späteren Lebensabschnitten wendeten sich auch die Untersuchungen der Arbeitsgruppe um Wolfgang Lempert zu, die sich mit den sozialen Bedingungen für die Ausbildung moralischer Urteilsfähigkeit im Arbeitsprozess und in der beruflichen Lehre auseinandergesetzt haben (vgl. Hoff/ Lappe/Lempert 1991).

Der *zweite* Forschungsstrang, die Soziologie der Kindheit, entstand in den frühen 1980er-Jahren. Als Dokument ihrer Entstehungsgeschichte ist eine Veröffentlichung zu betrachten, die sich mit der „Sozialisationsgeschichte seit dem Zweiten Weltkrieg" befasst (vgl. Preuss-Lausitz u.a. 1983): Die hier versammelten Beiträge reflektieren die Erfahrung der Autorinnen und Autoren, dass ihre eigene Kindheit und Sozialisation in der unmittelbaren Nachkriegszeit sich deutlich von der Kindheit der nachfolgenden Generationen unterschied, eine Erfahrung, die zusammen mit der Rezeption von Ariès' Veröffentlichung zur Historizität von Kindheit (1975/1960) zu einer neuen Sicht auf Kindheit und deren soziale Kontexte führte.

Zwei herausragende Untersuchungen sind zu nennen, die sowohl von der analytischen Konzeption her als auch in der Durchführung der empirischen Erhebungen neue Forschungsperspektiven eröffneten: die Studie von Zeiher und Zeiher (1994), die das soziale Leben von Kindern in der Großstadt in seinen zeitlichen und räumlichen Dimensionen erforschte,[5] und die Untersuchung von Krappmann und Oswald (1995) zu den Interaktionen zwischen Schulkindern in der Schulklasse. Beide Studien dokumentieren überzeugend, dass und wie die Interaktion zwischen Kindern zu einem zentralen Element von Sozialisation wird: „Was Familie und Schule vermitteln, Vorstellungen, Begriffe, Ausstattungen und Verhaltensmuster, wird erst vor dem Hintergrund der Erfahrungen begreifbar und wirksam, denen Kinder außerhalb des Schirms von Liebe, Schutz und Autorität ausgesetzt sind." (Krappmann 1999, S. 238) Diese Studien bereiteten den Weg für eine Fülle weiterer Arbeiten zu dem neuen Gebiet der Soziologie der Kindheit, die sich den Interaktionen von Kindern und Jugendlichen, ihren Freundschaftsbeziehungen, auch der Auseinandersetzung der jungen Akteure mit den materiellen und räumlichen Gegebenheiten ihrer Lebenswelt widmen.

Der weite Interessenhorizont und die oft sehr differenzierte Ethnographie des Kinderlebens, aber auch die Vielfalt der theoretischen Bezüge haben der neueren Sozialisations- und Kindheitsforschung den Vorwurf einer gewissen Beliebigkeit eingetragen; Bauer (2011) spricht von einem „Potpourri [...], das die Sozialisationsforschung so zentral als Mittelpunkt sozialwissenschaftlicher Theoriebildung platziert" (S. 202). Insbesondere wird kritisch vermerkt, sie lasse den sozialen Kontext

---

5   Diese Studie knüpfte an die bis dahin völlig vergessene Forschung von Martha Muchow an, die in den frühen 1930er-Jahren in Hamburg die eigenständigen, nicht von Erwachsenen angeleiteten oder beaufsichtigten Aktivitäten von Kindern in ihren räumlichen und sozialen Kontexten untersuchte (vgl. Muchow/Muchow 1998/1935).

des Aufwachsens und damit auch das Problem von Klassenungleichheiten außer Acht. Dies trifft keineswegs für das gesamte Forschungsgebiet zu (vgl. z.B. Büchner/Fuhs/Krüger 1995; Bühler-Niederberger 2005; Krüger u.a. 2008); und gerade die wegweisenden Arbeiten von Krappmann und Oswald (1995) sowie von Zeiher und Zeiher (1994) enthielten bereits systematische Anknüpfungspunkte für eine entsprechende Forschung. Dennoch muss man feststellen, dass den empirischen Studien zur Kindheit der „soziologische Biss" häufig fehlt – angesichts der ausgeprägten Interdisziplinarität der Kindheits- und neueren Sozialisationsforschung ist dies allerdings möglicherweise etwas, das nur die Soziologin vermisst.

3. Bildung und soziale Ungleichheit

Die Frage nach dem Zusammenhang von Bildung und sozialer Ungleichheit steht im Zentrum der Bildungssoziologie. Die Forschung dazu ist umfangreich und differenziert, sowohl von den Fragestellungen her als auch im theoretischen Zugang und in der Methodik der empirischen Untersuchung. Es ist daher auch nicht annähernd möglich, sie in diesem kurzen Aufsatz angemessen zu würdigen. Ich kann nur auf einige wenige Studien exemplarisch eingehen und verweise im übrigen auf Hopf (2010), Brake und Büchner (2012) sowie Solga und Becker (2012); diese Veröffentlichungen geben nicht nur – mit sehr unterschiedlicher Akzentsetzung – einen hervorragenden Überblick über die einschlägige Forschung, sondern setzen sich auch sehr sorgfältig und kritisch mit ihren Ergebnissen und Methoden auseinander.

3.1 Der Mainstream der Ungleichheitsforschung

In der Forschung zu den sozial bedingten Bildungsungleichheiten hat sich über mehrere Jahrzehnte hinweg ein Mainstream herausgebildet, der durch die Kontinuität der Arbeit – auch durch eine bemerkenswerte personelle Kontinuität[6] – und die Fortschritte in den Methoden beeindruckt. Die ersten Untersuchungen, die in den 1960er- und frühen 1970er-Jahren in der Bundesrepublik zu dieser Problematik durchgeführt wurden, mussten mit einer von heute aus gesehen geradezu armseligen Datenbasis zurechtkommen (vgl. z.B. Dahrendorf 1965; Müller/Mayer 1976). Die amtliche Statistik gab zur Frage der Bildungsungleichheiten nach der sozialen Herkunft kaum etwas her, und eigene Erhebungen von Soziologen und Soziologinnen waren im Umfang sehr beschränkt. Heute sind entsprechende Untersuchungen

---

6 So haben etwa Walter Müller und Karl Ulrich Mayer seit den frühen 1970er-Jahren bis heute einschlägig gearbeitet und ihre Forschung, unbeeindruckt von dem über ein gutes Jahrzehnt anhaltenden öffentlichen Desinteresse an der Ungleichheits-Thematik, systematisch fortgeführt. Mit diesem langen Atem ist es ihnen auch gelungen, die Thematik und das methodische Know-how an ihre Schülerinnen und Schüler weiterzugeben, die heute die Forschung prägen.

methodisch dadurch charakterisiert, dass sie über eine breite und differenzierte Datenbasis verfügen, auch über Längsschnittdaten, dass sie mit soziologisch aussagekräftigen Klassifikationen zur Erfassung der sozialen Gliederung arbeiten und schließlich dass sie komplexe statistische Verfahren der Auswertung verwenden.

Auch die international vergleichenden PISA-Untersuchungen gehören zu diesem Mainstream. Sie haben das Forschungsdesign in einem wichtigen Punkt ergänzt: Während die Variable „Bildung" lange Zeit lediglich in Form von Bildungszertifikaten, Bildungsabschlüssen o.ä. erfasst wurde, wird „Bildung" in den PISA-Untersuchungen systematisch in Form von *Kompetenzen* der Schülerinnen und Schüler gemessen (vgl. aber zur Kritik an den Kompetenzmaßen Solga/Becker 2012, S. 17). Das in älteren Diskussionen gerne vorgebrachte Argument, Bildungsabschlüsse erlaubten keine Aussage über die tatsächlich erreichte Bildung der Schülerinnen und Schüler, wird damit zumindest zum Teil entkräftet. – Allerdings ist es für soziologische Fragestellungen oft sinnvoller, Bildungsabschlüsse als Maßgröße für die erreichte Bildung zu verwenden: Damit wird die gesamte Bildungslaufbahn erfasst, die für den Zugang zu beruflichen Positionen wesentlich ist (vgl. Breen u.a. 2012, S. 346).

Auf der Basis dieser Forschung wissen wir heute sehr viel mehr und sehr viel *Genaueres über Problemlagen und spezifische Bildungsbenachteiligungen bestimmter Bevölkerungsgruppen* als noch vor 20 Jahren (vgl. Solga/Becker 2012). So ist vielfach belegt, dass die Chancen von Arbeiterkindern, höhere Stufen des Bildungswesens zu erreichen – also z.B. das Abitur zu machen –, nach wie vor geringer sind als die der Kinder von Angehörigen der oberen sozialen Klassen (vgl. Berger/Kahlert 2005; Becker/Lauterbach 2010) und dass Jugendliche aus Arbeiterfamilien selbst dann, wenn sie das allgemein bildende Schulsystem mit dem Abitur verlassen, seltener ein Universitätsstudium, d.h., eine zu den höheren beruflichen Positionen führende Ausbildung aufnehmen (vgl. Müller u.a. 2009). Neu in den Blick geraten sind das Phänomen der Bildungsarmut[7] (vgl. Allmendinger 1999; Quenzel/Hurrelmann 2010), aber auch die schwierige Bildungssituation einer Teilgruppe der Einwandererkinder. Diese Bevölkerungsgruppe wurde erstmals in den PISA-Studien systematisch berücksichtigt.

Immer wieder ist die Frage aufgeworfen worden, ob die für Deutschland, aber auch für andere westliche Länder gut dokumentierten Bildungsungleichheiten nach der sozialen Herkunft im Verlauf mehrerer Jahrzehnte geringer geworden sind. Die Forschungsergebnisse hierzu waren lange Zeit uneinheitlich und wurden kontrovers diskutiert; in der Tat ist angesichts der langen Zeiträume, die hier betrachtet werden, und der damit gegebenen Veränderungen in der Wirtschafts- und Sozialstruktur der

---

7   „Bildungsarmut" bezeichnet eine Ausstattung des Individuums mit Bildung, die so gering ist, dass die gleichberechtigte Teilnahme am gesellschaftlichen Leben stark eingeschränkt ist oder sogar unmöglich wird. Bildungsarmut ist erst messbar, seit „Bildung" in Form von Kompetenzen systematisch erfasst wird.

deutschen Gesellschaft eine einfache Antwort nicht zu erwarten (vgl. dazu Abschnitt 4). In ihrer international vergleichenden Untersuchung kommen Breen u.a. (2012) zu dem Ergebnis, dass sich in Deutschland und auch in einigen anderen europäischen Ländern die Herkunftsdisparitäten in den Bildungsabschlüssen langfristig verringert haben. Allerdings ist dieser Abbau von Bildungsungleichheiten nach der sozialen Herkunft in den betrachteten Zeiträumen für die verschiedenen sozialen Klassen unterschiedlich und auch keineswegs nur in Form von linearen Aufwärtsbewegungen verlaufen. In der Bundesrepublik ist vor allem für die ersten Jahrzehnte nach dem Ende des Zweiten Weltkriegs eine stärkere Verringerung der Ungleichheiten zu verzeichnen (vgl. dazu auch Müller/Haun 1994).

Nach der Wende ist auch die Frage nach der Ungleichheit der Bildungschancen in der DDR gestellt worden, wobei bislang schwer zugängliches Material aus der DDR-Forschung erschlossen wurde (vgl. Bathke 1990; von Below 2002; Meier/Rabe-Kleberg/Rodax 1997; Krais 2012; Solga 1997). Festzuhalten ist allerdings, dass die Situation in der DDR bis heute nicht gut erforscht ist, obwohl die Einheitsschule ebenso wie die Möglichkeiten des Zugangs zu einer Hochschulausbildung *nach* Berufsausbildung und Berufstätigkeit offenkundig dazu beigetragen haben, die Bildungsungleichheiten nach der sozialen Herkunft zu verringern (vgl. Ditton 2009, S. 252; zum Bildungssystem der DDR vgl. Arbeitsgruppe Bildungsbericht 1994, Kap. 4).

Mädchen wiederum, deren Bildungs-Chancen noch in den 1960er-Jahren deutlich geringer waren als die der Jungen, weisen inzwischen im allgemein bildenden Schulsystem eher höhere Bildungsabschlüsse auf als Jungen (vgl. Helbig 2012). Besonderes Interesse in der öffentlichen wie in der wissenschaftlichen Diskussion gilt seit einigen Jahren den geschlechtsspezifisch unterschiedlichen Fächerpräferenzen im Gymnasium und an den Hochschulen: Mädchen und junge Frauen wählen sehr viel seltener als Jungen und junge Männer mathematische, naturwissenschaftliche und technische Fächer, was ihnen den Zugang zu bestimmten besonders gut bezahlten und mit Führungsaufgaben versehenen beruflichen Positionen versperrt.[8]

Im Kontext von Bildungsfragen festzustellende Chancenungleichheiten von Mädchen und jungen Frauen manifestieren sich daher heutzutage in erster Linie

---

8   Charles u.a. (2014) zeigen in ihrer international vergleichenden Studie zu den Einstellungen von Jugendlichen zur Mathematik, dass der Geschlechterunterschied in der Wahl dieses Fachs besonders ausgeprägt ist in den wohlhabenden, demokratischen und stärker durch sogenannte „postmaterialistische" Einstellungen geprägten Gesellschaften – allerdings ist auch in diesen Ländern das Interesse der Jungen an Mathematik und den damit verbundenen Berufen geringer als in den ärmeren Ländern. Sie führen dies zurück auf die große Bedeutung, die in den wohlhabenden, demokratischen Gesellschaften dem Selbstverständnis von der Fächer- und Berufswahl als einer mit der eigenen Persönlichkeit im Einklang stehenden Entscheidung zukommt, wodurch vorherrschende Geschlechterstereotypen stärker wirksam werden können; sie sprechen von einer „self-expressive gender inequality" (S. 102). Es kommt hinzu, dass dort sowohl Mädchen als auch Jungen Mathematik und verwandte Gebiete in höherem Maße zeitaufwendig, schwierig und langweilig finden (vgl. ebd.).

bei der Umsetzung ihrer Bildungspatente in entsprechend hochwertige berufliche Positionen (vgl. Hadjar 2011; Breen u.a. 2012). Damit ist allerdings die Forschung zu geschlechtsspezifischen Bildungsungleichheiten gewissermaßen „ausgewandert" in die Arbeitsmarkt- und Berufsforschung bzw. in die Soziologie des Geschlechterverhältnisses.

Insgesamt kommt die Forschung zu dem Ergebnis, dass Bildungsungleichheiten nach der sozialen Herkunft ein hartnäckiges Problem moderner, westlicher Gesellschaften sind. Aber wie ist dies zu erklären? Und welche Erklärungen liefert die soziologische Forschung?

3.2 Erklärungsansätze und blinde Flecke der Forschung

Unter der Überschrift „schichtspezifische Sozialisationsforschung" hatte sich die ältere Ungleichheitsforschung vor allem für die Familie, ihre kulturellen und ökonomischen Ressourcen, Werthaltungen, Erziehungsstile interessiert (vgl. Rolff 1967; Grundmann/ Huinink/Krappmann 1994). Untersuchungen aus den USA hatten einen nur geringen Einfluss der Schule auf die Schulleistungen der Schülerinnen und Schüler festgestellt, während der Familie die entscheidende Bedeutung zugewiesen wurde (vgl. Coleman u.a. 1966; Jencks u.a. 1979); einschlägige Untersuchungen in der Bundesrepublik kamen, wie bereits erwähnt, nicht zu greifbaren Ergebnissen, was als „Scheitern der schichtspezifischen Sozialisationsforschung" verbucht wurde (vgl. Abschnitt 2).

In seinem informativen Überblick über die bildungssoziologische Schuleffektforschung seit den 1960er-Jahren stellt Ditton (2009) eine Fülle von Arbeiten vor; auch zur Situation in Deutschland gibt es mittlerweile recht umfangreiches Material. Zumeist handelt es sich dabei um Arbeiten mit großen Datensätzen aus repräsentativen Stichproben; u.a. sind die PISA-Untersuchungen zu Fragen der relativen Effekte von Schule und Familie ausgewertet worden. Dabei wird deutlich, dass die soziale Herkunft nach wie vor ein wesentlicher Faktor für den Schulerfolg ist.

Im Vergleich zwischen Ländern und auch zwischen Schulen zeigen sich allerdings deutliche Unterschiede in der Stärke des Herkunfts-Effektes – offensichtlich gibt es Schulsysteme und einzelne Schulen, die in der Überwindung von herkunftsbedingten Bildungs-Handikaps erfolgreicher sind als andere. In seiner abschließenden Bewertung des Forschungsstandes kommt Ditton daher zu einem differenzierten Ergebnis: Er stellt zwar fest, dass für den schulischen Erfolg „Merkmale der Schüler und damit das, was Schule als ‚Input' geliefert bekommt", zentral seien (S. 253). Zugleich betont er jedoch, dass die früheren Aussagen über eine geringe Bedeutsamkeit der Schule für die Schulleistungen so nicht mehr aufrecht erhalten werden könnten; vielmehr sei die Forschungslage uneinheitlich. Das ist angesichts der

Fülle der sehr umfangreichen, teuren Studien, die Ditton vorstellt, ein bemerkenswert mageres Ergebnis – und dies liegt nicht am Autor.

Sieht man genau hin, so muss man feststellen, dass die Variablen, die in den einschlägigen Untersuchungen verwendet werden, um den Einfluss der *Schule* auf die Schulleistungen der ihnen anvertrauten Kinder und Jugendlichen zu erfassen, bis heute im Grunde nichts weiter sind als mehr oder weniger plausible Ad-hoc-Variablen: Neben Merkmalen wie der Zusammensetzung der Klasse nach dem Leistungsniveau und/oder nach der sozialen bzw. ethnischen Herkunft der Schüler und Schülerinnen finden sich Merkmale der Schulausstattung und der Gliederung des Schulwesens oder institutionell vorgegebene Selektionszeitpunkte. Eine theoretische Begründung für diese Variablen sucht man vergebens.

Differenzierter und stärker theoretisch angeleitet ging schon die ältere Ungleichheitsforschung vor, wenn es um die *Familie* ging: Sie verstand sich explizit als Sozialisationsforschung, d.h., sie konzipierte ihren Forschungsgegenstand im Wesentlichen als ein prozessuales Geschehen, in dem Interaktionen zwischen Eltern und Kindern, in der Familie vorfindliche Werthaltungen und Einstellungen zu traditionellen Bildungsgütern oder auch Erziehungsstile wirksam werden – wie unzureichend auch immer manche dieser Konzeptionen von heute aus gesehen erscheinen mögen. Auch neuere Untersuchungen, die ihren Blick auf die Familie richten, arbeiten mit theoretisch gut begründeten Konzepten. Dies gilt etwa für Büchner und Brake (2006), die in einer differenzierten, theoretisch an Bourdieu anschließenden Arbeit der Transmission von Bildung und Kultur im Alltag von Familien in Deutschland nachgehen.

Empirische Studien, die zu erhellen suchen, an welchen *Aspekten der Schule* Schülerinnen und Schüler scheitern, die nicht aus den traditionell mit den bürgerlichen Bildungsgütern vertrauten sozialen Klassen stammen, sind in der deutschen Bildungsforschung ausgesprochen selten. Selbst eine so bemerkenswerte Untersuchung wie die von Maaz und Nagy (2009), die zeigt, dass – bei gleichen Schulleistungen – an deutschen Grundschulen die Lehrer-Empfehlung für den Übergang ins Gymnasium für Kinder aus „sozial weniger begünstigten Familien" seltener ausgesprochen wird als bei Kindern aus den oberen sozialen Schichten und dass bereits die Notenvergabe von der sozialen Herkunft der Schülerinnen und Schüler beeinflusst wird (vgl. S. 172ff.), bleibt bei dieser Feststellung stehen. Wie solche Entscheidungen zustande kommen, wie sie gerechtfertigt werden, welche institutionellen Logiken dahinter stehen, wie dadurch Prozesse der Entmutigung bei den Schülerinnen und Schülern in Gang gesetzt werden, aber auch, welche Aspekte der Schule diesen Prozessen möglicherweise entgegenwirken[9] usw., wird nicht mehr untersucht.

9　Es finden sich an anderen Orten durchaus Hinweise auf Elemente der Schule, die der Entwicklung von Schülerinnen und Schüler aus einfachen sozialen Verhältnissen förderlich sind. Bourdieu beispielsweise schreibt in den kurz vor seinem Tod entstandenen autobio-

Auch die umfangreiche biographisch und ethnographisch angelegte Forschung an der Universität Halle-Wittenberg, die sich – explizit mit dem Blick auf soziale Ungleichheiten – der Schulkultur und auch den Selektionsprozessen in der Schule widmet (vgl. Krüger u.a. 2010; Kramer u.a. 2013), klammert aus, was Schule im Kern ausmacht: Bei dieser Forschung geht es um die Sicht- und Erlebnisweisen von Schülerinnen und Schülern, um ihren Habitus, ihre Bewältigungsstrategien usw. – es geht *nicht* um Merkmale der Schule und ihres Personals, um die Lehrer-Schüler-Interaktion, Alltagstheorien von Lehrkräften, die institutionelle Logik der Selektion oder Ähnliches.

Zu den seltenen Arbeiten, die sich dem Geschehen *in* der Schule widmen, gehört die Studie von Gomolla und Radtke (2009) zur Herstellung ethnischer Differenz in der Schule. Sie gehen den internen Logiken nach, die in den Konzepten, Regeln, institutionalisierten Routinen usw. der Schule stecken – die soziale Herkunft der Schülerinnen und Schüler wird hier jedoch nicht thematisiert. In ihrem verdienstvollen Band zur „Alltagswelt Schule" haben Brake und Bremer (2010) zusammengetragen, was dazu im deutschen Sprachraum an Forschung existiert – auch sie dokumentieren jedoch vor allem, dass die Frage nach der Reproduktion von Bildungsungleichheiten in der Schule, vermittelt über das, was Schule und Unterricht ausmacht, nur äußerst selten bearbeitet worden ist. Zwei sehr bemerkenswerte, von Brake und Bremer (2010) vorgestellte Untersuchungen kommen aus der Schweiz: zum einen die noch laufende Studie zur schichtspezifischen Aneignung von Literalität in Familie und Grundschule (Künzli/Isler/Leemann 2010), zum anderen eine Arbeit, die der Bedeutung schulischer Logiken bei Kindern unterschiedlicher sozialer Herkunft nachgeht (Jünger 2008). Bemerkenswert sind beide Studien auch deshalb, weil sie so nah am Geschehen in der Schule sind, dass sie zugleich Perspektiven für eine Pädagogik der Überwindung dieser Reproduktionsmuster eröffnen.

Ausgesprochen anregend sind schließlich die Überlegungen von Fölling-Albers (2005) zur Ungleichheit verstärkenden Wirkung zentraler Elemente der deutschen pädagogischen Tradition; allerdings sehe ich nicht, wo diese Anregungen aufgegriffen worden wären. Ebenso wenig sind konzeptionelle Überlegungen, wie sie z.B. Dravenau und Groh-Samberg (2005) oder Büchner (2010) vorgetragen haben, in empirische Untersuchungen umgesetzt worden.

Auffällig ist jedenfalls, dass die oben vorgestellte, umfangreiche Ungleichheitsforschung zum Geschehen *in* der Schule überhaupt nicht vordringt, sondern sich mit

---

graphischen Notizen über die Erfahrung des „unerhörten Abstandes zwischen der gewalttätigen Welt des Internats, einer furchtbaren Schule des Wirklichkeitssinns [...] und dem Schulunterricht selbst, wo völlig andere Werte vermittelt wurden und die Lehrer, vor allem die Frauen, uns eine ganze Welt geistiger Entdeckungen und menschlicher Beziehungen nahebrachten, die man nur als verzaubert bezeichnen kann." (Bourdieu 2002, S. 103) Warum kann dieser Typ von empirischem Material nicht einmal systematisch erschlossen werden?

bestimmten Merkmalen von Schulen und Schülerinnen und Schülern zufrieden gibt – der Blick ins Innere der Schule, in den „Maschinenraum" des Bildungswesens einer Gesellschaft, wird sorgsam vermieden. So kann man nur feststellen, dass die „systematische Untersuchung der Schule als sozialer Institution", die Jean Floud (1959, S. 48) im ersten Sonderheft der *Kölner Zeitschrift für Soziologie und Sozialpsychologie* zur Bildungssoziologie einforderte, bis heute aussteht: Die Schule ist in der Ungleichheitsforschung ein blinder Fleck geblieben. Wie kann das sein?

Bei der Suche nach einer Antwort auf diese Frage stößt man auf den die Debatte dominierenden bildungssoziologischen Mainstream der Ungleichheitsforschung: Das zentrale Paradigma dieser Forschungsrichtung kommt *ohne* die Prozesse, Personen, Strukturen, internen Logiken der Schule aus. Ihm liegt ein charakteristisches Set von *theoretischen Vorannahmen* zugrunde, das sich auf die Argumentation von Raymond Boudon stützt (vgl. dazu ausführlich Hopf 2010, S. 139ff.):

- Den Ausgangspunkt von Boudons Argumentation bildet die Annahme *rationaler Kosten-Nutzen-Kalküle der Individuen*; dies sind im Falle von Bildungsentscheidungen monetäre, aber auch nicht-monetäre Kosten, Risiken und Nutzen bestimmter Bildungswege;
- daher stehen jene „Gelenkstellen" des Bildungssystems im Zentrum seiner Überlegungen, an denen die Individuen (Schülerinnen und Schüler, Studierende bzw. Eltern für ihre Kinder) *Entscheidungen* über den weiteren Bildungsweg zu treffen haben, also die Übergänge im Bildungswesen;
- Boudon unterscheidet zwischen *primären* und *sekundären Disparitäten* nach der sozialen Herkunft. Die soziale Herkunft der Kinder manifestiert sich u.a. in deren Schulleistungen; dies sind die *primären Herkunftseffekte*.[10]

Die *sekundäre*, gewissermaßen gesellschaftlich zuzurechnende Disparität ergibt sich, so Boudon, an den „Gelenkstellen" des Bildungsweges. Dabei wird unterstellt, dass Kosten und Risiken des länger dauernden, in der Familie eher unbekannten weiterführenden Bildungsweges – in Deutschland wäre dies insbesondere der gymnasiale Bildungsweg – für Angehörige der unteren sozialen Schichten höher sind als für Angehörige der oberen Schichten; auch den Nutzen eines solchen Bildungsweges können Individuen aus den unteren sozialen Schichten nicht gleichermaßen zuverlässig einschätzen wie Individuen aus den oberen Schichten.

So ergeben sich aus der rationalen Wahl der Individuen – Eltern oder auch die Schülerinnen und Schüler selbst, je nach dem Zeitpunkt im Lebenslauf, an dem die Entscheidung getroffen werden muss – je nach Schichtzugehörigkeit unterschiedliche Bildungswege. Daraus ziehen Boudon und mit ihm viele Bildungsforscherinnen und

---

10 Hopf (2010) macht darauf aufmerksam, dass in der an Boudon anschließenden Forschung primäre und sekundäre Disparitäten verschiedentlich mit primärer, d.h., familialer Sozialisation und sekundärer, d.h., schulischer Sozialisation vermengt werden – eine Verwirrung, für die man durchaus Verständnis haben kann (vgl. S. 143f.).

-forscher, die sich auf ihn berufen, den Schluss, dass Bildungsungleichheiten nach der sozialen Herkunft an den Übergängen im Bildungswesen *entstehen*.

Unabhängig davon, wie plausibel – oder eher: unplausibel – diese theoretischen Vorannahmen erscheinen mögen, ist festzuhalten, dass sie den neugierigen, forschenden Blick auf die Schule geradezu versperren. So verwundert es nicht, dass Untersuchungen, die sich auf das Boudonsche Paradigma stützen, immer wieder zu dem Ergebnis kommen, dass das, was in der Schule geschieht, keine Bedeutung für die Bildungsungleichheiten nach der sozialen Herkunft hat. Boudon, der sein Modell in den frühen 1970er-Jahren entwickelt hat, konnte sich damals auf empirische „Evidenzen" stützen, waren doch die bereits erwähnten ersten Untersuchungen aus den USA zu den Bildungsungleichheiten zu dem Ergebnis gekommen, dass der Schule bei der Produktion bzw. Reproduktion sozialer Ungleichheiten keine Bedeutung zukomme. Mittlerweile muss man allerdings nüchtern festhalten, dass die „Evidenzen" aus den 1960er-Jahren keine mehr sind.

Nun ist es nicht so, dass es der Soziologie an analytischen Konzepten mangeln würde, an die man anknüpfen könnte, um Bildungsungleichheiten nach der sozialen Herkunft zu erklären. Ein theoretisch gut begründetes Konzept für die Auseinandersetzung mit dem Problem bildungsvermittelter Reproduktion sozialer Ungleichheit entwickelte Pierre Bourdieu mit seinen Mitarbeiterinnen und Mitarbeitern (vgl. 1992/1984; Bourdieu/Passeron 1970). Sein Interesse richtet sich auf die Schule und die dort zugleich angewandten und vermittelten Klassifikationen, die „die Wahrnehmung und Wertung organisieren und die Praxis strukturieren." (Bourdieu 1992/1984, S. 353) Kurz gefasst lautet sein Argument wie folgt: Ihren Zöglingen einen Komplex von Denkweisen, Kulturtechniken und Wissensbeständen zu vermitteln, der den Umgang mit der Welt anzuleiten vermag, ist eine wesentliche Aufgabe der Schule. Zu diesem Bildungsprogramm gehören große Teile der in einer Gesellschaft gängigen symbolischen Ordnungen, Klassifikationssysteme, Bewertungsschemata. Diese ermöglichen es Lernenden wie Lehrenden, „alles – auch sich selbst – nach den schulischen Taxonomien zu bewerten und einzuordnen." (Ebd., S. 370)

Zur Logik der Schule gehört jedoch auch, dass sie ihre Beziehung zu den Herrschafts- und Ungleichheitsstrukturen der Gesellschaft leugnet. Sie beansprucht, einen eigenen sozialen Kosmos zu bilden, der seiner eigenen Logik folgt, einer Logik der kulturellen Praktiken, der Denkmuster und der symbolischen Ordnungen. Die Taxonomien der Schule leisten damit noch etwas anderes als die bloße Vermittlung eines Denk- oder Bildungsprogramms, das den Umgang mit der Welt anzuleiten vermag: Sie funktionieren auch, wie Bourdieu schreibt, „im Sinne einer Maschine, die soziale Bewertungen in schulische Bewertungen – verstanden als anerkannte und als solche verkannte soziale Rangordnungen – transformiert." (Ebd.)[11] Die außerhalb der Schule produzierten Strukturen sozialer Ungleichheit nach sozialen Klassen und Milieus, nach Geschlecht, nach „Migrationshintergrund" usw. verschwinden hinter den schulischen Taxonomien, nach denen Schülerinnen und Schüler – ebenso wie auch die Lehrerinnen und Lehrer – eingeteilt werden und sich selbst einteilen; sie bleiben in den Resultaten dieser Klassifikations-Vorgänge jedoch zugleich erhalten. Da sie den unterschiedlichen Voraussetzungen, mit denen ihre Zöglinge in die Schule kommen, nicht Rechnung trägt – dies hätte zu leisten, was Bourdieu „rationale Pädagogik" nennt –, reproduziert die Schule diese Ungleichheitsstrukturen, ohne dass der Mechanismus der Reproduktion zutage tritt (vgl. dazu auch Solga 2005).

An diese Überlegungen Bourdieus knüpft eine sehr bemerkenswerte Untersuchung aus den USA an: die große Längsschnitt-Studie von Annette Lareau (2011), die über einen Zeitraum von zehn Jahren hinweg parallel den Alltag von Kindern in Familie und Schule beobachtet und analysiert hat. Lareau kann zeigen, wie sich bei Arbeiterfamilien und ihren Kindern Praktiken und kulturelle Logiken der Schule und ihres eigenen Alltags beständig aneinander reiben, während es diese Erfahrung zweier konfligierender Welten bei Mittelschicht-Familien schlichtweg nicht gibt – hier greifen die kulturellen Logiken der Schule und der Familie wunderbar ineinander. Eine vergleichbare Untersuchung für Deutschland gibt es bislang nicht.

Auch die Überlegungen Adornos zur Sozialfigur des deutschen Lehrers, die er in seinem kurzen Text zu den „Tabus über dem Lehrberuf" entwickelte (Adorno 1970b), sind singulär geblieben: Über Lehrerinnen und Lehrer wissen wir nahezu nichts.[12] Eine neue Studie zu den Stereotypen von Lehramts-Studierenden über Schülerinnen und Schüler aus unterschiedlichen Sozialgruppen (vgl. Schuchart/Dunkake 2014), die Bourdieus Argumentation zu den in der Schule verwendeten Klassifikationen aufgreift, regt allerdings zum Nachdenken über die in der Erziehungswissenschaft ebenso wie bei Lehrerinnen und Lehrern und Lehramtsstudierenden gebräuchlichen Kategorien an: Man trifft auf Kategorien wie „leistungsstark" versus „leistungs-

---

11 Als Material zur Untersuchung der in der pädagogischen Praxis gebräuchlichen Klassifikationen und „Kategorien des Verstehens" standen Bourdieu und seiner Mitarbeiterin Monique de Saint Martin neben amtlichen Statistiken über das Lehrpersonal und Nachrufen zu ehemaligen Professoren der *École normale supérieure* (der Ausbildungsstätte für Gymnasiallehrer und -lehrerinnen) auch Karteikarten mit persönlichen Daten und Bemerkungen zu einzelnen Schülerinnen zur Verfügung, die ein Lehrer einer geisteswissenschaftlichen Klasse zur Vorbereitung auf die Aufnahmeprüfung für diese École in Paris über vier Jahre geführt hatte (vgl. Bourdieu 1992/1984, S. 353ff.). – Man sollte sich auch darüber im Klaren sein, dass das französische Wort für „Schule" (école) einen sehr viel weiteren Bedeutungsraum aufspannt als das deutsche Wort, da es die als „Elite-Institutionen" geltenden *grandes écoles* auf Universitätsniveau mit einschließt. In der zitierten Untersuchung stehen diese Institutionen im Zentrum der Argumentation.
12 Das neue *Handbuch der Forschung zum Lehrerberuf* (Terhart/Bennewitz/Rothland 2011) beispielsweise berichtet nichts über Untersuchungen zur Praxis von Lehrerinnen und Lehrern, zu ihren Klassifikationen und Wertungsprinzipien oder auch zu den Vorstellungen, die sie von einem guten Unterricht haben.

schwach", „bildungsfern" versus „bildungsnah", „sozial kompetent" bzw. „inkompetent", „Risikogruppe" u.ä. Wer ist da ein Risiko für wen? Und was hat es mit dem „Migrationshintergrund" auf sich – in einem Land, in dem es angesichts der Kriege und Grenzverschiebungen der letzten hundert Jahre eigentlich kaum jemanden *ohne* „Migrationshintergrund" gibt?[13] Worauf verweist ein Wort wie „leistungsschwach", das mit dem Begriff der „Leistung" einen sehr allgemeinen und zugleich sehr zentralen Begriff für die Verortung des Individuums in unserer gegenwärtigen Gesellschaft verwendet? Welches selbstverständliche „Wissen" von der Gesellschaft geht in diese Kategorisierungen ein? Woher kommen diese Klassifikationen?

Die soziologische Annäherung an das Geschehen in der Schule wäre auch aus einem weiteren Grund nicht darauf angewiesen, gewissermaßen bei Null anzufangen: Die Forschung zu Kindheit und Sozialisation ist mittlerweile auf einem anderen Stand als in den frühen 1970er-Jahren. Ihre Konzepte und Methoden eröffnen einen systematischen Zugang zur Alltags-Interaktion, ihren institutionellen Rahmungen, zur Rolle von Bindungen und von gegenseitigem Respekt in der Entwicklung – d.h. aber auch für die Lernprozesse – der jungen Individuen. Die in den frühen 1970er-Jahren abgebrochenen Brücken zur Sozialisationsforschung wären jedoch erst wieder herzustellen.

Dass die Schule so selten ins Visier der bildungssoziologischen, aber auch der erziehungswissenschaftlichen Forschung gerät, ist erstaunlich. Offensichtlich geben sich nicht nur die Schule als Institution und mit ihr die Lehrerinnen und Lehrer damit zufrieden, dass die Kinder und Jugendlichen eben – und zwar systematisch nach der sozialen Herkunft – mit einer unterschiedlichen „Schul-Eignung" in die Schule kommen und diese dann auch mit entsprechend unterschiedlichen Bildungsresultaten wieder verlassen, sondern auch die Wissenschaftler und Wissenschaftlerinnen. Man könnte auf die Idee kommen, dass sich in dieser geradezu systematisch zu nennenden Nicht-Beachtung des Geschehens in der Schule ein unbeirrbarer Glaube an diese Institution, an die Schule als einem „Reich des Guten" manifestiert, vor dessen Toren all das problematische Gesellschaftliche, mit Macht und Herrschaft und sozialen Konflikten Beladene zurückbleibt. Oder ist es so, um mit Bourdieu zu sprechen, dass wir, die amtlich bestallten Bildungsforscherinnen und -forscher, die wir unsere soziale Position der Schule und der Hochschule verdanken, den kritischen Blick auf diese Institution – und damit auf uns selbst – lieber nicht riskieren?

---

13 Gemeint ist etwas, das nicht ausgesprochen wird und das, wenn man versucht, es auszubuchstabieren, eine ganze Reihe von Unterscheidungslinien aufmacht, von denen jede einzelne ihren Gegenstand verfehlt, da sie ebenso für die eingeborene deutsche Bevölkerung zutrifft. So ist der „Migrationshintergrund" ein wunderbares Beispiel für Bourdieus Argumentation zur Konstruktion und zur sozialen Kraft der Taxonomien.

4. Bildung und gesellschaftliche Entwicklungen

In den Entstehungsjahren der Bildungssoziologie in Deutschland wurden Fragen der Bildung vor dem Hintergrund bestimmter gesellschaftlicher Bezüge diskutiert: Das waren zum einen – unter den Stichworten *Wirtschaftswachstum*, *Humankapital* und *Qualifikation* – die Anforderungen der Wirtschaft an die Verfügbarkeit qualifizierter Arbeitskräfte, zum anderen aber die Überwindung hergebrachter Strukturen sozial vermittelter Bildungsungleichheit im Interesse der *Entwicklung einer demokratischen und zivilisierten Gesellschaft*, und schließlich ging es um den *Bruch mit der autoritären Erziehung*. Für einen kurzen historischen Moment schien es so, als wirkten diese Aspekte der gesellschaftlichen Entwicklung zusammen, um durchgreifende Bildungsreformen in Gang zu setzen.

Sehr schnell, nämlich schon in den frühen 1970er-Jahren, zeigte sich jedoch, dass das Engagement der Bildungsreformer und -reformerinnen ins Leere lief: Die Modernisierung der beruflichen Bildung blieb auf halbem Wege stecken und erfasste nur einen Kernbereich der Berufsausbildung; die dreigliedrige, hoch selektive Grundstruktur des traditionellen deutschen Schulwesens blieb erhalten und wurde nur hier und da ergänzt durch neue Schulformen wie die Gesamtschule. Insbesondere gegen die Auflösung des Gymnasiums gab es – und gibt es bis heute – erbitterte Widerstände.

Um zu verstehen, woher diese Widerstände rührten, welche gesellschaftlichen Interessen, Machtstrukturen und sozialen Gruppierungen sich darin äußerten, waren gründliche soziologische Reflexion und Forschung gefordert, die sich auf gesellschaftliche Zusammenhänge und Entwicklungen jenseits des Bildungswesens richteten. In ihrem Beitrag „Die Schule als Mittelklasseninstitution" im ersten bildungssoziologischen Sonderheft der *Kölner Zeitschrift für Soziologie und Sozialpsychologie* hatte Charlotte Lütkens bereits 1959 auf das Bildungsbürgertum und seine besondere Bedeutung für Gesellschaft und Staat in Deutschland verwiesen – eine soziale Formation, für die das Gymnasium als „Vorstufe" zur Universität eine zentrale Rolle spielte (vgl. S. 25). Angesichts des Scheiterns der Konzepte zu einer Bildungsreform, deren Herzstück die Auflösung des Gymnasiums zu Gunsten einer „Einheitsschule" – wie sie von ihren Gegnern und Gegnerinnen apostrophiert wurde – gewesen wäre, richtete sich der soziologische Blick erneut zurück: Es entstanden soziologisch informierte Untersuchungen zur Geschichte der Schule in Deutschland, eine Geschichte, die auch eine Geschichte der Schulkämpfe war (vgl. von Friedeburg 1989; Herrlitz u.a. 2009).

In der historischen Perspektive wird zunächst deutlich, dass Fragen von Humankapital und verfügbaren Arbeits-Qualifikationen für die Entwicklungen im Bildungswesen kaum, oder nur sehr vermittelt, eine Rolle spielen, jedenfalls in einer

Gesellschaft wie unserer, die seit langem über ein differenziertes Bildungssystem verfügt. Verschiebungen in der Sozialstruktur und im gesellschaftlichen Machtgefüge machen sich hier sehr viel stärker geltend. Darauf hat insbesondere die Arbeitsgruppe um Michael Vester hingewiesen. Vester u.a. (2001) haben ein Konzept zur Erfassung der Sozialstruktur entwickelt, das deren Veränderungen über größere Zeiträume zu erfassen vermag. Dabei ist ihnen zweierlei wichtig: Zum einen soll die simple Vorstellung von einer vertikalen sozialen Gliederung überwunden werden, die Veränderungen in der sozialen Lage und in den Machtverhältnissen zwischen den sozialen Schichten bzw. Klassen lediglich als Auf- oder Abstieg zu begreifen erlaubt, und zum anderen sollen Orientierungen und Selbstverortungen der sozialen Akteure systematisch mitberücksichtigt werden. Dies gelingt der Forschergruppe mit Hilfe des von Bourdieu entwickelten Konzepts des sozialen Raums und der Unterscheidung von unterschiedlichen sozialen Milieus innerhalb von sozialen Klassen.

Die Verschiebungen in der Bildungsbeteiligung der verschiedenen sozialen Klassen und Milieus sind dann vor dem Hintergrund des gesellschaftlichen Strukturwandels in Deutschland – Stichworte dazu sind z.B. das Schrumpfen des industriellen Sektors und der traditionellen Industriearbeit, die Zunahme und Ausdifferenzierung wissensbasierter Tätigkeiten, die Erweiterung und Differenzierung des Dienstleistungsbereichs – nicht ohne Weiteres als Auf- und Abstiege zu interpretieren. So hat der Besuch weiterführender Schulen und z.T. selbst von Hochschulen die Kinder aus Arbeiterfamilien und aus den unteren Mittelschichten nicht unbedingt auf der sozialen Leiter „nach oben" geführt. Vielmehr handelt es sich bei ihrer in der Generationenfolge veränderten sozialen Positionierung häufig um nichts anderes als um den Erhalt der relativen Klassenposition, allerdings, in der Terminologie von Vester u.a. (2001), auf der Basis einer Verschiebung im sozialen Raum „nach links", in die durch White-Collar-Berufe geprägten sozialen Milieus – bei nach wie vor bestehender Unsicherheit der Beschäftigungs- und Einkommenssituation.

Neue Entwicklungen im Bildungswesen wie die Globalisierung und Kommodifizierung von Bildung sind bislang vorrangig unter dem Gesichtspunkt der Privatisierung und Überführung von Teilbereichen des Bildungswesens in Geschäftszweige des Kapitals diskutiert worden. Auch wenn davon auszugehen ist, dass programmatische Texte wie die von der OECD Mitte der neunziger Jahre entworfene Agenda zu Beschäftigung und Wachstum in der „wissensbasierten Ökonomie" nicht identisch sind mit dem, was tatsächlich geschieht, ist doch mittlerweile die Realität vieler nationaler Bildungssysteme durchaus von den mit dieser Agenda intendierten Prozessen der Entwicklung von Bildungsmärkten und der Einführung von marktförmigen Steuerungselementen in öffentliche nationale Bildungssysteme geprägt (vgl. Meyer 2005). In Deutschland ist die Einführung marktförmiger Steuerungselemente bei gleichzeitiger öffentlicher Unterfinanzierung des Bildungswesens vor allem im Hochschulbereich folgenreich geworden, auch wenn es bisher nicht gelungen ist, die Studierenden direkt zur Finanzierung von Hochschulen heranzuziehen – man kann allerdings sicher sein, dass es neue Anläufe hierzu geben wird. Bei Lehrmaterialien und wissenschaftlichen Zeitschriften beispielsweise sind Bildungsunternehmen mittlerweile auch hierzulande durchaus erfolgreich in der Kommodifizierung. Bemerkenswert ist auch, in welch kurzem Zeitraum sich die deutsche Hochschullandschaft durch Bologna, Exzellenz-Initiative usw. verändert hat – ohne dass der Mehrheit der Beteiligten klar war, was sie damit in Gang gesetzt haben. Mit diesen Entwicklungen hat sich insbesondere Münch (2011) in seiner Untersuchung zum „Akademischen Kapitalismus" auseinandergesetzt, wobei die Debatte um seine Untersuchung selbst schon die Durchdringung der akademischen Welt mit den neuen Sichtweisen und Denkkategorien dokumentiert.

Der sozialstrukturelle Hintergrund oder die Implikationen dieser Entwicklungen für die Strukturen sozialer Ungleichheit sind jedoch nur selten Gegenstand soziologischer Analysen geworden (vgl. dagegen Kupfer 2011, die in knapper Form die internationale Diskussion zu den Prozessen der Globalisierung und Kommodifizierung von Bildung ebenso wie deren Folgen für die Strukturen sozialer Ungleichheit am Beispiel Englands vorstellt). Für Deutschland lässt sich an Hand der Daten etwa zum Zulauf zu Privatschulen, zum verstärkten Interesse an der Identifikation von „Elite-Gymnasien", aber auch der Diskussion um zusätzlich zum öffentlichen Bildungsangebot zu erbringende, privat zu finanzierende Bildungselemente wie Studienaufenthalte im Ausland, erweiterte Sprachkenntnisse usw. feststellen, dass es offensichtlich im Bürgertum ein Bedürfnis nach Vergrößerung der Distanz zwischen sich und den aufstiegsorientierten Mittelschichen gibt. Auch die Globalisierung von Bildung ist bislang eine Entwicklung, die insbesondere das Bürgertum betrifft: Während das Wirtschaftsbürgertum in Deutschland bis in die zweite Hälfte des 20. Jahrhunderts hinein weniger auf akademische Bildung setzte, hat sich dies mit den jüngeren Generationen geändert. Zugleich ist mit der Internationalisierung der Wirtschaftsprozesse das Interesse an internationalen Orten der Bildung gewachsen, an denen „man sich trifft", Bekanntschaften schließt, sich die gleichen Klassifikationen aneignet. Diesen Entwicklungen vor dem Hintergrund der Veränderungen im sozialen Raum nachzugehen, bleibt jedoch ein uneingelöstes Desiderat bildungssoziologischer Forschung. Dabei wäre es auch in einer übergreifenden soziologischen Perspektive lohnend, sich mit diesem Themenkomplex näher zu beschäftigen, wie Norbert Elias mit seinen „Studien über die Deutschen" (1989) gezeigt hat.

5. Abschließende Bemerkungen

Dass die Bildungssoziologie eingebettet ist in eine interdisziplinäre, multiperspektivische Bildungsforschung mit dominanter Erziehungswissenschaft bleibt nicht ohne Folgen. Die weit überwiegend an den Fachbereichen für Erziehungswissenschaft angesiedelten Professuren für Bildungssoziologie sind in den Diskurs der Erziehungswissenschaft eingebunden, der auch Problemdefinitionen und Relevanzgesichtspunkte vorgibt. Soziologen und Soziologinnen, die sich in diesem Kontext behaupten wollen, müssen sich auf die expliziten und, eher noch problematischer, auf die impliziten Regeln dieses disziplinären Feldes einlassen. So erscheint plausibel, was Baumert und Roeder (1990) gezeigt haben: Mit der institutionellen Zuordnung zur Erziehungswissenschaft geht der Kontakt zur Ursprungsdisziplin im Regelfall verloren; von dieser Entwicklung blieb die Bildungssoziologie nicht ausgenommen. Es ist schwer, „von außen", von der Erziehungswissenschaft her, Themen der Bildungssoziologie in den Debatten der Soziologie Gewicht zu verleihen.

In der Soziologie wiederum wurden seit den 1980er-Jahren Professuren mit der Denomination „Bildungssoziologie" umgewidmet oder gestrichen, so dass bildungssoziologische Themen und Fragestellungen im Soziologie-Studium kaum noch vertreten sind und entsprechend auch kaum wissenschaftlicher Nachwuchs in der Bildungssoziologie ausgebildet wird. So dürfte die seit der Mitte der siebziger Jahre abnehmende Relevanz bildungssoziologischer Themen in den Debatten unserer Disziplin auch auf diese schwache institutionelle und personelle Präsenz in der Soziologie zurückzuführen sein. Es ist sicher kein Zufall, dass Soziologinnen und Soziologen, die zu bildungssoziologischen Themen arbeiten *und* in den Debatten des Fachs wahrgenommen werden, meist in der Sozialstruktur- und Mobilitätssoziologie an soziologischen Instituten verortet sind. Umgekehrt muss man feststellen, dass in der bildungssoziologischen Forschung übergreifende Fragestellungen zu Entwicklungen der modernen Gesellschaft kaum mehr aufgegriffen werden – es sieht ganz so aus, als habe sich die Bildungssoziologie aus den Debatten ihrer Heimat-Disziplin verabschiedet.

Literatur

Abels, H./König, A. (2010): Sozialisation. Soziologische Antworten auf die Frage, wie wir werden, was wir sind, wie gesellschaftliche Ordnung möglich ist und wie Theorien der Gesellschaft und der Identität ineinanderspielen. Wiesbaden: VS.

Adorno, T.W. (1970a): Erziehung nach Auschwitz. In: Ders.: Stichworte. Frankfurt a.M.: Suhrkamp, S. 85-101.

Adorno, T.W. (1970b): Tabus über dem Lehrberuf. In: Ders.: Stichworte. Frankfurt a.M.: Suhrkamp, S. 68-84.

Adorno, T.W./Frenkel-Brunswik, E./Levinson, D.J./Sanford, R.N. (1950): The Authoritarian Personality. New York: Harper & Row.

Allmendinger, J. (1999): Bildungsarmut: Zur Verschränkung von Bildungs- und Sozialpolitik. In: Soziale Welt 50, S. 35-50.

Anger, H. (1960): Probleme der deutschen Universität. Bericht über eine Erhebung unter Professoren und Dozenten. Tübingen: Mohr (Siebeck).

Arbeitsgruppe Bildungsbericht am Max-Planck-Institut für Bildungsforschung (1994): Das Bildungswesen in der Bundesrepublik Deutschland. Strukturen und Entwicklungen im Überblick. Reinbek b. Hamburg: Rowohlt.

Ariès, P. (1975 [frz. Erstaufl. 1960]): Geschichte der Kindheit. München: Hanser.

Bathke, G. (1990): Soziale Reproduktion und Sozialisation von Hochschulstudenten in der DDR. In: Burkart, G. (Hrsg.): Sozialisation im Sozialismus. Lebensbedingungen in der DDR im Umbruch. Zeitschrift für Sozialisationsforschung und Erziehungssoziologie, Beiheft 1, S. 114-128.

Bauer, U. (2011): Sozialisation – Bewegung in der Diskussion. In: Zeitschrift für Soziologie der Erziehung und Sozialisation 31, H. 2, S. 201-204.

Baumert, J./Roeder, P.M. (1990): Expansion und Wandel der Pädagogik. Zur Institutionalisierung einer Referenzdisziplin. In: Alisch, L.-M./Baumert, J./Beck, K. (Hrsg.): Professionswissen und Professionalisierung. Braunschweig: Technische Universität, Seminar für Erziehungs- und Sozialarbeitswissenschaft, S. 79-128.

Becker, R. (2009): Bildungssoziologie – Was sie ist, was sie will, was sie kann. In: Ders. (Hrsg.): Lehrbuch der Bildungssoziologie. Wiesbaden: VS, S. 9-34.

Becker, R./Lauterbach, W. (2010) (Hrsg.): Bildung als Privileg. Wiesbaden: VS.

Becker, R./Solga, H. (Hrsg.) (2012): Soziologische Bildungsforschung. Kölner Zeitschrift für Soziologie und Sozialpsychologie, Sonderheft 52. Wiesbaden: Springer VS.

Below, S. von (2002): Bildungssysteme und soziale Ungleichheit. Das Beispiel der neuen Bundesländer. Opladen: Leske + Budrich.

Berger, P.A./Kahlert, H. (Hrsg.) (2005): Institutionalisierte Ungleichheiten. Wie das Bildungswesen Chancen blockiert. Weinheim/München: Juventa.

Boudon, R. (1974): Education, Opportunity, and Social Inequality. New York: Wiley.

Bourdieu, P. (1992 [frz. Erstaufl. 1984]): Homo academicus. Frankfurt a.M.: Suhrkamp.

Bourdieu, P. (2002): Ein soziologischer Selbstversuch. Frankfurt a.M.: Suhrkamp.

Bourdieu, P./Passeron, J.-C. (1970): La reproduction. Éléments pour une théorie du système d'enseignement. Paris: Minuit.

Brake, A./Bremer, H. (Hrsg.) (2010): Alltagswelt Schule. Die soziale Herstellung schulischer Wirklichkeiten. Weinheim/München: Juventa.

Brake, A./Büchner, P. (2012): Bildung und soziale Ungleichheit. Eine Einführung. Stuttgart: Kohlhammer.

Breen, R./Luijks, R./Müller, W./Pollak, R. (2012): Bildungsdisparitäten nach sozialer Herkunft und Geschlecht im Wandel – Deutschland im internationalen Vergleich. In: Becker, R./Solga, H. (Hrsg.) (2012): Soziologische Bildungsforschung. Kölner Zeitschrift für Soziologie und Sozialpsychologie, Sonderheft 52. Wiesbaden: Springer VS, S. 346-373.

Büchner, P./Brake, A. (Hrsg.) (2006): Bildungsort Familie. Transmission von Bildung und Kultur im Alltag von Mehrgenerationenfamilien. Wiesbaden: VS.

Büchner, P./Fuhs, B./Krüger, H.-H. (Hrsg.) (1995): Vom Teddybär zum ersten Kuß. Wege aus der Kindheit in Ost- und Westdeutschland. Opladen: Leske + Budrich.

Bühler-Niederberger, D. (2005): Kindheit und die Ordnung der Verhältnisse. Weinheim/München: Juventa.

Charles, M./Harr, B./Cech, E./Hendley, A. (2014): Who Likes Math Where? Gender Differences in Eighth-Graders' Attitudes around the World. In: International Studies in Sociology of Education 24, H. 1. Special Issue: Gender Analysis of Education in 21st Century Capitalist Societies, ed. by A. Kupfer, S. 85-112.

Coleman, J.S./Campbell, E.Q./Hobson, C.J./McPartland, J./Mood, A.M./Weinfeld, F.D./York, R.L. (1966): Equality of Educational Opportunity. Washington, DC: U.S. Government Printing Office.

Dahrendorf, R. (1965): Bildung ist Bürgerrecht. Plädoyer für eine aktive Bildungspolitik. Hamburg: Nannen.

Ditton, H. (2009): Familie und Schule – eine Bestandsaufnahme der bildungssoziologischen Schuleffektforschung von James S. Coleman bis heute. In: Becker, R. (Hrsg.): Lehrbuch der Bildungssoziologie. Wiesbaden: VS, S. 237-256.

Dravenau, D./Groh-Samberg, O. (2005): Bildungsbenachteiligung als Institutioneneffekt. Zur Verschränkung kultureller und institutioneller Diskriminierung. In: Berger, P.A./Kahlert, H. (Hrsg.): Institutionalisierte Ungleichheiten. Wie das Bildungswesen Chancen blockiert. Weinheim/München: Juventa, S. 103-129.

Durkheim, E. (1983 [frz. Erstaufl. 1897]): Der Selbstmord. Frankfurt a.M.: Suhrkamp.

Durkheim, E. (2007 [frz. Erstaufl. 1912]): Die elementaren Formen des religiösen Lebens. Frankfurt a.M.: Suhrkamp.

Durkheim, E. (2013 [frz. Erstaufl. 1922]): Éducation et sociologie. Paris: PUF.

Edelstein, W./Nunner-Winkler, G. (Hrsg.) (2000): Moral im sozialen Kontext. Frankfurt a.M.: Suhrkamp.

Elias, N. (1989): Studien über die Deutschen. Machtkämpfe und Habitusentwicklung im 19. und 20. Jahrhundert. Frankfurt a.M.: Suhrkamp.

Floud, J. (1959): Die Schule als selektive Institution. In: Heintz, P. (Hrsg.): Soziologie der Schule. Kölner Zeitschrift für Soziologie und Sozialpsychologie, Sonderheft 4. Köln/Opladen: Westdeutscher Verlag, S. 40-51.

Fölling-Albers, M. (2005): Chancenungleichheit in der Schule – (k)ein Thema? In: Zeitschrift für Soziologie der Erziehung und Sozialisation 25, H. 2, S. 198-213.

Friedeburg, L. von (1989): Bildungsreform in Deutschland. Geschichte und gesellschaftlicher Widerspruch. Frankfurt a.M.: Suhrkamp.

Gomolla, M./Radtke, O. (³2009): Institutionelle Diskriminierung. Die Herstellung ethnischer Differenz in der Schule. Wiesbaden: VS.

Grundmann, M./Huinink, J./Krappmann, L. (1994): Familie und Bildung. Empirische Ergebnisse und Überlegungen zur Frage der Beziehung von Bildungsbeteiligung, Familienentwicklung und Sozialisation. In: Büchner, P. (Hrsg.): Kindliche Lebenswelten, Bildung und innerfamiliale Beziehungen. Materialien zum Fünften Familienbericht, Bd. 4. München: Deutsches Jugendinstitut/Juventa, S. 41-104.

Habermas, J. (1981): Theorie des kommunikativen Handelns. Frankfurt a.M.: Suhrkamp.

Habermas, J./von Friedeburg, L./Oehler, C./Weltz, F. (1961): Student und Politik. Eine soziologische Untersuchung zum politischen Bewusstsein Frankfurter Studenten. Neuwied/Berlin: Luchterhand.

Hadjar, A. (Hrsg.) (2011): Geschlechtsspezifische Bildungsungleichheiten. Wiesbaden: VS.

Heintz, P. (Hrsg.) (1959): Soziologie der Schule. Kölner Zeitschrift für Soziologie und Sozialpsychologie, Sonderband 4. Köln/Opladen: Westdeutscher Verlag.

Heitmeyer, W. (2002): Gruppenbezogene Menschenfeindlichkeit – die theoretische Konzeption und erste empirische Ergebnisse. In: Ders. (Hrsg.): Deutsche Zustände, Folge 1. Frankfurt a.M.: Suhrkamp.

Helbig, M. (2012): Die Umkehrung – Geschlechterungleichheiten beim Erwerb des Abiturs im Wandel. In: Becker, R./Solga, H. (Hrsg.) (2012): Soziologische Bildungsforschung. Kölner Zeitschrift für Soziologie und Sozialpsychologie, Sonderheft 52. Wiesbaden: Springer VS, S. 347-392.

Herrlitz, H.-G./Hopf, W./Titze, H./Cloer, E. (⁵2009): Deutsche Schulgeschichte von 1800 bis zur Gegenwart. Eine Einführung. Weinheim/München: Juventa.

Hoff, E.-H./Lappe, L./Lempert, W. (1991): Persönlichkeitsentwicklung in Facharbeiterbiographien. Bern/Stuttgart/Toronto: Huber.

Hopf, C. (2005): Frühe Bindungen und Sozialisation. Weinheim/München: Juventa.

Hopf, W. (2010): Freiheit – Leistung – Ungleichheit. Bildung und soziale Herkunft in Deutschland. Weinheim/München: Juventa.

Hurrelmann, K. ([10]2012): Sozialisation. Das Modell der produktiven Realitätsverarbeitung. Weinheim: Beltz.

Hurrelmann, K./Grundmann, M./Walper, S. (Hrsg.) ([7]2008): Handbuch der Sozialisationsforschung. Weinheim/Basel: Beltz.

Jencks, C./Smith, M./Acland, H./Bane, M.J./Cohen, D./Gintis, H./Heyns, B./Michelson, S. (1972): Inequality – A Reassessment of the Effect of Family and Schooling in America. New York/London: Basic Books (dt. Übersetzung unter dem Titel: Chancengleichheit. Reinbek b. Hamburg: Rowohlt 1973).

Jünger, R. (2008): Bildung für alle? Die schulischen Logiken von ressourcenprivilegierten und -nichtprivilegierten Kindern als Ursache der bestehenden Bildungsungleichheit. Wiesbaden: VS.

Krais, B. (2012): Bildungsnöte auf dem Lande. Über die Bildungssituation in Mecklenburg-Vorpommern. In: Kreher, S. (Hrsg.): Von der „Leutenot" und der „Not der Leute". Armut in Nordostdeutschland. Wien/Köln/Weimar: Böhlau, S. 331-359.

Kramer, R.-T./Helsper, W./Thiersch, S./Ziems, C. (2013): Das 7. Schuljahr. Wandlungen des Bildungshabitus in der Schulkarriere? (Studien zur Schul- und Bildungsforschung, Bd. 48.) Wiesbaden: Springer VS.

Krappmann, L. (1971): Soziologische Dimensionen der Identität. Strukturelle Bedingungen für die Teilnahme an Interaktionsprozessen. Stuttgart: Klett-Cotta.

Krappmann, L. (1999): Die Reproduktion des Systems gesellschaftlicher Ungleichheit in der Kinderwelt. In: Grundmann, M. (Hrsg.): Konstruktivistische Sozialisationsforschung. Frankfurt a.M.: Suhrkamp, S. 228-239.

Krappmann, L./Oevermann, U./Kreppner, K. (1976): Was kommt nach der schichtspezifischen Sozialisationsforschung? In: Verhandlungen des 17. Deutschen Soziologentages: Zwischenbilanz der Soziologie. Stuttgart: Enke, S. 258-264.

Krappmann, L./Oswald, H. (1995): Alltag der Schulkinder. Beobachtungen und Analysen von Interaktionen und Sozialbeziehungen. Weinheim/München: Juventa.

Krüger, H.-H./Köhler, S.-M./Zschach, M./Pfaff, N. (Hrsg.) (2008): Kinder und ihre Peers. Freundschaftsbeziehungen und schulische Bildungsbiographien. Opladen/Farmington Hills, MI: Barbara Budrich.

Krüger, H.-H./Rabe-Kleberg, U./Kramer, R.-T./Budde, J. (Hrsg.) (2010): Bildungsungleichheit revisited. Wiesbaden: VS.

Künzli, S./Isler, D./Leemann, R.J. (2010): Frühe Literalität als soziale Praxis – Analyse von Mikroprozessen der Reproduktion von Bildungsungleichheit. In: Zeitschrift für Soziologie der Erziehung und Sozialisation 30, H. 1, S. 60-73.

Kupfer, A. (2011): Bildungssoziologie. Theorien – Institutionen – Debatten. Wiesbaden: VS.

Lareau, A. ([2]2011): Unequal Childhoods. Class, Race, and Family Life. Berkeley, CA/Los Angeles, CA/London: University of California Press.

Lütkens, C. (1959): Die Schule als Mittelklassen-Institution. In: Heintz, P. (Hrsg.): Soziologie der Schule. Kölner Zeitschrift für Soziologie und Sozialpsychologie, Sonderheft 4. Köln/Opladen: Westdeutscher Verlag, S. 22-39.

Maaz, K./Nagy, G. (2009): Der Übergang von der Grundschule in die weiterführenden Schulen des Sekundarschulsystems: Definition, Spezifikation und Quantifizierung primärer und sekundärer Herkunftseffekte. In: Baumert, J./Maaz, K./Trautwein, U. (Hrsg.): Bildungsentscheidungen. Zeitschrift für Erziehungswissenschaft, Sonderheft 12. Wiesbaden: Springer VS, S. 153-182.

Marx, K. (1972/1852): Der achtzehnte Brumaire des Louis Bonaparte. In: Marx-Engels-Werke, Bd. 8. Berlin: Dietz, S. 111-207.

Meier, A./Rabe-Kleberg, U./Rodax, K. (Hrsg.) (1997): Transformation und Tradition in Ost und West. Jahrbuch Bildung und Arbeit '97. Opladen: Leske + Budrich, S. 280-305.

Meyer, J.W. (2005): Weltkultur. Wie die westlichen Prinzipien die Welt durchdringen. Frankfurt a.M.: Suhrkamp.

Muchow, M./Muchow, H.H. (1998 [Erstaufl. 1935]): Der Lebensraum des Großstadtkindes. Weinheim/München: Juventa.

Müller, W./Haun, D. (1994): Bildungsungleichheit im sozialen Wandel. In: Kölner Zeitschrift für Soziologie und Sozialpsychologie 46, H. 1, S. 1-42.

Müller, W./Mayer, K.U. (1976): Chancengleichheit durch Bildung? Untersuchungen über den Zusammenhang von Ausbildungsabschlüssen und Berufsstatus. Stuttgart: Klett.

Müller, W./Pollak, R./Reimer, D./Schindler, S. (2009): Hochschulbildung und soziale Ungleichheit. In: Becker, R. (Hrsg.): Lehrbuch der Bildungssoziologie. Wiesbaden: VS, S. 281-319.

Münch, R. (2011): Akademischer Kapitalismus. Über die politische Ökonomie der Hochschulreform. Berlin: Suhrkamp.

Ozouf, M. (1962): L'école, l'église et la république 1891-1944. Paris: Armand Colin.

Parsons, T./Platt, G.M. (1990 [engl. Erstaufl. 1972]): Die amerikanische Universität. Ein Beitrag zur Soziologie der Erkenntnis. Frankfurt a.M.: Suhrkamp.

Preuss-Lausitz, U./Büchner, P./Fischer-Kowalski, M./Geulen, D./Karsten, M.E./Kulke, C./Rabe-Kleberg, U./Rolff, H.-G./Thunemeyer, B./Schütze, Y./Seidl, P./Zeiher, H./Zimmermann, P. (1983): Kriegskinder, Konsumkinder, Krisenkinder. Zur Sozialisationsgeschichte seit dem Zweiten Weltkrieg. Weinheim/Basel: Beltz.

Quenzel, G./Hurrelmann, K. (Hrsg.) (2010): Bildungsverlierer. Neue Ungleichheiten. Wiesbaden: VS.

Rolff, H.-G (1967): Sozialisation und Auslese durch die Schule. Heidelberg: Quelle & Meyer (letzte überarbeitete Neuaufl. Weinheim/München: Juventa 1997).

Schuchart, C./Dunkake, I. (2014): Schichtspezifische Stereotype unter angehenden Lehrkräften. In: Zeitschrift für Soziologie der Erziehung und Sozialisation 34, H. 1, S. 89-107.

Solga, H. (1997): Bildungs-Chancen in der DDR. In: Häder, S. v./Tenorth, H.-E. (Hrsg.): Bildungsgeschichte einer Diktatur. Bildung und Erziehung in der SBZ und DDR im historisch-gesellschaftlichen Kontext. Weinheim: Beltz, S. 275-294.

Solga, H. (2005): Meritokratie – die moderne Legitimation ungleicher Bildungschancen. In: Berger, P./Kahlert, H. (Hrsg.): Institutionalisierte Ungleichheiten. Wie das Bildungswesen Chancen blockiert. Weinheim/München: Juventa, S. 19-38.

Solga, H./Becker, R. (2012): Soziologische Bildungsforschung – eine kritische Bestandsaufnahme. In: Becker, R./Solga, H. (Hrsg.): Soziologische Bildungsforschung. Kölner Zeitschrift für Soziologie und Sozialpsychologie, Sonderheft 52. Wiesbaden: Springer VS, S. 7-43.

Sutterlüty, F. (2002): Gewaltkarrieren. Jugendliche im Kreislauf von Gewalt und Missachtung. Frankfurt a.M. u.a.: Campus.

Terhart, E./Bennewitz, H./Rothland, M. (Hrsg.) (2011): Handbuch der Forschung zum Lehrerberuf. Münster u.a.: Waxmann.

Vester, M./Oertzen, P. v./Geiling, H./Hermann, T./Müller, D. (2001): Soziale Milieus im gesellschaftlichen Strukturwandel. Zwischen Integration und Ausgrenzung. Frankfurt a.M.: Suhrkamp.

Zeiher, H./Zeiher, H.-J. (1994): Orte und Zeiten der Kinder. Soziales Leben im Alltag von Großstadtkindern. München: Juventa.

Zuerst veröffentlicht in:
DDS – Die Deutsche Schule
107. Jahrgang 2015, Heft 1, S. 79-95
© 2015 Waxmann

Tim Freytag/Holger Jahnke/Caroline Kramer

Geographische Bildungsforschung

Zusammenfassung

An der Schnittstelle von Bildungswissenschaften und Humangeographie eröffnet die auch als Bildungsgeographie bezeichnete geographische Bildungsforschung attraktive Perspektiven für eine wissenschaftliche Betrachtung der wechselseitigen Beziehungen zwischen Bildung und Raum. Dieser Beitrag hat zum Ziel, die Bildungsgeographie disziplinübergreifend zu verorten sowie Entwicklungslinien, theoretisch-konzeptionelle Verankerung und Forschungsthemen der geographischen Bildungsforschung zu skizzieren.
Schlüsselwörter: Bildungsgeographie, Raum, Raumkonzepte, Bildungsregion, Bildungslandschaft

Geographical Educational Research
Abstract

At the intersection of educational sciences and human geography, geographical educational research and geographies of education respectively open up attractive perspectives for academic studies on the interrelations between education and space. The aim of this article is to outline geographies of education as an interdisciplinary research field and to sketch out trends, theoretical and conceptual foundations and topics to be studied in geographical educational research.
Keywords: geography of education, space, spatial concepts, educational region, educational landscape

1. Einleitung

Die geographische Bildungsforschung bietet raumorientierte und theoretisch-konzeptionell in der Humangeographie verankerte Perspektiven für eine wissenschaftliche Betrachtung bildungsbezogener Strukturen und Veränderungen. Damit ist die Bildungsgeographie vor allem an Forschungsfragen interessiert, die nicht primär das Individuum und dessen pädagogisch-psychologische Disposition und Entwicklung betreffen, sondern sich auf Institutionen und Akteure in ihren jeweiligen räumlichen Zusammenhängen richten.

Durch ihre Position an der Schnittstelle von Bildungswissenschaften und Humangeographie bietet die geographische Bildungsforschung die Möglichkeit, bildungswissenschaftliche Themen in die Geographie hineinzutragen und umgekehrt auch theoretisch-konzeptionelle Überlegungen aus der Geographie in die Bildungswissenschaften zu kommunizieren und zu integrieren. Eine besondere Stärke der Bildungsgeographie besteht darin, verschiedene Raumkonzepte zu reflektieren und deren Rezeption in einer disziplinübergreifenden Bildungsforschung anzuregen. Dieser Beitrag hat zum Ziel, Entwicklungslinien der klassischen Bildungsgeographie zu skizzieren, verschiedene Raumkonzepte kurz vorzustellen, theoretisch-konzeptionelle Aspekte und methodische Zugänge anzusprechen sowie das Potential jüngerer bildungsgeographischer Ansätze für aktuelle Themen der disziplinübergreifenden Bildungsforschung herauszustellen.

2. Bildungsgeographie an der Schnittstelle von Bildungswissenschaften und Humangeographie

Raumbezogene Aspekte von Bildung sind für verschiedene bildungswissenschaftliche Disziplinen relevant und kommen z.B. auch im deutschen Bildungsbericht zum Ausdruck (vgl. Autorengruppe Bildungsberichterstattung 2014). Ein wesentlicher Beitrag der geographischen Bildungsforschung besteht in einem dezidiert raumbezogenen Fokus, der Erkenntnisse, Methoden und Theoriebildung aus anderen Sozial- und Bildungswissenschaften mit den Entwicklungen innerhalb der Humangeographie verknüpft. Die geographische Bildungsforschung versteht sich daher als interdisziplinäres Arbeitsfeld mit deutlichen Bezügen zu anderen gesellschaftswissenschaftlichen Disziplinen (vgl. Weishaupt 2009).

Die Bildungsgeographie lässt sich institutionell als Teildisziplin der wissenschaftlichen Geographie verorten; gleichwohl ist dieses Forschungsfeld als ein originär interdisziplinärer Arbeitsbereich zu verstehen. Ausgehend von einem differenzierten Umgang mit unterschiedlichen Raumbegriffen werden theoretische Bezüge zu Schlüsselbegriffen aus den sozialwissenschaftlichen Nachbardisziplinen hergestellt, wie z.B. Gesellschaft, Macht, Wirtschaft und Kultur. Eine besondere Affinität besteht zu bildungssoziologischen Theorien, die sich mit Fragen der Bildungsgerechtigkeit und Chancengleichheit beschäftigen. Zudem rezipiert die Bildungsgeographie auch Arbeiten der Wirtschafts-, Politik-, Geschichts- und Rechtswissenschaften, die sich mit der Analyse von Bildungsinstitutionen, Bildungsgesetzen oder bildungspolitischen Rahmenbedingungen befassen. Mit Blick auf das Bildungsverhalten und den Bildungserfolg lässt sich eine Nähe zu Psychologie und Erziehungswissenschaft erkennen, die beispielsweise das Raumverhalten von Kindern untersuchen. Während in einigen der genannten bildungswissenschaftlichen Disziplinen räumliche Aspekte zunehmend als bedeutsam erkannt wurden, zeichnet sich die geographische Bildungsforschung im Kanon dieser Wissenschaften durch ihren dezidierten Fokus auf Raum, Räumlichkeit und Territorialität sowie deren Alteration durch Bildungsprozesse, Bildungsverhalten, Bildungspolitik und Bildungsplanung aus. Dabei eröffnen unterschiedliche Raumkonzepte aus der Geographie spezifische Zugangsweisen zu bildungsgeographischen Fragen (vgl. Freytag/Jahnke/Kramer 2014).

Neben dem interdisziplinären Austausch steht die Weiterentwicklung der bildungsgeographischen Forschung in enger Verbindung mit der Humangeographie. Viele Arbeiten der geographischen Bildungsforschung lassen sich an der Schnittstelle von Bildungsgeographie und anderen humangeographischen Forschungszweigen (z.B. geographische Migrationsforschung, handlungszentrierte Sozialgeographie, Kulturgeographie, Politische Geographie) verorten. Bildung ist dabei weniger als geographischer Forschungsgegenstand im engeren Sinne zu verstehen, sondern stellt vielmehr eine thematische Zentrierung oder Perspektive für bestimmte humangeographische Untersuchungen dar.

3. Entwicklungslinien, Raumkonzepte und theoretisch-konzeptionelle Verankerung der Bildungsgeographie

Mit dem Ziel, einen Überblick über das Potenzial und die Entwicklung der bildungsgeographischen Forschungsarbeit zu vermitteln, wird nun zunächst die Disziplingeschichte der Bildungsgeographie in ihren Leitlinien und Strömungen skizziert. Anschließend wird der Blick auf verschiedene Raumkonzepte gerichtet, die theoretisch-konzeptionell in der Humangeographie verankert sind und gewissermaßen als bildungsgeographisches Grundrepertoire erachtet werden können.

3.1 Entwicklungslinien der Bildungsgeographie

Als wissenschaftliche Teildisziplin wurde die Bildungsgeographie Mitte der 1960er-Jahre im deutschsprachigen Raum begründet. Bildungsgeographisch relevante Forschungsfragen wurden jedoch schon vorher in anderen Kontexten bearbeitet, die sogar bis in frühere Jahrhunderte zurückverfolgt werden können (vgl. Meusburger 1998). Während der Phase der deutschen Bildungsexpansion im Schul- und Hochschulwesen in den späten 1960er- und den 1970er-Jahren entwickelte sich zunächst ein Selbstverständnis der Bildungsgeographie als praxis- und anwendungsbezogene Wissenschaft, die sich an politischen Leitideen des Schul- und Hochschulausbaus orientierte und deren Umsetzung mit raum- und regionalplanerischer Expertise unterstützte (vgl. Geipel 1965, 1971; Meusburger 1974).

Mit der Einrichtung des Arbeitskreises Bildungsgeographie erfolgte im Jahr 1983 ein entscheidender Schritt zur institutionellen Etablierung der damals neuen sozialgeographischen Teildisziplin. Eingebunden in die Deutsche Gesellschaft für Geographie (DGfG) fördert der Arbeitskreis die geographische Bildungsforschung und unterstützt den Dialog und die Kooperation mit anderen wissenschaftlichen Disziplinen, bildungsbezogenen Einrichtungen und Behörden. Die Bildungsgeographie leistet somit einen wichtigen Beitrag zur Untersuchung bildungsbezogener Fragestellungen innerhalb weiter gefasster gesellschaftlicher Zusammenhänge und unter besonderer Berücksichtigung räumlicher Strukturen und Prozesse (vgl. Institut für Länderkunde/ Mayr/Nutz 2002; Kramer/Nutz 2010) – und dies auch in Ländern und Regionen außerhalb des deutschsprachigen Raumes (vgl. Gamerith 1998; Freytag 2003; Jahnke 2005).

Seit Ende der 1990er-Jahre ist zudem eine Dynamisierung und Diversifizierung der bildungsgeographischen Forschungsaktivitäten zu verzeichnen (vgl. Freytag/ Jahnke/Kramer 2014). Aufbauend auf eher anwendungsorientierten Arbeiten, die sich mit der Standortplanung und Erreichbarkeit von Bildungseinrichtungen im Rahmen der regionalen Daseinsvorsorge beschäftigen (vgl. Fickermann/Schulzeck/ Weishaupt 2002), vollzieht sich nunmehr eine Öffnung gegenüber theoretisch-konzeptionellen und methodischen Zugängen der Kulturwissenschaften, insbesondere der Neuen Kulturgeographie. Weiterhin erfährt der verwendete Bildungsbegriff eine Erweiterung, so dass neben der formalen Bildung auch andere Formen von Bildung und Wissen eine stärkere Berücksichtigung in der geographischen Bildungsforschung finden. Ergänzend zur klassischen Bildungsgeographie konnten sich eine Geographie des Wissens und eine Geographie der Wissenschaft entfalten (vgl. Meusburger 2000, 2008; Jöns 2003; Meusburger/Schuch 2011).

Auch im englischsprachigen Raum erfahren bildungsbezogene Forschungsfelder seit einigen Jahren eine gesteigerte Aufmerksamkeit innerhalb der Humangeographie. In der sogenannten *Geography of education* (vgl. Butler/Hamnett 2007; Hanson Thiem 2008) wird etwa die Restrukturierung des Bildungswesens im Kontext einer neoliberalen Politik in sehr unterschiedlichen regionalen Kontexten wissenschaftlich reflektiert. Weiterhin werden in dem relativ jungen Forschungszweig der *Geography of education and learning* (vgl. Holloway u.a. 2010; Holloway/Jöns 2012) Ansätze einer gesellschaftskritischen Humangeographie mit einer *Children's geography* (vgl.

Holloway/Valentine 2000) kombiniert, die in der Tradition von Pädagogik und Erziehungswissenschaft bzw. fachdidaktischer Forschung verortet ist. Einen Fokus bilden hierbei die Veränderungen von Lernorten und Lernumgebungen im weiteren Sinne (vgl. z.B. Brooks/Fuller/Waters 2012; Kraftl 2013).

3.2 Raumkonzepte

Ein besonderer Beitrag der Bildungsgeographie besteht darin, verschiedene Raumkonzepte aus der Humangeographie für die raumbezogene Bildungsforschung zu erschließen. In einer Expertise (Freytag/Jahnke/Kramer 2014), die für das Nationale Bildungspanel erstellt wurde und online frei zugänglich ist, wurden in Anlehnung an Wardenga (2002) vier Raumkonzepte vorgestellt und im Hinblick auf ihr Potenzial für die Bildungsforschung erörtert. Der folgende Abschnitt fasst diese Diskussion knapp zusammen.

Containerraum: Nach dem Containerraummodell wird Raum als ein geschlossener Behälter betrachtet, in dem Landschaften, Gemeinden, Bildungseinrichtungen, Lehrende und Lernende angeordnet sind. Diese Vorstellung ist in der klassischen Bildungsgeographie und auch in Teilen der sozial- und wirtschaftswissenschaftlichen empirischen Bildungsforschung nach wie vor weit verbreitet, wenn z.B. Bildungsverhalten oder -erfolg anhand raumbezogener Variablen untersucht werden. Kritikpunkte am Modell des Containerraums richten sich darauf, dass mit diesem Konzept die „empirische Realität" nur sehr eingeschränkt abgebildet wird, da Praktiken und Prozesse auch enträumlicht sein können bzw. nicht an die Grenzen eines Raumcontainers gebunden sind. Eine weitere Gefahr bei der Verwendung dieses Raumkonzepts besteht darin, einem Geodeterminismus zu verfallen und Containerräumen eine Wirkung „an sich" zuzuschreiben, ohne zu erkennen, dass diese nicht naturgegeben sind, sondern von handelnden Personen bzw. Institutionen ausgehandelt und konstruiert werden.

Relationaler Raum: In einer relationalen Raumperspektive werden Räume nicht als Container gefasst, sondern durch Lagebeziehungen konstituiert, die zwischen verschiedenen materiellen Objekten bestehen. Dies betrifft beispielsweise Netzwerkbeziehungen zwischen Standorten bzw. den ansässigen Einrichtungen und den dort lebenden Menschen, wie z.B. das Einzugsgebiet einer Schule oder Hochschule. Ebenso wie Containerräume basieren relationale Räume auf der Vorstellung von Raum als einer „real" existierenden Entität, für die sich allgemeingültige Regeln oder Gesetzmäßigkeiten identifizieren und formulieren lassen.

Raum als Kategorie der Sinneswahrnehmung und als „Anschauungsform": In dieser Raumperspektive gelten Raum und Zeit als Voraussetzung und ordnender Rahmen für die menschliche Sinneswahrnehmung und werden daher in

Anlehnung an Immanuel Kant als „Anschauungsform" bezeichnet. Demzufolge wird die Existenz der „einen" Wirklichkeit in Frage gestellt und jedem Menschen die Möglichkeit zuerkannt, mit den eigenen Sinnen die eigene Welt auf unterschiedliche Weise wahrzunehmen. Diese konstruktivistische Perspektive lässt sich aufgrund ihrer Subjektbezogenheit nur eingeschränkt für empirische Arbeiten nutzen. Anwendungsbeispiele sind die unterschiedlichen Wahrnehmungen von Schulwegen oder die unterschiedlichen subjektiven Bewertungen von Schul- und Unterrichtsräumen.

Handlungsbezogene und konstruktivistische Raumkonzepte: Nach diesem Raumkonzept werden Räume durch alltägliche Kommunikation und Handlungen produziert bzw. reproduziert. Demzufolge ist Raum nicht als solcher existent, sondern konstituiert sich in Form von Regionalisierungen, die gleichermaßen auf materieller und symbolischer Ebene vollzogen werden können. Handlungsbezogene und konstruktivistische Raumkonzepte sind bedeutsam, wenn z.B. Entscheidungsprozesse und Diskurse im Zusammenhang mit Schulformen, Bildungsinstitutionen und deren Standorten untersucht werden sollen.

3.3 Theoretisch-konzeptionelle Verankerung der Bildungsgeographie in der Humangeographie

Eine wissenschaftliche Auseinandersetzung mit den wechselseitigen Beziehungen zwischen Mensch und Raum wie auch die Beschäftigung mit verschiedenen Raumkonzepten zählen zu den zentralen Aufgaben der Humangeographie (vgl. Wardenga 2002). Eine besondere Herausforderung besteht darin zu erfassen, wie spezifische räumliche Konstellationen im Zuge einer fortschreitenden Globalisierung dynamisiert und transformiert werden. Infolgedessen wird das Konzept des Containerraums, das in der klassischen Bildungsgeographie vorherrschend war, kritisch hinterfragt. Im Vordergrund stehen zunehmend relationale Raumkonzepte, die besser geeignet sind, um die Beziehungen zwischen Menschen, Institutionen oder Objekten abzubilden. Daneben gewinnt eine konstruktivistische Raumperspektive an Bedeutung, die sich Prozessen der Raumproduktion und -aneignung widmet. In diesem Sinne existieren Räume nicht per se, sondern werden durch raumwirksame Handlungen von Akteuren oder in Form raumbezogener Vorstellungen durch mediale und andere Diskurse gesellschaftlich konstruiert.

Durch ihre theoretisch-konzeptionelle Verankerung in der Humangeographie verfügt die geographische Bildungsforschung über ein differenziertes Verständnis raumbezogener Konzepte, um die vielfältigen Zusammenhänge von Bildung und Raum zu untersuchen (vgl. Freytag/Jahnke/Kramer 2014). Aus einer human- bzw. bildungsgeographischen Perspektive lässt sich z.B. besser verstehen, wie eine Bildungsregion oder ein transnationaler Bildungsraum auf diskursiver Ebene produziert und bildungspolitisch in die Praxis umgesetzt wird. Die Wechselbeziehungen zwischen strategischen Raumproduktionen, statistischen Raumkonstruktionen und gelebten Handlungsräumen lassen sich mit Hilfe unterschiedlicher Raumkonzepte analytisch greifen. Zudem besteht ein Potential der bildungsgeographischen Perspektive auch darin, bildungsbezogene Strukturen und Prozesse auf verschiedenen geographischen Maßstabsebenen (lokal, regional, national und international) zu betrachten und in ihren skalenübergreifenden Zusammenhängen zu verstehen.

4.   Methodische Zugänge

Die methodischen Zugänge bildungsgeographischer Arbeiten stehen in enger Verbindung mit den oben beschriebenen Raumkonzepten, da bestimmte konzeptionelle Perspektiven auch dazu passende Methoden und Instrumente erfordern. Aus erkenntnistheoretischer Sicht lassen sich mit quantitativ und qualitativ ausgerichteten Verfahren zwei methodische Zugänge unterscheiden, deren Anwendung sich aus dem spezifischen Erkenntnisinteresse, den konkreten Forschungsfragen und den dabei zugrundeliegenden epistemologischen Grundannahmen ergibt.

Wie in anderen Bereichen der Humangeographie dienen quantitative Methoden in der Bildungsgeographie häufig zur Gewinnung von Datengrundlagen für thematische Karten. Eine wichtige Quelle sind zunächst sekundärstatistische Daten, die den nationalen oder landesweiten Bildungsstatistiken entnommen werden. Der territorialen Logik der amtlichen Statistik folgend werden solche Daten auf der Ebene der „Containerräume" der Stadtteil-, Gemeinde- oder Kreisgrenzen veröffentlicht. Ihre kartographische Form der Darstellung kann regionale Disparitäten sichtbar machen und den Ausgangspunkt für die Analyse und Interpretation räumlicher Muster bzw. nachbarschaftlicher Zusammenhänge bilden. Komplexere raumwissenschaftliche Analysen werden heute überwiegend mit Hilfe von Geoinformationssystemen (GIS) durchgeführt (vgl. z.B. Terpoorten 2005).

Für die Gewinnung eigener empirischer Daten bedient sich die bildungsgeographische Forschung eines breiten Spektrums quantitativer Erhebungsmethoden. Dies reicht von strukturierten Kartierungen und Beobachtungen oder einfachen Zählungen bis hin zu umfangreichen standardisierten Fragebögen. Ergänzend zu den öffentlich zugänglichen Sekundärstatistiken können selbstständig konzipierte Befragungen eingesetzt werden, um z.B. die Komplexität von Bildungsverläufen, Bildungsmotiven, individuellen Fertigkeiten und Fähigkeiten sowie Bewertungen von Bildungseinrichtungen differenziert zu erfassen.

Qualitative Methoden werden dagegen überwiegend im Rahmen von empirischen Studien eingesetzt, die auf konstruktivistischen Raumkonzepten basieren. Im Vordergrund steht hierbei die Subjektzentrierung, da sowohl individuelle Vorstellungen vom Raum und Bewertungen des Raumes als auch raumwirksame Aktivitäten eine zentrale Rolle spielen. Hierfür eignen sich z.B. qualitative Kartierungen (*mental maps*), offene Beobachtungen, Leitfaden- und Experteninterviews sowie Gruppendiskussionen. Auf diese Weise können Themen wie Bewertungen von Schulwegen, deren Dauer und Qualität oder Wahrnehmungen von Segregation und Ausschluss aus Bildungseinrichtungen erforscht werden.

In der bildungsgeographischen Forschungspraxis werden sowohl die genannten quantitativen und qualitativen Methoden als auch diskursanalytische Ansätze eingesetzt (vgl. z.B. Burs 2013). Diese lassen sich als sogenannte(r) Methodenmix, -kombination oder -triangulation miteinander verbinden (vgl. Denzin 1989, zit. nach Flick 2002, S. 330ff.). Aufgrund der unterschiedlichen epistemologischen Grundannahmen quantitativer und qualitativer Methoden besteht jedoch die Gefahr eines einfachen „Vermischens" der Methoden, ohne deren konzeptionelle Verschiedenheit angemessen zu berücksichtigen (vgl. Mattissek/Pfaffenbach/Reuber 2013, S. 240ff.). In vielen Forschungsarbeiten der Bildungsgeographie werden unterschiedliche Methoden derart miteinander verbunden, dass beispielsweise qualitative Methoden in der explorativen Phase vor der standardisierten Methode eingesetzt oder umgekehrt nach der quantitativen Analyse vertiefende Studien mit qualitativen Methoden durchgeführt werden.

5. Geographische Bildungsforschung im Spiegel gesellschaftlicher Entwicklungen

Der Bildungsbereich erfährt derzeit dynamische Veränderungen, die mit einer Reihe übergreifender gesellschaftlicher Entwicklungen in Verbindung stehen. Für ein besseres Verständnis der aktuellen bildungsbezogenen Transformationsprozesse reicht es deshalb nicht aus, nur die Veränderungen im Bildungswesen selbst zu betrachten. Vielmehr ist auch die Einbettung in breitere gesellschaftliche Zusammenhänge erforderlich. In den folgenden Abschnitten wird beispielhaft nachgezeichnet, mit welchen Fragestellungen, Konzepten und Methoden die bildungsgeographische Forschung versucht, die räumlichen Auswirkungen dieser Prozesse zu untersuchen.

Dabei stellen die verschiedenen räumlichen Maßstabsebenen häufig wesentliche Gliederungsmerkmale der Arbeiten dar. Die Fragen danach, welcher Maßstab für die jeweilige Fragestellung angemessen ist, welchen Erkenntnisgewinn er bietet und welche Interaktionen zwischen den Maßstabsebenen bestehen, stehen am Beginn bildungsgeographischer Arbeiten und können für die Methodenwahl ausschlaggebend sein.

5.1 Soziale und räumliche Fragmentierung

Der Begriff der sozialen und räumlichen Fragmentierung beschreibt den Zerfall von Gesellschaften in soziale Gruppen, deren Teilnahmemöglichkeiten an der Gesellschaft zunehmend ungleich verteilt sind. Soziale Ungleichheiten sind eng mit räumlichen Ungleichheiten verschränkt und können sich durch Segregationsprozesse oder durch ungleiche Bildungschancen wechselseitig verstärken (vgl. Heeg 2014).

Zu Beginn der geographischen Bildungsforschung standen nationale und regionale Ungleichheiten hinsichtlich des Zugangs zu Bildungseinrichtungen und des Bildungserfolgs im Vordergrund vieler wissenschaftlicher Untersuchungen. Ausgehend von der planerischen Vorgabe von gleichwertigen Lebensbedingungen, die es im Rahmen der regionalen Daseinsvorsorge in der Bundesrepublik Deutschland möglichst flächendeckend zu verwirklichen galt, wurden in den frühen Arbeiten der Bildungsgeographie häufig regionale und soziale Disparitäten des Bildungszugangs und des Bildungserfolgs betrachtet. Auf der Grundlage von Sekundärdaten aus der amtlichen Statistik wurden räumliche Unterschiede der Verbreitung bestimmter Schulformen, die darauf entfallenden Anteile der Schülerinnen und Schüler, deren Übertrittsraten in weiterführende Schulen oder die Einzugsgebiete einzelner Schulen oder Schulformen mit Hilfe von statistischen Analysen und kartographischen Darstellungen untersucht. Wie das Bild der bildungsfernen „katholischen Arbeitertochter vom Lande" unterstreicht, wurden in diesen Studien häufig Stadt-Land-Unterschiede bei der Versorgung mit Bildungseinrichtungen und bei der Bildungsteilnahme sowohl im Schul- als auch im Hochschulwesen thematisiert. Die Ergebnisse konnten direkt in die Standortplanung und den Ausbau der Bildungseinrichtungen eingehen, so dass während dieser Zeit der Anwendungsbezug der vorwiegend quantitativ arbeitenden Bildungsgeographie im Vordergrund stand.

Abb. 1: Verteilung der Grundschulabgängerinnen und -abgänger auf die verschiedenen Sekundarschularten im Schuljahr 2011/12 nach Bundesländern

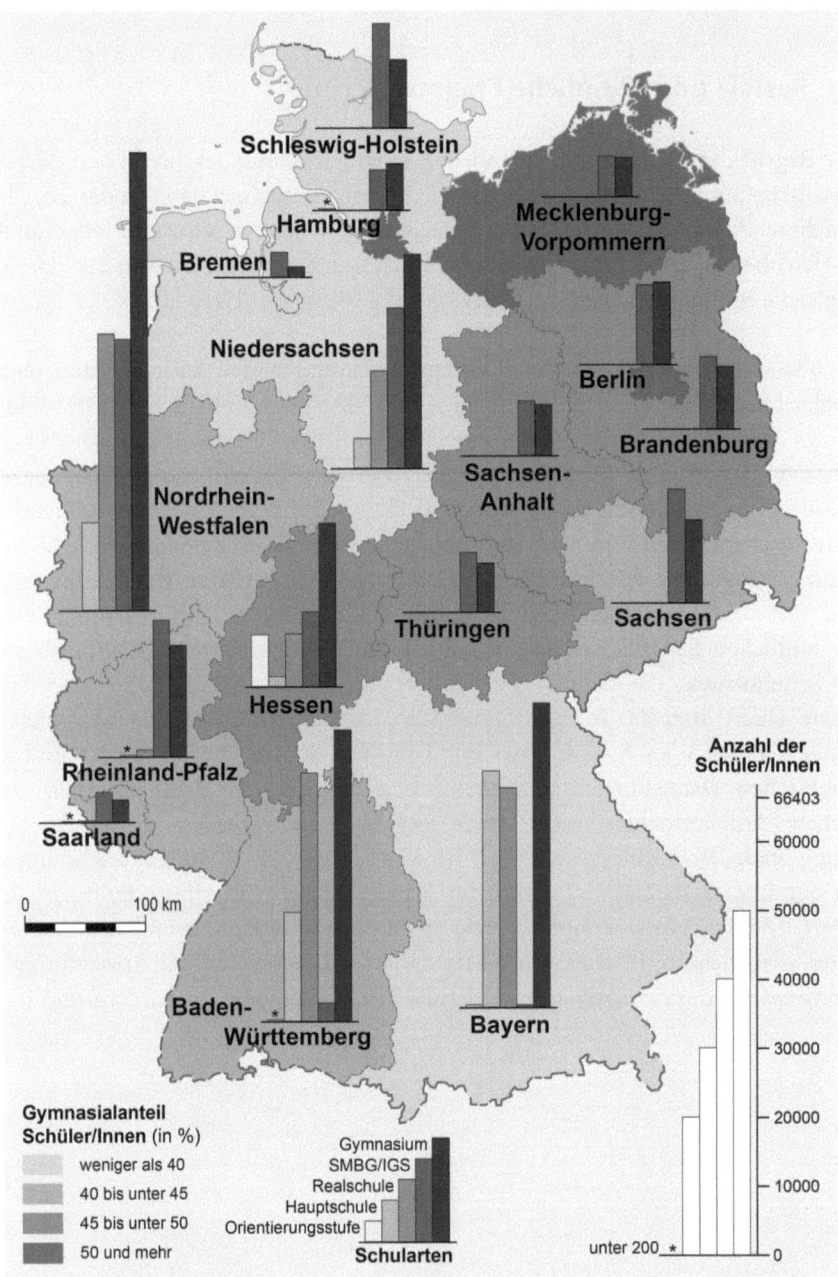

Anm.: Die zugrunde liegenden Daten berücksichtigen für die Länder Berlin, Brandenburg und Mecklenburg-Vorpommern die Übergänge nach der sechsjährigen Grundschule. Förderschulen und Freie Waldorfschulen werden in der Datenquelle nicht erfasst.

Quelle: Autorengruppe Bildungsberichterstattung 2014, S. 254, Tab. D2-1A; Kartographie: Birgitt Gaida 2014

Abbildung 1 verdeutlicht die Übergänge von der Grundschule auf die unterschiedlichen weiterführenden Schulen und den Gymnasialanteil in den einzelnen Bundesländern. Auffallend ist hierbei die Verschiedenheit der Schulsysteme, die auf der Bildungshoheit der Bundesländer beruht und sowohl in der Regelzeit der Grundschule (4-6 Jahre) und dem Angebot einer Orientierungsstufe als auch in dem Spektrum der angebotenen Sekundarschularten – Hauptschule, Realschule, Gymnasium, Integrierte Gesamtschule oder Schulen mit mehreren Bildungsgängen – ihren Ausdruck findet. Inzwischen hat sich das duale Sekundarschulsystem mit Gymnasium und unterschiedlichen Formen integrierter Sekundarschulen nicht nur in den ostdeutschen Bundesländern und den drei Stadtstaaten, sondern auch in Schleswig-Holstein, Rheinland-Pfalz und dem Saarland durchgesetzt. Der Anteil der Grundschülerinnen und Grundschüler, die auf das Gymnasium wechseln, zeigt eine weite Spanne zwischen 28,8 Prozent in Bremen und 53,1 Prozent in Hamburg; ebenfalls hohe Werte zeigen sich in Berlin, Mecklenburg-Vorpommern und Sachsen-Anhalt.

Das Thema der flächendeckend gleichwertigen Versorgung mit Bildungseinrichtungen und die damit verbundene Frage nach Chancengleichheit haben durch Deregulierungs- und Ökonomisierungsdebatten wieder an Bedeutung gewonnen. In manchen ländlichen Räumen ist als Folge von Schulstandortschließungen die wohnortnahe Bildungsversorgung nur noch unzureichend gewährleistet, so dass Peripherisierungstendenzen verstärkt werden (vgl. Diller/Hawell/Frank 2008). In großstädtischen Räumen hingegen richtet sich die Aufmerksamkeit der Bildungsgeographie u.a. auf den Zusammenhang zwischen schulischer Segregation und sozialräumlicher Fragmentierung von Wohnquartieren. Ergänzend zur indikatorengestützten Sozialraumanalyse oder der Untersuchung von Schülereinzugsbereichen wird beispielsweise der Einfluss raumbezogener Vorstellungen von „Problemschulen" auf das Schulwahlverhalten von Eltern betrachtet.

5.2 Ökonomisierung von Bildung

Die fortschreitende Ökonomisierung verschiedener Bereiche des alltäglichen Lebens lässt sich auch im Bildungswesen beobachten. In vielen Ländern wird das staatliche Bildungswesen von einer neoliberalen Wirtschafts- und Steuerungslogik überprägt, so dass öffentliche Schulen und Hochschulen zunehmend nach unternehmerischen Prinzipien geführt werden. Bildungsteilnehmer und -teilnehmerinnen gelten in diesem Sinne als Kunden und Kundinnen, die eine Dienstleistung in Anspruch nehmen (vgl. Taylor 2002). Entsprechend dieser Denkweise verlangen nicht nur private Schulen und Hochschulen, sondern teilweise auch öffentliche Bildungseinrichtungen die Entrichtung von Gebühren für die Teilnahme an Lehr- und Ausbildungsangeboten. Bildung und Wissen werden also zu einem ökonomischen Gut und zu einer auf einem Markt zu handelnden Ware, deren Erwerb an finanzielle Ressourcen gekoppelt ist. Gesellschaftliche Ideale von zweckfreier Bildung, Bildungsgerechtigkeit und Chancengleichheit treten dann in den Hintergrund (vgl. Jahnke 2014).

Aus dem Blickwinkel einer geographischen Bildungsforschung ist es interessant zu untersuchen, wie sich die fortschreitende Ökonomisierung auf das Standortnetz öffentlicher und privater Bildungseinrichtungen, aber auch auf die Interaktion zwischen einzelnen Institutionen und deren sozialräumlichem Umfeld auswirkt. Eng daran geknüpft ist die Frage, wie sich unterschiedliche Bildungseinrichtungen am Wettbewerb und z.B. an vergleichenden Hochschulrankings beteiligen (vgl. Jöns/Hoyler 2013), mit welchen verschiedenen Strategien und Angeboten sie sich geostrategisch auf dem Markt positionieren und nicht zuletzt wie sich öffentliche Institutionen in einem solchen Konkurrenzkampf behaupten.

5.3 Deregulierung

Im Kontext der neoliberalen Wettbewerbs- und Marktlogik kann in vielen Ländern beobachtet werden, dass sich der Staat schleichend aus seiner Verantwortung für eine flächendeckend gleichwertige Bildungsversorgung zurückzieht. Dieser Prozess vollzieht sich durch die schrittweise Übertragung von Verantwortlichkeiten und Entscheidungskompetenzen von der zentralen Regierungsinstanz auf die Bildungsinstitutionen selbst oder die betroffenen lokalen Gebietskörperschaften. Mehr oder weniger zentralistische Regierungsstrukturen werden somit durch neue flexiblere Formen der Governance ersetzt. Auf diese Weise entwickelt sich beispielsweise in England die Bildungsversorgung – auch im öffentlichen Bereich – zu einem Bildungsmarkt (vgl. Taylor 2002).

Als Folge solcher Deregulierungen finden sich Universitäten, Schulen und andere öffentliche Bildungseinrichtungen in einem Wettbewerb um knapper werdende Ressourcen – seien es öffentliche Finanzmittel, Schülerinnen und Schüler oder Studierende – wieder. Um hier bestehen zu können, sind sie gezwungen, zusätzliche Ressourcen zu akquirieren oder durch lokale oder regionale Kooperationen Synergien zu schaffen, die vorhandene Ressourcen besser nutzen. Durch Vernetzung und Kooperation verschiedener Akteure aus unterschiedlichen öffentlichen, privatwirtschaftlichen und zivilgesellschaftlichen Bildungsbereichen im weitesten Sinne entwickeln sich in Deutschland sogenannte lokale oder regionale Bildungslandschaften oder Bildungsnetze, innerhalb derer verschiedene Einrichtungen und Bildungsträger kooperieren.

Diese Deregulierungsprozesse in Richtung einer raumzentrierten Bildungsgovernance wecken das besondere Interesse der bildungsgeographischen Forschung, da hier neue, räumlich definierte Formen der Bildungsorganisation auf der lokalen Ebene entstehen können. Somit wird in unterschiedlichen lokalen Räumen das Verhältnis zwischen den verschiedenen an Bildung beteiligten Akteuren und Institutionen in Form einer multiskalaren Governance neu ausgehandelt.

Abbildung 2 zeigt, wie ein zunächst vorwiegend nationalstaatlich und teils auch regional geprägtes Bildungssystem im Zuge der Reorganisation und der Einführung neuer Formen der Governance verändert wird. Die Deregulierung erfolgt einerseits durch internationale Impulse, andererseits aber auch durch eine Verlagerung von Entscheidungskompetenzen auf die lokale oder institutionelle Ebene. Dieser Transformationsprozess betrifft nicht nur das deutsche Schul- und Hochschulwesen, sondern lässt sich in ähnlicher Form auch im internationalen Kontext beobachten.

Abb. 2:   Multiskalare Restrukturierungsprozesse der räumlichen Organisationsstrukturen von
Bildungssystemen

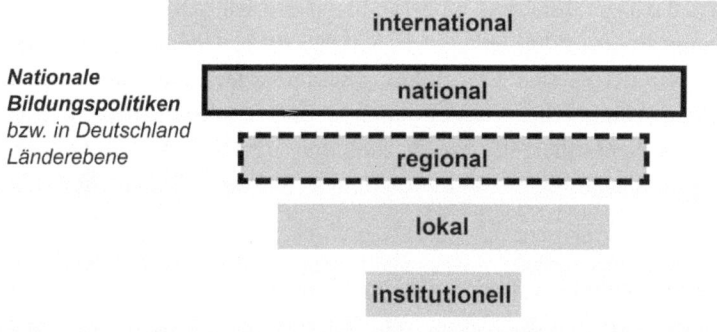

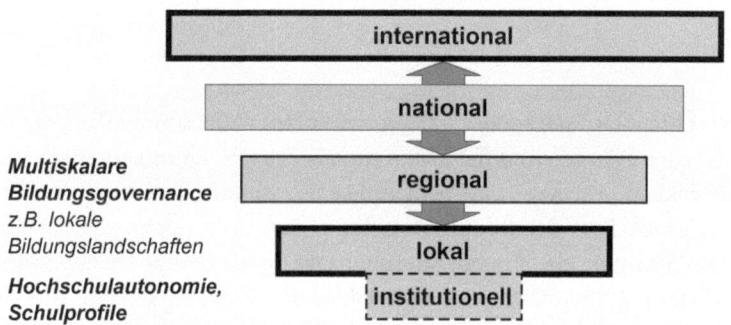

Quelle: eigene Darstellung

5.4 Internationalisierung

Das Schul- und Hochschulwesen ist aktuell von einem Trend zur Internationalisierung – sowohl der Studierenden und Lehrenden als auch der Institutionen selbst – geprägt. Eine weltweit stark ansteigende Zahl von Studierenden führt zum Ausbau von Hochschulen, was sich wiederum auf die sozialen und städtebaulichen Strukturen der alten und neuen Hochschulstandorte auswirkt. Zum einen kann die Expansion einer Hochschule städtebauliche Veränderungen notwendig machen, wenn beispielsweise ein neuer Campus errichtet wird. Zum anderen verändern steigende Studierendenzahlen in einer Universitätsstadt die Sozialstruktur sowie die Nachfrage nach studentischem Wohnraum und spezifischen infrastrukturellen Angeboten, die auf diese Zielgruppe zugeschnitten sind. Diese Prozesse werden im angelsächsischen Raum auch als *studentification* von Städten oder Stadtteilen bezeichnet (vgl. Smith 2008).

Die wachsende internationale Studierendenmobilität und die Ökonomisierung von Bildung haben dazu geführt, dass einzelne Standorte wie z.B. Singapur, Dubai oder Katar sogenannte *education hubs* (vgl. Knight 2011; Geddie 2012) errichtet haben. Hierbei handelt es sich um „Bildungsstädte" oder zumindest Stadtteile von z.T. beträchtlicher räumlicher Ausdehnung, in denen verschiedene internationale Hochschulen Außenstellen als *branch campuses* installieren und in kurzen Zeitintervallen Lehrveranstaltungen für internationale Studierende aus allen Teilen der Welt anbieten.

Beide hier genannten Phänomene lassen sich im Überschneidungsbereich von geographischer Bildungs- und Stadtforschung verorten und verdeutlichen die Raumwirksamkeit von Bildungsinstitutionen – und damit auch den Bedarf an geographischer Bildungsforschung.

6. Ausblick

Aufgrund ihrer Offenheit gegenüber interdisziplinären Zusammenhängen in Kombination mit einer räumlich differenzierten, aber auch raumtheoretisch untermauerten Perspektive vermag die geographische Bildungsforschung wichtige Impulse in das große Feld der Bildungsforschung zu tragen. Denn die genannten übergeordneten Prozesse der Fragmentierung, Ökonomisierung, Deregulierung und Internationalisierung manifestieren, materialisieren und konturieren sich im Raum und werden somit sichtbar in Institutionen, Praktiken und in der konkreten Auseinandersetzung zwischen Akteuren auf der lokalen Ebene.

Lange Zeit war die Bildungsgeographie geprägt von den normativen Leitprinzipien einer westlich geprägten Bildung für alle und von der Vorstellung, dass Bildung als Teil der Grunddaseinsversorgung „zu den Menschen gebracht" werden müsse. Der damit verbundene idealistische Bildungsbegriff blieb in diesem Kontext unhinterfragt. Angesichts eines stärkeren Bewusstseins für die Verankerung von Bildungsinhalten, Bildungspraktiken und Bildungsinstitutionen in größeren gesellschaftlichen, kulturellen, politischen, ökonomischen und epistemologischen Bezugssystemen wird ein erweitertes und pluralistisches Verständnis von Bildung – gerade auch in einer postkolonialen Perspektive – immer wichtiger.

Sowohl in der internationalen als auch in der deutschsprachigen Humangeographie zeichnet sich der Trend zu einer stärker gesellschafts- und kulturkritischen Bildungsgeographie ab, die sich zum Beispiel den Prozessen der Neoliberalisierung und den daraus resultierenden neuen Formen einer multiskalaren Bildungsgovernance auf unterschiedlichen Maßstabsebenen widmet. Hierbei gilt es, den Blick international noch weiter zu öffnen und verstärkt Akteure und Untersuchungen aus den Ländern und Regionen des globalen Südens einzubeziehen, um neben der sozialen auch die kulturelle Dimension des Verhältnisses von Bildung und Raum noch weiter zu erforschen.

Literatur und Internetquellen

Autorengruppe Bildungsberichterstattung (Hrsg.) (2014): Bildung in Deutschland 2014. Ein indikatorengestützter Bericht mit einer Analyse zur Bildung von Menschen mit Behinderungen. Bielefeld: Bertelsmann. URL: http://www.bildungsbericht.de/daten 2014/bb_2014.pdf; Zugriffsdatum: 18.07.2014.

Brooks, R./Fuller, A./Waters, J.L. (Hrsg.) (2012): Changing Spaces of Education: New Perspectives on the Nature of Learning. London: Routledge.

Burs, M. (2013): Diskurs und Raum in der deutschen Hochschulentwicklung. (Forum Politische Geographie 8). Berlin/Heidelberg: LIT.

Butler, T./Hamnett, C. (2007): The Geography of Education: Introduction. In: Urban Studies 44, H. 7, S. 1161-1174.

Denzin, N.K. (1989): The Research Act: A Theoretical Introduction to Sociological Methods. Englewood Cliffs, NJ: Prentice Hall.

Diller, C./Hawel, B.W./Frank, K. (2008): Integrierte Schulentwicklungsplanung in ländlichen Regionen. Lösungen aus Schleswig-Holstein und ein Blick nach Skandinavien. In: RaumPlanung 138/139, H. 5, S. 135-140.

Fickermann, D./Schulzeck, U./Weishaupt, H. (2002): Schule als Standortfaktor – Die Schulversorgung. In: Institut für Länderkunde/Mayr, A./Nutz, M. (Hrsg.): Nationalatlas Bundesrepublik Deutschland, Bd. 6: Bildung und Kultur. Heidelberg: Spektrum, S. 26-29.

Flick, U. (2002): Qualitative Sozialforschung. Eine Einführung. Reinbek: Rowohlt.

Freytag, T. (2003): Bildungswesen, Bildungsverhalten und kulturelle Identität. Ursachen für das unterdurchschnittliche Ausbildungsniveau der hispanischen Bevölkerung in

New Mexico. Dissertation. (Heidelberger Geographische Arbeiten 118). Heidelberg: Selbstverlag des Geographischen Instituts der Universität Heidelberg.

Freytag, T./Jahnke, H./Kramer, C. (2014): Bildung und Region. Eine Expertise aus bildungs-geographischer Perspektive. (NEPS Working Paper No. 47). Bamberg: Leibniz-Institut für Bildungsverläufe, Nationales Bildungspanel.

Gamerith, W. (1998): Das US-amerikanische Bildungswesen: Räumlich-soziale Disparitäten im Spannungsfeld zwischen egalitären und elitären Prinzipien. In: Mitteilungen der Österreichischen Geographischen Gesellschaft 140, S. 161-196.

Geddie, K. (2012): Constructing Transnational Higher Education Spaces. International Branch Campus Developments in the United Arab Emirates. In: Brooks, R./Fuller, A./Waters, J.L. (Hrsg.): Changing Spaces of Education: New Perspectives on the Nature of Learning. London: Routledge, S. 29-58.

Geipel, R. (1965): Sozialräumliche Strukturen des Bildungswesens. Studien zur Bildungs-ökonomie und zur Frage der gymnasialen Standorte in Hessen. Frankfurt a.M.: Diesterweg.

Geipel, R. (1971): Überlegungen zur Standortwahl für neue Hochschulen in Süddeutschland. In: Raumforschung und Raumordnung 29, S. 167-175.

Hanson Thiem, C. (2008): Thinking through Education: The Geographies of Contemporary Educational Restructuring. In: Progress in Human Geography 33, H. 2, S. 154-173.

Heeg, S. (2014): Fragmentierung. In: Lossau, J./Freytag, T./Lippuner, R. (Hrsg.): Schlüsselbegriffe der Kultur- und Sozialgeographie. Stuttgart: Ulmer UTB, S. 67-80.

Holloway, S.L./Hubbard, P./Jöns, H./Pimlott-Wilson, H. (2010): Geographies of Education and the Significance of Children, Youth and Families. In: Progress in Human Geography 34, H. 5, S. 583-600.

Holloway, S.L./Jöns, H. (2012): Geographies of Education and Learning. In: Transactions of the Institute of British Geographers 37, H. 4, S. 482-488.

Holloway, S.L./Valentine, G. (Hrsg.) (2000): Children's Geographies: Playing, Living, Learning. London: Routledge.

Institut für Länderkunde/Mayr, A./Nutz, M. (Hrsg.) (2002): Nationalatlas Bundesrepublik Deutschland, Bd. 6: Bildung und Kultur. Heidelberg: Spektrum.

Jahnke, H. (2005): Der italienische Mezzogiorno auf dem Weg in die europäische Wissens-gesellschaft. Eine Untersuchung der Erwerbssituation und der regionalen Mobilität junger Akademiker am Beispiel Siziliens. Dissertation. (Berliner Geographische Arbeiten 101). Berlin: Geographisches Institut der Humboldt-Universität zu Berlin.

Jahnke, H. (2014): Bildung und Wissen. In: Lossau, J./Freytag, T./Lippuner, R. (Hrsg.): Schlüsselbegriffe der Kultur- und Sozialgeographie. Stuttgart: Ulmer UTB, S. 153-166.

Jöns, H. (2003): Grenzüberschreitende Mobilität und Kooperation in den Wissenschaften: Deutschlandaufenthalte US-amerikanischer Humboldt-Forschungspreisträger aus einer erweiterten Akteursnetzwerkperspektive. Dissertation. (Heidelberger Geographische Arbeiten 116). Heidelberg: Selbstverlag des Geographischen Instituts der Universität Heidelberg.

Jöns, H./Hoyler, M. (2013): Global Geographies of Higher Education: The Perspective of World University Rankings. In: Geoforum 46, S. 45-59.

Knight, J. (2011): Education Hubs: A Fad, a Brand, an Innovation? In: Journal of Studies in International Education 15, H. 3, S. 221-240.

Kraftl, P. (2013): Geographies of Alternative Education: Diverse Learning Spaces for Children and Young People. Bristol: Policy Press.

Kramer, C./Nutz, M. (2010): Bildung und Kultur. In: Hänsgen, D./Lentz, S./Tzschaschel, S. (Hrsg.): Deutschlandatlas. Unser Land in 200 thematischen Karten. Darmstadt: Primus, S. 85-104.

Mattissek, A./Pfaffenbach, C./Reuber, P. (²2013): Methoden der empirischen Humangeographie. (Das Geographische Seminar 30). Braunschweig: Westermann.

Meusburger, P. (1974): Landes-Schulentwicklungsplan von Vorarlberg. (Bildungsplanung in Österreich 3). Wien: Österreichischer Bundesverlag für Unterricht, Wissenschaft und Kunst.

Meusburger, P. (1998): Bildungsgeographie. Wissen und Ausbildung in der räumlichen Dimension. Heidelberg: Spektrum.

Meusburger, P. (2000): The Spatial Concentration of Knowledge. Some Theoretical Considerations. In: Erdkunde 54, H. 4, S. 352-364.

Meusburger, P. (2008): The Nexus between Knowledge and Space. In: Meusburger, P./Welker, M./Wunder, E. (Hrsg.): Clashes of Knowledge: Orthodoxies and Heterodoxies in Science and Religion. (Knowledge and Space 1.) Dordrecht: Springer, S. 35-90.

Meusburger, P./Schuch, T. (Hrsg.) (2011): Wissenschaftsatlas der Universität Heidelberg. 625 Jahre Ruperto Carola. Knittlingen: Bibliotheca Palatina.

Smith, D.P. (2008): The Politics of Studentification and '(Un)balanced' Urban Populations: Lessons for Gentrification and Sustainable Communities? In: Urban Studies 45, H. 12, S. 2541-2564.

Taylor, C. (2002): Geography of the 'New' Education Market: Secondary School Choice in England and Wales. Aldershot: Ashgate.

Terpoorten, T. (2005): GIS-gestützte kleinräumige Analyse amtlicher Schuldaten. Ein Ansatz für ein flächendeckendes Bildungsmonitoring am Beispiel des Ruhrgebiets. In: Standort 29, H. 4, S. 196-198.

Wardenga, U. (2002): Räume der Geographie – zu Raumbegriffen im Geographieunterricht. In: Geographie heute 23, H. 200, S. 8-11.

Weishaupt, H. (2009): Bildung und Region. In: Tippelt, R./Schmidt, B. (Hrsg.): Handbuch Bildungsforschung. Wiesbaden: VS, S. 217-231.

Zuerst veröffentlicht in:
DDS – Die Deutsche Schule
107. Jahrgang 2015, Heft 2, S. 203-221
© 2015 Waxmann

Bernd Zymek

Wozu (noch) Bildungsgeschichte und historische Bildungsforschung?

Zusammenfassung

Die Bildungsgeschichte ist an den erziehungswissenschaftlichen Instituten immer seltener durch besondere Professuren und als obligatorischer Studienanteil vertreten; dagegen wurde in den letzten Jahren der neuen „empirischen Bildungsforschung" personell und inhaltlich überall Priorität eingeräumt. Vor diesem Hintergrund wird diskutiert, mit welchem Gewinn und Verlust für die Erziehungswissenschaft zu rechnen ist, wenn sie die Geschichte ihrer Gegenstände und ihres Denkens Spezialisten und Spezialistinnen in der Geschichtswissenschaft überlassen oder an einigen wenigen Universitäten bei kleinen Expertenzirkeln konzentrieren würde, wie schon lange Medizin, Psychologie, Wirtschafts- und Rechtswissenschaft. Die aktuelle Problemstellung und der Stellenwert der Bildungsgeschichte werden im Kontext der Wissenschaftsgeschichte der Erziehungswissenschaft und historischer Konjunkturen der Bildungspolitik in Deutschland interpretiert.
Stichworte: Bildungsgeschichte, historische Bildungsforschung, empirische Bildungsforschung, Politik der neuen Steuerung, Kulturgeschichte

For which Purpose (still) History of Education and Historical Research in Education?

Abstract

In institutes of educational science, history of education has increasingly become less represented by special professorial chairs and as mandatory part of study, whereas the new "empirical educational research" has been prioritized everywhere with regard to personnel and content during the last years. Against this background, the article deals with the question which gains and losses can be anticipated for educational science if it would leave the history of its issues and its ideas to specialists from the science of history or if it concentrates the history od education in small expert circles at a few universities, such as medicine, psychology, economics, and jurisprudence have been doing already for a long time. The current problem situation and the significance of the history

of education are interpreted in the context of the history of educational science and historical booms of educational politics in Germany.
Keywords: history of education, historical educational research, empirical educational research, politics of new governance, history of culture

Dass Bildung, wie Religion und Kunst, ein legitimer Gegenstand der Geschichtswissenschaft und der historischen Forschung ist, bedarf keiner besonderen Begründung. Im Gegenteil, die *Kulturgeschichte* ist in den letzten Jahren bei Historikerinnen und Historikern zu einem anerkannten und expandierenden Forschungsgebiet geworden, auch das Thema Bildung mit seinen verschiedenen Facetten. Während Bildung bei Historikern und Historikerinnen, aber auch Literaturwissenschaftlern und Literaturwissenschaftlerinnen und Soziologen und Soziologinnen als Forschungsgegenstand und Erklärungsansatz für historische und soziale Prozesse Konjunktur hat, scheint es heute aber unsicher und diskussionswürdig, welchen Stellenwert die Bildungsgeschichte oder gar historische Bildungsforschung für die Erziehungswissenschaft und Pädagogen und Pädagoginnen noch haben. Die Bildungsgeschichte bzw. historische Bildungsforschung ist an immer weniger Hochschulen durch besondere Professuren vertreten; in den Studienordnungen erziehungswissenschaftlicher Studiengänge kommt sie als obligatorischer Gegenstand nur noch selten vor (vgl. Horn 2009; Sektion Historische Bildungsforschung 2014). Nicht nur in den Universitäts- und Fakultätsleitungen, auch in den erziehungswissenschaftlichen Instituten selbst nimmt die Zahl derer zu, die darin eine positive Entwicklung sehen. Danach sei die deutsche Erziehungswissenschaft dabei, die Frühphase ihrer – historisch-philologisch orientierten – Wissenschaftsgeschichte endlich zu überwinden und sich zu einer akademischen Disziplin weiterzuentwickeln, die sich – wie vor ihr z.B. die Psychologie und die Wirtschaftswissenschaft – in Theoriebildung, Methodologie, Forschungsschwerpunkten und Ausbildungsprogramm an einem empirischen Forschungs- und Wissenschaftskonzept orientiere, wie sie es erfolgreich und vorbildlich bei den Naturwissenschaften realisiert sehe. Das programmatische Etikett für diese Neuorientierung der Erziehungswissenschaft heißt heute *empirische Bildungsforschung*. Ihr profilierender Arbeitsschwerpunkt ist die methodisch elaborierte Erhebung, Analyse und Re-Analyse umfangreicher empirischer Datensätze (v.a. zu Schülerleistungen), die zumeist im Rahmen von internationalen und nationalen Großprojekten erstellt, regelmäßig wiederholt und ergänzt werden (z.B. PISA, IGLU, sozioökonomisches Panel). Die immer wieder diskutierten Fragen, was die bildungshistorische Forschung der letzten Jahrzehnte erbracht habe (vgl. Tenorth 2002; Fuchs 2010) und was man (!) daraus lernen könne (vgl. dazu die Diskussionsbeiträge in dem Themenheft der Zeitschrift für Pädagogische Historiographie 2/2009), ist also heute wissenschafts- und bildungspolitisch zugespitzt auf die Frage, welchen Stellenwert die Bildungsgeschichte in der neuen wissenschaftsgeschichtlichen Konstellation für die Erziehungswissenschaft als akademische Disziplin und die pädagogischen Professionen noch haben kann. Oder als (ambivalente) Frage formuliert: Mit welchem Gewinn und Verlust ist für die Erziehungswissenschaft zu rechnen, wenn sie die Geschichte ihrer Gegenstände und ihres Denkens Spezialistinnen und Spezialisten in der Geschichtswissenschaft überlassen oder an einigen wenigen Universitäten bei kleinen Expertenzirkeln konzentrieren wird, wie schon lange die Medizin, die Psychologie, die Wirtschaftswissenschaft und die Rechtswissenschaft? Die Problemstellung erfordert einen – notwendig kurzen – Blick in die Disziplingeschichte, um daran zu erinnern, welchen Stellenwert und welche Funktionen die Bildungsgeschichte und historische Bildungsforschung bisher in der Wissenschaftsgeschichte der Pädagogik hatte, um vor diesem Hintergrund diskutieren zu können, welchen Beitrag sie heute (noch) leisten sollte und könnte. Stark vereinfacht und mit Verweis auf nur wenige exemplarische Schriften lassen sich drei Phasen der historischen Bildungsforschung in der Wissenschaftsgeschichte der deutschen Erziehungswissenschaft unterscheiden.

1. Die Tradition der historisch-systematischen Pädagogik

Als sich die Pädagogik als eigenständige akademische Disziplin Anfang des 20. Jahrhunderts an deutschen Universitäten zu etablieren begann, stand die Bildungsgeschichte im Zentrum ihrer Reflexion und ihres Studienangebots. Das lag nicht zuletzt daran, dass fast alle der ersten Inhaber von besonderen Professuren für Pädagogik einen akademischen Werdegang als Philosophen und/oder Theologen hatten und nun als akademische Pädagogen eine Tradition der deutschen Philosophie fortsetzten. Seit dem 18. Jahrhundert gehörten zu den Forschungs- und Lehrgebieten der meisten Professuren für Philosophie und Theologie auch pädagogische Themen. Denn wenn Philosophen seit der Epoche der Aufklärung über Mensch und Menschheit, Bürger und Staat, Individuum und Gesellschaft in einer nicht mehr statisch-ständischen, sondern einer freiheitlich-dynamischen Gesellschaft nachdachten und schrieben, mussten sie auch – neu – über Erziehung sprechen. Das Ziel und die Methoden der Erziehung konnten nicht mehr die Einpassung der nachrückenden Generationen in die tradierten ständischen Strukturen sein, sondern die Befähigung der „ganzen Nation" zu einer individuellen, selbstverantwortlichen und aktiven Teilnahme in einer entwicklungsoffenen, d.h., sich dynamisch verändernden Gesellschaft. Die an diesen Diskursen beteiligten Philosophen, Theologen und Schriftsteller wurden dann zu *Klassikern der Pädagogik*, weil sie in ihren Schriften die Problemstellungen, „theoriefähige Begriffe" (Kosellek 1990) und programmatischen Zukunftsvisionen entfalteten, die in den nächsten zwei Jahrhunderten – und für die meisten bis heute – die maßstabsetzenden Bezugspunkte in den akademischen und politischen Diskursen über Bildung und das Bildungssystem blieben.

Neben den zu Klassikern der Pädagogik erhobenen Philosophen des ausgehenden 18. und beginnenden 19. Jahrhunderts wurden im 20. Jahrhundert Protagonisten und Protagonistinnen, Programmschriften und Projekte der Reformbewegungen des ausgehenden 19. und beginnenden 20. Jahrhunderts (*Lebensreformbewegung*, *Jugendbewegung*) ebenfalls zu Klassikern und Klassikerinnen der Pädagogik. Die in dem akademischen Diskurs über die – dann so genannte – *Reformpädagogik* entwickelten Leitbegriffe (vom Kinde aus, Selbsttätigkeit, Jugend als eigenständige Lebensphase usw.) wurden zu Leitmotiven des Berufsethos deutscher Pädagogen und Pädagoginnen im 20. Jahrhundert.

Die Gruppe der Klassiker und Klassikerinnen und der Kanon der klassischen Texte unterlagen immer einem historischen Wandel; im wissenschaftlichen und politischen Diskurs wurden immer neue entdeckt bzw. wiederentdeckt: Die politische Linke und dann auch die DDR erweiterten den Kanon durch *Klassiker und Klassikerinnen der sozialistischen Pädagogik* (vgl. Günther u.a. 1956), die *Frauenforschung* durch pädagogisch und schulpolitisch engagierte Vertreterinnen der *Frauenbewegung* (vgl. Kleinau/Opitz 1996). Zu den Strategien neuer Teilgebiete der Erziehungswissenschaft um akademische Anerkennung gehörte auch „die Entdeckung" von Klassikern und Klassikerinnen der jeweiligen Teildisziplin (zur Sozialpädagogik vgl. z.B. Niemeyer 1998).

Die Texte der Klassiker und Klassikerinnen wurden in *Geschichten der Pädagogik* dokumentiert, referiert und kommentiert, die im Grunde Literaturgeschichten der Pädagogik waren (vgl. Reble [10]1969; Blankertz 1992), und in einer Fülle von Spezialstudien mit der Motivation „befragt", „was sie uns (noch) zu sagen haben". Diese Art der Beschäftigung mit den Klassikern und Klassikerinnen führte nicht selten zu einer problematischen Mythenbildung über Personen, pädagogische Bewegungen und Reformprojekte. Aber sie konnte sich als historische Bildungsforschung verstehen, wenn die Texte und ihre Autorinnen und Autoren nicht naiv-identifikatorisch gelesen, sondern kritisch-distanziert im Sinne der historisch-philologischen Methodik interpretiert wurden, d.h., mit einem kritischen Blick auf die Quellen und verbunden mit der Frage, wie bei Berücksichtigung der jeweils zeitspezifischen sozialen und diskursiven Kontexte diese Texte „verstanden" werden müssen. Allerdings lasen und diskutierten die meisten Vertreter und Vertreterinnen der – dann so genannten – *historisch-systematischen* (oder *kulturphilosophischen*) *Pädagogik* die Texte der pädagogischen Klassiker und Klassikerinnen häufig mit der Überzeugung, dass in ihnen ein überzeitlich gültiger Gehalt an Ideen bzw. Werten zu entdecken sei, der im Hinblick auf aktuelle pädagogische und politische Problemstellungen als Verpflichtung gelten und *Orientierungen geben* könne. In diesem Sinne verstand sich die historisch-systematische Pädagogik auch als Beitrag zur pädagogischen Praxis. Nicht zu Unrecht konnte sie sich auch bildungspolitische Relevanz zumessen: Im Zentrum der historischen Arbeit an den Klassikerinnen und Klassikern und den Grundbegriffen der Pädagogik stand der Diskurs über die Ziele und die Inhalte der Erziehung. Die staatliche Bildungspolitik und die Berufsverbände der Lehrkräfte auf den verschiedenen Stufen des Bildungssystems hatten Bedarf an akademischer Expertise zu damals zentralen und umstrittenen Fragen wie z.B.: Welche Unterrichtsfächer und Gegenstände sind „bildend" – nur die (alten) Sprachen oder auch die „realistischen" oder „technischen Fächer"? Was ist „höhere Bildung" im Unterschied zu „volkstümlicher"? Was ist „allgemeine (Menschen-)Bildung" und was ist im Gegensatz dazu „berufliche Bildung"? Das waren Themenfelder, auf denen die staatliche Bildungspolitik in den deutschen Ländern in den Prozess der Schul- und Hochschulentwicklung regulierend eingriff, d.h., die verschiedenen Formen und Stufen des Bildungssystems, ihre Lehrpläne und Abschlüsse sowie die Statusgruppen der Lehrkräfte bildungs- und lehrplantheoretisch voneinander abgrenzte.

Es war die Stärke dieser Art der Arbeit an einem Kanon von Klassikerinnen und Klassikern der Pädagogik, dass sie mehr als ein halbes Jahrhundert die Identität der Pädagogik als akademische Disziplin begründete, indem sie die Fragestellungen, Grundbegriffe und Gegenstände für ihre Theoriediskurse lieferte und so auch das pädagogische Ethos der daran geschulten Studierenden stiftete. Aber die *geisteswissenschaftliche* Pädagogik kultivierte schon früh auch fragwürdige Abwehrstrategien gegen Ansätze zu einer *empirischen Pädagogik* in den philosophischen Fakultäten (vgl. Drewek 1995) und eine Abgrenzung der Pädagogik gegenüber den akademischen Nachbar- und Konkurrenzdisziplinen wie der Soziologie und der Psychologie. Obwohl diese Form der historischen Pädagogik dann im Prozess der Distanzierung der Disziplin von ihren geisteswissenschaftlichen Traditionen vielfach kritisiert wurde, scheinen Sammelbände mit kanonischen Texten der Klassiker und Klassikerinnen der Pädagogik – wie ja in anderen Wissenschaftsdisziplinen auch! – weiterhin eine „unverzichtbare Gattung" zu sein, nicht nur als Bezugspunkte für die Theoriediskurse, sondern auch für die akademische Lehre (sodass sich ein renommierter deutscher Verlag erst vor wenigen Jahren zu einer modernisierten Ausgabe eines Standardwerks entschloss; vgl. Scheuerl 1979 und Tenorth 2003).

2. Die Öffnung der Erziehungswissenschaft und der Bildungsgeschichte zu den Sozialwissenschaften

In der Phase des historisch beispiellosen Schul- und Hochschulausbaus und intensiver Schulreformdebatten seit den 1960er-Jahren entstand auf Seiten der Politik ein Bedarf an sozialwissenschaftlicher Expertise. Als die akademische Pädagogik in diesen Jahren eine „realistische Wendung" vollzog (vgl. Roth 1962; Brezinka 1967; Harth-Peter 1997), d.h. neben der traditionellen Diskussion der normativen Fragen sich auch der Erforschung ihrer „Gegenstände" zuwandte, da erlebte sie einen Prozess der Expansion und Differenzierung, der auch der bildungshistorischen Forschung zu Gute kam. Eine neue Generation von Bildungshistorikerinnen und -historikern widmete sich nun intensiv der Erforschung der historischen Erziehungswirklichkeit. Sie öffnete sich den Fragestellungen, Modellen und Methoden der Sozialwissenschaften und dem internationalen Forschungsstand. In ihren Forschungen nahm sie die damals aktuellen Streitfragen auf: den historischen Strukturwandel des Schul- und Hochschulsystems (z.B. Müller/Zymek 1987; Titze 1987), das Thema der sozialen Ungleichheit bzw. Chancengleichheit (z.B. Müller 1977; Lundgren/Kraul/Ditt 1988), die Geschichte der Mädchenbildung (z.B. Albisetti 1988; Kleinau/Opitz 1996), die Geschichte der Kindheit und des Jugendalters (z.B. Flitner/Hornstein 1964; Preuß-Lausitz 1983), der Familie (z.B. Rosenbaum 1993; Malmede 2006), des Lehrerberufs (z.B. Keiner/Tenorth 1981; Titze/Nath/Müller-Benedikt 1985), der Unterrichtsfächer (z.B. Schubring 1983, 1991; Haenicke 1980), den langen Prozess der Alphabetisierung (z.B. Hinrichs 1995; Francois 1983) und die großen schulpolitischen Weichenstellungen und die sie begleitenden Kontroversen (z.B. Jeismann 1974, 1996; Grünthal 1968). Die Arbeit an diesem – dann *Sozialgeschichte der Bildung* – genannten Forschungsprogramm fand als interdisziplinärer und internationaler Forschungs- und Diskussionsprozess statt, an dem nicht nur Erziehungswissenschaftler und Erziehungswissenschaftlerinnen, sondern auch Historiker und Historikerinnen, Soziologen und Soziologinnen sowie Politologen und Politologinnen beteiligt waren. Diese Art der bildungsgeschichtlichen Forschung konnte sich nicht mehr nur mit der Analyse der bekannten Programmschriften und gesetzlichen Texte zur Schulpolitik begnügen, sondern erforderte die Erschließung und Auswertung von einschlägigen historischen Quellen aus den Archiven, die Rezeption der Modellbildungen anderer Disziplinen, auch den Einbezug statistischer Quellen und Methoden. Die Ergebnisse dieser Forschungen liegen heute in Sammelwerken als neuer maßstabsetzender Forschungsstand vor, z.B. in dem mehrbändigen *Handbuch der deutschen Bildungsgeschichte*. Mit neuer Distanz und strengeren Maßstäben historisch-philologischer Analyse wurde nun aber auch über die pädagogischen Klassiker und Klassikerinnen geforscht und diskutiert. Es kam zu einer kritisch-historischen Kontextualisierung der betreffenden Persönlichkeiten, ihrer Texte und Projekte und zur kritischen Revision des Mythos, der sich um so manchen Klassiker und so manches legendäre Reformprojekt gebildet hatte (vgl. z.B. Oelkers 1996; Osterwalder 1996; Coriand/Winkler 1998). Als historische Selbstreflexion der Disziplin wurden die „Geschichten der Pädagogik" durch Arbeiten an einer „Wissenschaftsgeschichte der Pädagogik" abgelöst (vgl. Tenorth 2006).

Diese Neuorientierung der historischen Bildungsforschung bedeutete für die Erziehungswissenschaft Verlust und Gewinn: Die Bildungsgeschichte hatte nicht mehr die Identität stiftende Bedeutung für die Pädagogik und die pädagogischen Professionen; im Gegenteil, sie ernüchterte die alte pädagogische Emphase und die damit verbundenen idealistischen Zukunftsvisionen. Aber sie veränderte den Blick der Erziehungswissenschaftlerinnen und Erziehungswissenschaftler und der von ihnen ausgebildeten Studierenden auf ihre Gegenstände: Nicht nur die „überzeitlichen"

Werte, das Verständnis der klassischen Texte und die Grundbegriffe, sondern auch die – nun intensiv erforschten – „realistischen" Gegenstände der Pädagogik: Kindheit, Jugend, Familie, Schule, Unterrichtsfächer und -methoden, Lehrerberuf, die Begriffe und Konzepte der Fachdiskurse unterliegen einem ständigen dynamischen historischen Wandel, sind dabei immer in soziale Strukturen und mentale Traditionen verflochten und mit politischen, sozialen und weltanschaulichen Konflikten verbunden.

Die sozialhistorische Bildungsforschung erhielt ihre Themen und ihre Rechtfertigung nicht zuletzt auch durch die aktuelle Schulpolitik. Sie war Teil einer sozialwissenschaftlich orientierten Bildungsforschung, für die neue Formen der empirischen Forschung zum unerlässlichen Instrumentarium geworden waren. Im Zusammenhang mit den Entwicklungsplanungen beim Schul- und Hochschulausbau dieser Jahre und politischen Kontroversen über die Gliederung des Schul- und Hochschulwesens fanden eine systematische Erfassung und Analyse der jahrgangs-, regional- und institutionenspezifischen Schüler- und Studentenströme und der damit verbundenen Prozesse sozialer Selektivität statt. Die sozialhistorische Bildungsforschung nahm diese Problemstellungen und Methoden in einer Reihe von großen historischen Forschungsprojekten auf, die heute z.B. in dem mehrbändigen *Datenhandbuch zur deutschen Bildungsgeschichte* sowie vielen ergänzenden Regional- und Spezialstudien vorliegen (vgl. Lundgren 2006). Sie etablierte damit nicht nur ein neues und differenziertes Bild der deutschen Schul- und Hochschulgeschichte sowie der damit verbundenen Professionen auf statistischer Grundlage, sondern schärfte auch das Bewusstsein für ihre langfristige Entwicklungsdynamik und inhärente Krisenanfälligkeit. Die Arbeitsformen und Methoden dieser ersten Phase einer sozialwissenschaftlichen empirischen Bildungsforschung in Deutschland ist heute in den vielfältigen Formen der nationalen, regionalen und lokalen *Bildungsberichterstattung* als unverzichtbare Expertise etabliert und zur „Routine" geworden (vgl. dazu Fend 1990).

3. Empirische Bildungsforschung ohne Geschichte?

Im historischen Gedächtnis der Bundesrepublik gilt heute die Veröffentlichung der ersten PISA-Studie 2001 als Anstoß und Wendepunkt zu einer neuen deutschen Bildungs- und Wissenschaftspolitik. Tatsächlich aber waren die nachfolgenden Diskussionen und Maßnahmen nur Verstärker eines umfassenden politischen und ökonomischen, aber auch intellektuellen Paradigmenwechsels, der schon in den 1980er-Jahren eingeleitet worden war und dessen Begriffe, Instrumente und Strategien schon bald in die politischen Argumentationen und wissenschaftlichen Modelle Eingang fanden: Nicht mehr von einer staatlichen Reformpolitik wie in den 1960er-Jahren, sondern von einer Politik der Privatisierung, Dezentralisierung und Deregulierung, der Förderung zivilgesellschaftlichen Engagements und der

Implementierung von Marktmechanismen – auch auf Feldern, wo dies bisher verpönt war – wurde nun eine Mobilisierung der humanen und ökonomischen Ressourcen und „Innovationen" erwartet (vgl. dazu umfassend Doering-Manteuffel/Raphael 2012). Das war die eine Seite der neuen politischen Strategie; die andere Seite war ein allgemeiner Ausbau der Systeme der Rechenschaftslegung, der flächendeckenden Erfolgs- und *Qualitätskontrolle* und der *Standardisierung*, gerade auch im Bildungssystem. Als Motor und Propagandisten dieser neuen Politik wirkten internationale Organisationen wie die OECD. Einige Bundesländer hatten eine strategische Neuorientierung ihrer Bildungspolitik in diesem Sinne schon in den 1990er-Jahren eingeleitet (vgl. Tillmann u.a. 2008). Die internationalen *Large-Scale-Studies* lieferten nun in Deutschland die Begründung, das Instrumentarium und das Modell für eine neue Schul- und Wissenschaftspolitik. In dem Programm einer *Politik der neuen Steuerung*, die auf historisch neue Dimensionen der Standardisierung der Lernanforderungen und regelmäßige Erfolgskontrollen setzte, kam konsequenterweise der neuen *empirischen Bildungsforschung* ein zentraler Stellenwert zu. Zu den grundlegenden Annahmen dieses bildungspolitischen Paradigmenwechsels gehörte es, dass – erstens – der methodische (Leistungs-)Vergleich, der Wettbewerb, die Konkurrenz zwischen Ländern und Schulen zu „Innovationen" anregen und dass – zweitens – die neue *empirische Bildungsforschung* bei der Politik zu „*evidenzbasierten Entscheidungen*" und zu einer *evidenzbasierten Steuerung* der Schul- und Unterrichtsentwicklung führen könne (vgl. Bromme/Prenzel 2014). Die entsprechenden Prozesse sollten nicht von den bisher rechtlich zuständigen politischen Gremien und Aufsichtsbehörden, sondern vor Ort im Medium von *Governance*-Strukturen (regionalen, lokalen, schulischen *Steuergruppen, Kompetenzteams* usw.) umgesetzt werden.[1]

Die politische Durchsetzung und gezielte Förderung dieses Forschungs- und Wissenschaftsprogramms (vgl. Köller 2014) bewirkte eine Umstrukturierung der Sozialwissenschaften, insbesondere der Erziehungswissenschaft: Denn die Schwerpunktsetzung und Expansion einer neuen *empirischen Bildungsforschung* kam nicht nur der Erziehungswissenschaft zugute; sie wurde zu einem interdisziplinären Forschungsprogramm, an dem sich heute Forscherinnen und Forscher vieler Disziplinen beteiligen und von den umfangreichen Förderprogrammen profitieren (und sich inzwischen auch in einer eigenen Gesellschaft organisiert haben). Um in diesem Prozess Anschluss zu halten, wurde auch an den Fachbereichen und Instituten für Erziehungswissenschaft bei der (Wieder-)Besetzung neuer Stellen der *empirischen Bildungsforschung* überall Priorität eingeräumt (vgl. Krüger/Kücker/Weishaupt 2012). Heute findet dort eine umfassende Umstrukturierung statt, die sich nicht nur in einer Verlagerung der personellen und finanziellen Ausstattung der Teildisziplinen, sondern auch an deren inhaltlicher Ausrichtung und methodischen Profilierung

---

1   Dass damit eine problematische Entdemokratisierung der Bildungspolitik betrieben wurde, kann hier nicht diskutiert werden; vgl. dazu Tröhler (2006) und Biesta (2011).

zeigt (z.B. in der Schulpädagogik: von der Didaktik zur Unterrichtsforschung) und sich schließlich konsequenterweise auch in einer neuen Akzentsetzung der Studienangebote und der Ausbildungskonzepte niedergeschlagen hat. Die strukturelle Aufwertung der neuen *empirischen Bildungsforschung* ist zugleich unvermeidlich ein Prozess der Marginalisierung und Delegitimierung der anderen Teildisziplinen der Erziehungswissenschaft und ihrer wissenschaftlichen Zugänge.

Die Öffnung der Erziehungswissenschaft zu den Sozialwissenschaften hatte seit den 1960er-Jahren zur Verbreiterung ihres Themenspektrums und einem Methodenpluralismus in der Forschung geführt. Im Gegensatz dazu profiliert sich heute die neue *empirische Bildungsforschung* durch ihre – an den Naturwissenschaften angelehnte – methodische und thematische Konzentration auf das, was messbar ist, was in Experimenten und Tests überprüfbar ist und damit als „evidenzbasiertes", empirisch gesichertes „Erklärungswissen" gelten kann.[2] Das Forschungskonzept ist von dem Anspruch geleitet, zu generellen Aussagen über Lehr- und Lernprozesse zu kommen, die damit international Gültigkeit beanspruchen können. Das setzt voraus, dass die Lernziele und Curricula der verschiedenen Länder in Kompetenzen übersetzt und als Standards durchgesetzt werden und dass ihre Zielerreichung als abhängige Variable in aufwändigen und möglichst regelmäßig durchzuführenden Testverfahren überprüft wird; ergänzend und erklärend wird der Einfluss intervenierender Variablen identifiziert und kontrolliert. Das Programm der neuen *empirischen Bildungsforschung* bedeutet also konzeptionell, programmatisch und methodologisch die Ausblendung der historischen und kulturspezifischen Dimensionen von Bildungsprozessen in der Forschung. Dieser wissenschaftliche Paradigmenwechsels ist für alle Beteiligten – die empirische Bildungsforschung, die Erziehungswissenschaft und die historische Bildungsforschung – mit Gewinnen und Verlusten verbunden:

Bezeichnenderweise sehen sich heute führende Vertreter und Vertreterinnen der neuen *empirischen Bildungsforschung* als Protagonisten und Protagonistinnen einer „relativ jungen Wissenschaft" (Köller 2014) und demonstrieren damit, dass sie sich von allen anderen Formen der erziehungswissenschaftlichen Forschung, auch den bisherigen empirischen Forschungen, dezidiert absetzen. Es bedeutet aber auch, dass sie die Geschichte ihrer Forschungsrichtung – die historischen Ansätze und Vorläufer einer empirischen Pädagogik in der Wissenschaftsgeschichte des 20. Jahrhunderts und die Forschungen deutscher und ausländischer Bildungshistoriker und -historikerinnen dazu – entweder nicht kennen oder negieren. Wenn man die Ergebnisse der historischen Bildungsforschung zu diesem bedeutenden Strang der Wissenschaftsgeschichte der Pädagogik und Psychologie zur Kenntnis nähme (vgl. zusammenfassend für Deutschland z.B. Drewek 2010; Tenorth 2010), müsste man allerdings die enge

---

2   Allerdings ist in Deutschland bei den Sprechern und Sprecherinnen der neuen empirischen Bildungsforschung im Moment noch unklar, welche Art der empirischen Forschungen sie anerkennen, ob nur randomisierte experimentelle Forschung, ob testgestützte, ob auch beschreibende usw.; vgl. dazu Bellmann/Müller (2011) und Bromme/Prenzel (2014).

Verflechtung von theoretischen und methodischen Wissenschaftskonzepten mit weltanschaulichen und politischen Strömungen sowie professionellen Interessen und Strategien thematisieren; man müsste sich vor allem den historischen Wandel und die verschiedenen nationalen Traditionen und (Sonder-)Entwicklungen auf diesem Feld der Wissenschaft bewusst machen und sie auf sich selbst und die heutige Zeit beziehen.

In gleicher Weise haben sich die Theoretiker und Theoretikerinnen und die Protagonisten und Protagonistinnen einer *Politik der neuen Steuerung* und der *empirischen Bildungsforschung* bisher einer theoretischen und historischen Reflexion ihrer Modellannahmen verweigert und gegen die historischen Forschungsergebnisse dazu immunisiert: Das strategische *Programm von der alten Input-Steuerung zur Output-Steuerung der Schulentwicklung* suggeriert einen Gegensatz und eine historische Entwicklung, die im Widerspruch zu den Ergebnissen der historischen Bildungsforschung der letzten Jahrzehnte steht: Die Schulentwicklung erfolgte in Deutschland, aber auch in den meisten anderen Ländern nie als eine Top-down- oder Input-Steuerung, weil dies weder politisch gewollt war noch durchzusetzen gewesen wäre (vgl. Herrmann 2009). Auch der *Wettbewerb* zwischen Schulen ist kein neues Programm; er bestimmte schon immer die Entwicklung der lokalen und regionalen Angebotsstrukturen wie auch die historische Dynamik der verschiedenen Schulformen (vgl. Zymek 2009). Und wenn heute die Stärkung des *zivilgesellschaftlichen Engagements* gefördert werden soll, dann wird damit zwar ein neuer Begriff in den politischen und wissenschaftlichen Diskurs eingeführt, der aber nur ein in der Bildungsgeschichte bekanntes und wichtiges Phänomen aufgreift. In den deutschen Ländern und weltweit setzten die staatliche Politik und entsprechend auch das Bildungsrecht immer schon auf private und lokale Träger und ihre Aktivitäten, nicht nur auf dem Gebiet der Mädchenbildung (vgl. Kleinau/Opitz 1996). Es ist auch nicht so, dass erst heute eine *Qualitätskontrolle* im Bildungswesen stattfindet: Schulinspektionen gehörten von Anfang an zur Schulgeschichte. So wurde z.B. mit den Rekrutenprüfungen schon früh ein Instrument zur Kontrolle der basalen Bildungskompetenzen der männlichen Bevölkerung etabliert, dessen Ergebnisse u.a. von der historischen Alphabetisierungsforschung aufwändig und mit großem methodischen Geschick und auch schon international vergleichend ausgewertet wurden (vgl. z.B. Francois 1983 und für die Schweiz Crotti/Kellerhals 2007). Mit *Governance* wird ein neuer Begriff in die akademischen und politischen Debatten eingeführt und werden Formen der nicht staatlichen Konsens- und Entscheidungsfindung eingefordert, die in der Bildungsgeschichte über Jahrhunderte die wichtigste Form der Bildungspolitik waren (vgl. Neugebauer 2012; Zymek 2013). Auch *Standardisierungsprozesse* sind nicht etwa neu, im Gegenteil: Verschiedene Formen von Standardisierungsprozessen sind konstitutiv für die verschiedenen nationalen Entwicklungspfade ihrer Bildungsgeschichten (Lehrpläne, Anerkennung von Schulen, Lehrämter, Prüfungsgegenstände und -anforderungen usw.). Aus der Bildungsgeschichte kann man wissen, wie schwer Bildungsstandards überall durchzusetzen waren, welche Zwischenschritte und Zwischenformen entwickelt wurden und dass die amtliche Einführung oft nur mit vielen Ausnahmen, Übergangs- und Sonderregelungen möglich war (vgl. Herrmann 1991; Tosch 2006; Zymek 2007; Bellmann/Waldow 2012).

Die Zukunft wird erweisen, ob der Mangel an historischer Selbstreflexion für die *empirische Bildungsforschung* konstitutiv bleibt oder ob die tiefe Kluft, die heute zwischen ihr als der maßstabsetzenden Forschungsrichtung und den anderen wissenschaftlichen Zugängen entstanden ist, in den nächsten Jahren noch durch einen neuen inter- und intradisziplinären Austausch – auch mit der historischen Bildungsforschung – wieder überwunden wird, oder ob etwa im Milieu der empirischen Bildungsforscher und -forscherinnen ein eigenständiger und anders gearteter Diskurs über die Bildungsgeschichte unternommen wird, vergleichbar der Entwicklung im Feld der Wirtschaftswissenschaft: In den letzten Jahrzehnten entstanden zwei Formen der Wirtschaftsgeschichte – eine von Historikern und Historikerinnen mit deren Fragestellungen und Methoden betriebene und eine von Ökonomen und Ökonominnen, die dabei ihre Modelle und empirischen Standards anwenden. Einer solchen neuen *empirischen historischen Bildungsforschung* wären allerdings enge Grenzen gesetzt, wenn darauf bestanden würde, nur das als geeignete historische Forschungsgegenstände anzuerkennen, was an die kausalanalytischen Fragestellungen und die entsprechenden Datensätze anschlussfähig ist. Es wäre höchst problematisch, wenn eine solche neue *empirische Bildungsgeschichte* die erkenntnisleitenden Modellbildungen der heutigen Forschungen auf historische Analysen übertrüge und damit den historischen Wandel aller Faktoren negierte. In den bisherigen vorliegen Resümees und Ausblicken zur Zukunft der *empirischen Bildungsforschung* sind Ansätze zu einer solchen theoretischen und historischen Weiterentwicklung ihres Forschungskonzepts nicht zu erkennen (vgl. z.B. Prenzel 2012).

Es macht die Attraktivität des Konzepts einer *Politik der neuen Steuerung* und der *empirischen Bildungsforschung* aus, dass sie das strategische Angebot machen, sich politisch auf die Setzung von Standards und wissenschaftlich auf die Kontrolle der Zielerreichung im schulischen Unterricht zu beschränken – und damit alle traditionellen Hemmnisse einer „evidenzbasierten" Bildungspolitik und pädagogischen Praxis quasi zu überspringen, also den Streit über politische oder weltanschauliche Erziehungsziele, über Lehrpläne und die Berechtigung von Schulformen, über soziale Statusfragen der Familien und Lehrkräfte usw. Es waren solche Themen, die bisher die Bildungsgeschichte und deshalb auch die bildungshistorische Forschung dominiert haben. Wie realistisch ist die Perspektive, dass durch die *Politik der neuen Steuerung* und die *empirische Bildungsforschung* die historischen Hemmnisse und Konflikte – und damit auch die Themen der Bildungsgeschichte – historisch überholt sein könnten?

Es ist zu erwarten, dass sich die *empirische Bildungsforschung* in den nächsten Jahren der Frage nach der Wirksamkeit (und den Wirkungen) ihrer empirischen Forschungen nicht wird entziehen können.[3] Bislang dominiert als Suggestion die Entwicklungsperspektive, dass durch die heutigen und immer weitere Forschungsergebnisse in Zukunft eine Ära einer von politischen Ideologien und Interessen unabhängigen Schulpolitik sowie einer von pädagogischen Vorurteilen und Fehleinschätzungen gereinigten Unterrichtspraxis möglich sein werde. Ihre prominentesten Vertreter und Vertreterinnen haben sich bei der Präsentation ihrer Ergebnisse und Empfehlungen für die Politik allerdings sehr zurückhaltend bzw. so differenziert geäußert, dass daraus keine eindeutige Stellungnahme zu den allergischen schulpolitischen Streitfragen, wie der Schulstrukturfrage, abgeleitet werden konnte (vgl. Prenzel/Baumert/Klieme 2008). Zurückhaltung scheint auch angebracht, da ja meistens nur Korrelationen, Rangreihen und nur selten kausale Zusammenhänge aufgezeigt werden können. Wohlmeinende Beobachterinnen und Beobachter und Kommentatorinnen und Kommentatoren raten deshalb zu einer strikten Abgrenzung der Verantwortlichkeiten von Wissenschaft und Bildungspolitik und schulischer Praxis (vgl. Tenorth 2014; Terhart 2014) – und sie verweisen auf die historischen Erfahrungen zum Zusammenhang von wissenschaftlicher Expertise und Schulentwicklung. Zwar gab es in der Bildungsgeschichte immer Wissenschaftlerinnen und Wissenschaftler, die mit ihren Konzepten die Politiker und Politikerinnen und die Pädagogen und Pädagoginnen in ihrem Sinne aufzuklären und deren Praxis zu beeinflussen versucht haben und die dafür gute Argumente und Belege hatten. Aber die Wirkungen ihrer Konzepte und Vorschläge waren immer widersprüchlich, mehrfach gebrochen, immer höchstens indirekt. Denn die Rezeption von Vorschlägen trifft immer auf Personen (z.B. Eltern), die von historisch und sozial spezifischen Sozialisationserfahrungen geprägt sind und pädagogische Konzepte dementsprechend gebrochen aufnehmen und verarbeiten; sie treffen auf Lehrergruppen, die von einer historisch spezifischen Ausbildungskultur und professionsspezifischen Statusinteressen geprägt sind, die z.T. jahrzehntelang tätig und von ihren Berufserfahrungen geprägt sind; sie treffen auf Politikerinnen und Politiker, die historisch-konkrete lokale Konstellationen und weltanschauliche Bindungen ihrer Anhängerschaft zu berücksichtigen haben, wenn es um die Akzeptanz von pädagogischen Konzepten geht. Noch mehr gilt dies, wenn „generelle Aussagen" der empirischen Forschung über Lehr-Lernprozesse in unterschiedliche kulturelle und nationale Kontexte implementiert werden. Die neuere historisch-vergleichende Bildungsforschung hat eindrücklich gezeigt, wie pädagogische Modelle im Prozess ihrer internationalen Verbreitung jeweils kultusspezifisch rezipiert, bewertet, politisch konnotiert und umgesetzt wurden (vgl. Schriewer 2007). Schulreformprozesse, auch wenn sie von wissenschaftlichen Experten und Expertinnen befürwortet, legitimiert und begleitet wurden, hatten fast immer gewollte und ungewollte Wirkungen, waren sehr langwierige und konfliktreiche Prozesse, oft rollende Reformen im Sinne

---

3   … eine Frage, die ja von ihr an andere gestellt wird und ihren Forschungsansatz rechtfertigt.

einer neuerlichen Reform der letzten Reform, oft abgehoben von der Praxis der Schulentwicklung vor Ort, die ihren eigenen Zwängen gehorchte (vgl. Zymek 1999; Bellmann/Weiß 2009). Die ersten Studien zur Akzeptanz der neuen Steuerung und empirischen Bildungsforschung bei Lehrerinnen und Lehrern sind ernüchternd und geben Anlass zu der Einschätzung, dass die Widerstände und Konflikte, die die Bildungsgeschichte vor der Ausrufung der *Politik der neuen Steuerung* thematisiert hat, nicht aufgehoben zu sein scheinen (vgl. Terhart 2013). Ohne eine Integration der historischen und kulturellen Dimensionen von Bildungsprozessen in ihr Selbst- und Forschungskonzept könnte der neuen *empirischen Bildungsforschung* demnächst der gleiche Vorwurf gemacht werden wie früheren Theorien der Bildung und der erziehungswissenschaftlichen Forschung: dass sie einem realitätsfernen Konzept der Steuerung von Lehr-Lernprozessen angehangen habe, deshalb unwirksam geblieben sei und nur Enttäuschungen bei den Praktikern und Praktikerinnen bewirkt habe.

Die Geschichte könnte die geheime Vision einer Expertokratie, wie sie von einigen mit der *Politik der neuen Steuerung* und der *empirische Bildungsforschung* suggeriert wird, unweigerlich dann einholen, wenn neue politische Weichenstellungen, tiefgreifende Wirtschaftskrisen oder grundlegende soziale Prozesse, wie z.B. der demographische Wandel (Geburtenentwicklung, regionale und internationale Wanderungsbewegungen), die Rahmenbedingungen für die Bildungspolitik, die Familien und die Schulen grundlegend verändern. Die große Finanzkrise der letzten Jahre hat bei den Wirtschaftswissenschaften, deren Politik-, Wissenschafts- und Forschungsmodell den grundlegenden Paradigmenwechsel seit den 1980er-Jahren stark geprägt hat, das Interesse an der Wirtschaftsgeschichte erneuert, dort die Frage nach den kurz- und langfristigen Ursachen und Prozessen der Krise aufgeworfen und zu einer kontroversen Debatte über grundlegende Modellannahmen der Disziplin und ihrer Forschungen (*equilibrium*, *rational choice*) geführt (vgl. z.B. Streeck 2013; Eichengreen 2014; Piketty 2014; Hüter 2014). So könnte ein neues Interesse an der Bildungsgeschichte auch der Erziehungswissenschaft und der empirischen Bildungsforschung zu einem neuen Realismus verhelfen.

4. Bildungsgeschichte – (nur noch) ein Aspekt der Kulturgeschichte?

Der umfassende Paradigmenwechsel der 1980er-Jahre hatte auch Parallelen in den intellektuellen Diskursen, auch auf dem Gebiet der Geschichtswissenschaft. Das Konzept der Sozialgeschichte mit der impliziten These und dem Programm, die sozialen Strukturen zu erforschen, die quasi hinter dem Rücken der Handelnden und Betroffenen die individuellen und sozialen Prozesse prägen, geriet in die Kritik und Defensive gegenüber einer „neuen" Politik-, Ideen- und Kulturgeschichte, die – mit alten und neuen Fragestellungen – wieder die kulturellen, partikularen und individuellen Dimensionen historischer Prozesse in den Blick nahm (vgl. z.B. Wehler 1998; Frevert 2005; Fahrmeir 2006). Nicht mehr in erster Linie soziale und institutionelle Strukturen und Mentalitäten, sondern „Handlungen", kulturelle und diskursive „Praktiken" historischer Akteure, daneben auch „Disziplinierungen" und „Regulierungen" wurden zu forschungsleitenden Fragestellungen und Modellen. Die historische Anthropologie und Ethnographie wurden zu wichtigen Bezugspunkten auch der bildungshistorischen Forschung; bildliche Darstellungen und Materialien wurden als historische Quelle einbezogen (vgl. Priem 2006). Da nach 1989 zunächst die Geschichte der DDR, auch ihre Bildungsgeschichte, ein Schwerpunkt der historischen Forschung war, der für die bisher entwickelten Formen der bildungshistorischen Forschung ein neues, aktuell relevantes Thema anbot (vgl. Geißler/Wiegmann 1998), folgte die bildungsgeschichtliche Forschung in Deutschland dem internationalen *Cultural Turn* mit Verzögerung. Das *Jahrbuch für Historische Bildungsforschung*, das seit 1993 von der *Sektion Historische Bildungsforschung* in der *Deutschen Gesellschaft für Erziehungswissenschaft* in Verbindung mit der *Bibliothek für Bildungsgeschichtliche Forschung* (BBF) in Berlin herausgegeben wird, zeigt mit seinen Beiträgen während der letzten Jahre, dass heute in Deutschland das thematische Spektrum sehr breit ist, dass ganz unterschiedliche Aspekte der Bildungsgeschichte Gegenstand von Forschungen und Veröffentlichungen sein können, dass nicht mehr nur Autorinnen und Autoren aus deutschen erziehungswissenschaftlichen Instituten, sondern immer mehr aus anderen akademischen Disziplinen und anderen Ländern vertreten sind.

Als Entwicklungsperspektive deutet sich damit eine Neustrukturierung im wissenschaftlichen Feld an: So wie die *empirische Bildungsforschung* zu einem interdisziplinären Forschungsprogramm geworden ist, so scheint auch die Bildungsgeschichte in Zukunft zu einem Thema und Forschungsgegenstand der Kulturgeschichte und Kulturwissenschaften zu werden, an dem Vertreterinnen und Vertreter vieler Disziplinen beteiligt sind. Wenn aber die bildungshistorische Forschung in Zukunft in den erziehungswissenschaftlichen Instituten marginalisiert, dort schließlich fast ganz verschwinden und zu einem Spezialthema der Forschungen von Historikern und Historikerinnen und von Kultur- und Literaturwissenschaftlern und -wissenschaftlerinnen werden sollte, so wäre dies ein Verlust sowohl für die Erziehungswissenschaft als auch für die Bildungsgeschichte. Die bildungstheoretischen Diskurse könnten den Zusammenhang mit der bildungshistorischen Forschung verlieren, und die bildungshistorische Forschung selbst würde dann nicht mehr mit den jeweils aktuellen Problemstellungen der Erziehungswissenschaft und Bildungspolitik verbunden sein, woraus sie bisher einen Großteil ihrer Legitimität und praktisch-politischen Relevanz abgeleitet hat. Sie wäre dann in erster Linie den Themen- und Methodenkonjunkturen der Geschichts- bzw. Kulturwissenschaften unterworfen. Sie könnte zu einem Themenfeld werden, dessen vielfältige Aspekte im Zusammenhang von Promotionen und mit nur kurzzeitiger Einarbeitung erforscht werden. Ob eine solche bildungshistorische Forschung Karriereperspektiven in der Geschichtswissenschaft eröffnet, erscheint fraglich. Wenn die Bildungsgeschichte ihre Anbindung an die Theoriebildung in der Erziehungswissenschaft und die Themenkonjunkturen der Bildungspolitik verliert, so könnte dies als Befreiung aus einer disziplinspezifischen Engführung aufgefasst werden. Als ein Aspekt der Kulturgeschichte kann sie vielleicht an thematischer Breite und Vielfalt gewinnen, aber verbunden mit der Gefahr einer organisatorischen und inhaltlichen Zersplitterung und Beliebigkeit.

Literatur

Albisetti, J.C. (1988): Schooling German Girls and Women. Secondary and Higher Education in the Nineteenth Century. Princeton, NJ: University Press.

Bellmann, J./Müller, T. (Hrsg.) (2011): Wissen, was wirkt. Kritik evidenzbasierter Pädagogik. Wiesbaden: VS.

Bellmann, J./Waldow, F. (2012): Standards in historischer Perspektive. Zur vergessenen Vorgeschichte output-orientierter Steuerung im Bildungssystem. Zur Einführung in den Thementeil. In: Zeitschrift für Pädagogik 58, H. 2, S. 139-142.

Bellmann, J./Weiß, M. (2009): Risiken und Nebenwirkungen Neuer Steuerung im Schulsystem. Theoretische Konzeptualisierung und Modelle. In: Zeitschrift für Pädagogik 55, H. 2, S. 286-308.

Biesta, G. (2011): Evidenz, Erziehung und die Politik der Forschung. In: Bellmann, J./Müller, T. (Hrsg.): Wissen, was wirkt. Kritik evidenzbasierter Pädagogik. Wiesbaden: VS, S. 269-278.

Blankertz, H. (1992): Die Geschichte der Pädagogik von der Aufklärung bis zur Gegenwart. Wetzlar: Büchse der Pandora.

Brezinka, W. (1967): Über den Wissenschaftsbegriff der Erziehungswissenschaft und die Einwände der weltanschaulichen Pädagogik. In: Zeitschrift für Pädagogik 13, S. 135-168.

Bromme, R./Prenzel, M. (Hrsg.) (2014): Von der Forschung zur evidenzbasierten Entscheidung. Die Darstellung und das öffentliche Verständnis der empirischen Bildungsforschung. Zeitschrift für Erziehungswissenschaft, Sonderheft 27.

Coriand, R./Winkler, M. (Hrsg.) (1998): Der Herbartianismus – die vergessene Wissenschaftsgeschichte. Weinheim: Beltz.

Crotti, K./Kellerhals, K. (2007): „Mögen sich die Rekrutenprüfungen als kräftiger Hebel für Fortschritt im Schulwesen erweisen!" PISA im 19. Jahrhundert: Die schweizerischen Rekrutenprüfungen – Absichten und Auswirkungen. In: Schweizerische Zeitschrift für Bildungswissenschaften 29, H. 1, S. 47-64.

Doering-Manteuffel, A./Raphael, L. (³2012): Nach dem Boom. Perspektiven auf die Zeitgeschichte nach 1970. Göttingen: Vandenhoeck & Ruprecht.

Drewek, P. (1995): Die Herausbildung der „geisteswissenschaftlichen" Pädagogik vor 1918 aus sozialgeschichtlicher Perspektive – Zum Strukturwandel der Philosophischen Fakultät und zur Lehrgestalt der Universitätspädagogik im späten Kaiserreich und während des Ersten Weltkriegs. In: Leschinsky, A. (Hrsg.): Die Institutionalisierung von Lehren und Lernen – Beiträge zu einer Theorie der Schule. Weinheim: Beltz, S. 299-316.

Drewek, P. (2010): Entstehung und Transformation der empirischen Pädagogik in Deutschland im bildungsgeschichtlichen Kontext des frühen 20. Jahrhunderts. In: Ritzi, C./Wiegmann, U. (Hrsg.): Beobachten, Messen, Experimentieren. Beiträge zur Geschichte der empirischen Pädagogik/Erziehungswissenschaft. Bad Heilbrunn: Klinkhardt, S. 163-193.

Eichengreen, B. (2014): Hall of Mirrors: The Great Depression, the Great Recession, and the Uses – and Misuses – of History. Oxford: University Press.

Fahrmeir, A. (2006): Von der Sozialgeschichte des Politischen zur Politikgeschichte des Sozialen? Trends und Kontexte der Politikgeschichte. In: Miller-Kipp, G./Zymek. B. (Hrsg.): Politik in der Bildungsgeschichte – Befunde, Prozesse, Diskurse. Bad Heilbrunn: Klinkhardt, S. 19-34.

Fend, H. (1990): Bilanz der empirischen Bildungsforschung. In: Zeitschrift für Pädagogik 36, H. 5, S. 687-709.

Flitner, A./Hornstein, W. (1964): Kindheit und Jugendalter in geschichtlicher Betrachtung. In: Zeitschrift für Pädagogik 10, H. 4, S. 311-339.

Francois, E. (1983): Alphabetisierung in Frankreich und Deutschland während des 19. Jahrhunderts. In: Zeitschrift für Pädagogik 29, H. 5, S. 755-768.

Frevert, U. (2005): Neue Politikgeschichte. Konzepte und Herausforderungen. In: Dies./ Haupt, H.-G. (Hrsg.): Neue Politikgeschichte. Perspektiven einer historischen Politikforschung. Frankfurt a.M. u.a.: Campus, S. 7-26.

Fuchs, E. (2010): Historische Bildungsforschung in internationaler Perspektive: Geschichte – Stand – Perspektiven. In: Zeitschrift für Pädagogik 56, H. 5, S. 703-723.

Geißler, G./Wiegmann, U. (1998): Bildungshistorische Forschung zur SBZ/DDR nach der „Wende". In: Führ, C./Furck, L. (Hrsg.): Handbuch zur deutschen Bildungsgeschichte, Bd. VI: 1945 bis zur Gegenwart. Zweiter Teilband: Deutsche Demokratische Republik. München: Beck, S. 397-408.

Grünthal, D. (1968): Reichsschulgesetz und Zentrumspartei in der Weimarer Republik. Düsseldorf: Droste.

Günther, K.-H./Hofmann, F./Hohendorf, G./König, H./Schuffenhauer, H. (1956): Geschichte der Erziehung. Berlin (Ost): Volk und Wissen.

Haenicke, G. (1980): Zur Geschichte der neueren Sprachen in den Prüfungsordnungen für das höhere Lehramt. In: Die neueren Sprachen 79, H. 2, S. 187-197.

Harth-Peter, W. (1997): Die „realistische Wendung" in der pädagogischen Forschung. Heinrich Roth (1906-1983) und sein Verhältnis zur geisteswissenschaftlichen Pädagogik. In: Brinkmann, W./Harth-Peter, W. (Hrsg.): Freiheit – Geschichte – Vernunft. Unter Mitarbeit von M. Böschen und F. Grell. Würzburg: Echter, S. 391-410.

Herrmann, U.G. (1991): Sozialgeschichte des Bildungswesens als Regionalanalyse. Die höheren Schulen Westfalens im 19. Jahrhundert. Köln/Weimar/Wien: Böhlau.

Herrmann, U.G. (2009): „Alte" und „neue" Steuerung im Bildungssystem. Anmerkungen zu einem bildungshistorisch problematischen Dualismus. In: Lange, U./Rahn, S./Seitter, W./Körzel, R. (Hrsg.): Steuerungsprobleme im Bildungswesen. Wiesbaden: VS, S. 57-80.

Hinrichs, E. (1995): „Ja, das Schreiben und das Lesen …". Zur Geschichte der Alphabetisierung in Norddeutschland von der Reformation bis zum 19. Jahrhundert. In: Albrecht, P. (Hrsg.): Das niedere Schulwesen im Übergang vom 18. zum 19. Jahrhundert. Tübingen: Max Niemeyer.

Horn, K.-P. (2009): Historische Bildungsforschung an den deutschen Universitäten: Personal, Studiengänge, Forschung. In: Caruso, M./Kemnitz, H./Link, J.-W. (Hrsg.): Orte der Bildungsgeschichte. Bad Heilbrunn: Klinkhardt, S. 47-63.

Hüter, M. (2014): Die junge Nation. Deutschlands neue Rolle in Europa. Hamburg: Murmann Publishers.

Jeismann, K.-E. (1974; 2., vollständig überarb. Aufl. 1996): Das preußische Gymnasium in Staat und Gesellschaft. Bd. 1: Die Entstehung des Gymnasiums als Schule des Staates und der Gebildeten; Bd. 2: Höhere Bildung zwischen Reform und Reaktion 1817-1859. Stuttgart: Klett.

Keiner, E./Tenorth, H.-E. (1981): Schulmänner – Volkslehrer – Unterrichtsbeamte. Ergebnisse und Probleme neuerer Studien zur Sozialgeschichte des Lehrers in Deutschland. In: Internationales Archiv für Sozialgeschichte der deutschen Literatur 6, S. 198-222.

Kleinau, E./Opitz, C. (Hrsg.) (1996): Geschichte der Mädchen- und Frauenbildung. 2 Bde. Frankfurt a.M. u.a.: Campus.

Köller, O. (2014): Entwicklung und Erträge der jüngeren empirischen Bildungsforschung. In: Fatke, R./Oelkers, J. (Hrsg.): Das Selbstverständnis der Erziehungswissenschaft: Geschichte und Gegenwart. In: Zeitschrift für Pädagogik, 60. Beiheft, S. 102-122.

Koselleck, R. (1990): Einleitung – Zur anthropologischen und semantischen Struktur der Bildung. In: Ders. (Hrsg.): Bildungsbürgertum im 19. Jahrhundert. Stuttgart: Klett.

Krüger, H.-H./Kücker, C./Weishaupt, H. (2012): Personal. In: Thole, W. u.a. (Hrsg.): Datenreport Erziehungswissenschaft. Opladen: Budrich, S. 137-158.

Lundgreen, P. (2006): Historische Bildungsforschung auf statistischer Grundlage. Datenhandbücher zur deutschen Bildungsgeschichte. In: Zeitschrift für Erziehungswissenschaft 9, Beiheft 7, S. 5-13.

Lundgreen, P./Kraul, M./Ditt, K. (1988): Bildungschancen und soziale Mobilität in der städtischen Gesellschaft des 19. Jahrhunderts. Göttingen: Vandenhoeck & Ruprecht.

Malmede, H. (2006): Die Familie als Thema der Historischen Bildungsforschung. In: Jahrbuch für Historische Bildungsforschung 12, S. 291-307.

Miller-Kipp, G./Zymek, B. (Hrsg.) (2006): Politik in der Bildungsgeschichte – Befunde, Prozesse, Diskurse. Bad Heilbrunn: Klinkhardt.

Müller, D.K. (1977): Sozialstruktur und Schulsystem. Aspekte zum Strukturwandel des Schulwesens im 19. Jahrhundert. Göttingen: Vandenhoeck & Ruprecht.

Müller, D.K./Zymek, B. (1987): Sozialgeschichte und Statistik des Schulsystems in den Staaten des Deutschen Reiches, 1800-1945. Datenhandbuch zur deutschen Bildungsgeschichte, Bd. II, Teil 1. Göttingen: Vandenhoeck & Ruprecht.

Neugebauer, W. (2012): Norm und Konsens. Das vormoderne Schul- und Bildungsrecht in Mitteleuropa vom 16. bis 18. Jahrhundert. In: Recht der Jugend und des Bildungswesens 60, H. 4, S. 413-431.

Niemeyer, C. (1998): Klassiker der Sozialpädagogik. Weinheim/München: Beltz.

Oelkers, J. (³1996): Reformpädagogik. Eine kritische Dogmengeschichte. Vollständig bearb. und erweiterte Aufl. Weinheim/München: Juventa.

Osterwalder, F. (1996): Pestalozzi – ein pädagogischer Kult. Pestalozzis Wirkungsgeschichte in der Herausbildung der modernen Pädagogik. Weinheim/Basel: Beltz.

Piketty, T. (2014): Das Kapital im 21. Jahrhundert. München: Beck.

Prenzel, M. (2012): Empirische Bildungsforschung morgen. Reichen unsere bisherigen Forschungsansätze aus? In: Gläser-Zikuda, T./Rohlfs, C./Gröschner, A./Ziegelbauer, S. (Hrsg.): Mixed Methods in der empirischen Bildungsforschung. Münster u.a.: Waxmann, S. 274-285.

Prenzel, M./Baumert, J./Klieme, E. (2008): Steuerungswissen, Erkenntnisse und Wahlkampfmunition: Was liefert die empirische Bildungsforschung? – Eine Antwort auf Klaus Klemm. URL: http://www.pedocs.de/frontdoor.php?source_opus=1489; Zugriffsdatum: 31.01.2015.

Preuß-Lausitz, U. (1983): Kriegskinder, Konsumkinder, Krisenkinder. Zur Sozialisationsgeschichte seit dem Zweiten Weltkrieg. Weinheim u.a.: Beltz.

Priem, Karin (2006): Strukturen – Begriffe – Akteure? Tendenzen der Historischen Bildungsforschung. In: Jahrbuch für Historische Bildungsforschung 12, S. 351-370.

Reble, A. (¹⁰1969): Geschichte der Pädagogik. Abermals durchgesehene Aufl. Stuttgart: Klett.

Rosenbaum, H. (^{6}1993): Formen der Familie. Untersuchungen zum Zusammenhang von Familienverhältnissen, Sozialstruktur und sozialem Wandel in der deutschen Gesellschaft des 19. Jahrhunderts. Frankfurt a.M.: Suhrkamp.

Roth, H. (1962): Die realistische Wendung in der Pädagogischen Forschung. In: Neue Sammlung. Göttinger Blätter für Kultur und Erziehung 2, S. 481-490.

Scheuerl, H. (Hrsg.) (1979): Klassiker der Pädagogik. 2 Bde. München: Beck.

Schriewer, J. (Hrsg.) (2007): Weltkultur und kulturelle Bedeutungswelten. Zur Globalisierung von Bildungsdiskursen. Frankfurt a.M.: Campus.

Schubring, G. (1983; 2., korrigierte und ergänzte Aufl. 1991): Die Entstehung des Mathematiklehrerberufs im 19. Jahrhundert. Studien und Materialien zum Prozeß der Professionalisierung in Preußen (1810-1870). Weinheim/Basel: Beltz.

Sektion Historische Bildungsforschung in der Deutschen Gesellschaft für Erziehungswissenschaft (2014): Protokoll der Klausurtagung am 10.10.2014 in Augsburg. Unveröffentlichtes Papier.

Streeck, W. (2013): Gekaufte Zeit. Die vertagte Krise des demokratischen Kapitalismus. Berlin: Suhrkamp.

Tenorth, H.-E. (2002): Historische Bildungsforschung. In: Tippelt, R. (Hrsg.): Handbuch Bildungsforschung. Opladen: Leske + Budrich, S. 123-139.

Tenorth, H.-E. (Hrsg.) (2003): Klassiker der Pädagogik. 2 Bde. München: Beck.

Tenorth, H.-E. (2006): Verwissenschaftlichung und Disziplinierung pädagogischer Reflexion. Zum Stand der Forschung. In: Jahrbuch für Historische Bildungsforschung 12, S. 331-350.

Tenorth, H.-E. (2010): Empirische Schulforschung aus bildungshistorischer Sicht. In: Gauger, J.-D./Kraus, J. (Hrsg.): Empirische Bildungsforschung. Notwendigkeit und Risiko. St. Augustin/Berlin: Konrad Adenauer Stiftung, S. 7-20.

Tenorth, H.-E. (2014): Politikberatung und Wandel der Expertenrolle oder: Die Expertise der Erziehungswissenschaft. In: Fatke, R./Oelkers, J. (Hrsg.): Das Selbstverständnis der Erziehungswissenschaft: Geschichte und Gegenwart. Weinheim u.a.: Beltz Juventa, S. 139-171.

Terhart, E. (2013): Widerstand von Lehrkräften in Schulreformprozessen. Zwischen Kooperation und Abstruktion. In: McElvany, N./Holtappels, H.G. (Hrsg.): Empirische Bildungsforschung. Theorien, Methoden, Befunde und Perspektiven. Münster u.a.: Waxmann, S. 76-92.

Terhart, E. (2014): Wirkungsannahmen in Konzepten der Qualitätsverbesserung des Bildungssystems: Hoffen, Bangen, Trauern. In: Fickermann, D./Maritzen, N. (Hrsg): Grundlagen für eine daten- und theoriegestützte Schulentwicklung. Konzeption und Anspruch des Hamburger Instituts für Bildungsmonitoring und Qualitätsentwicklung (IfBQ). Münster u.a.: Waxmann, S. 181-199.

Tillmann, K.-J./Dedering, K./Kneuper, D./Kuhlmann, C./Nessel, I. (2008): PISA als bildungspolitisches Ereignis. Fallstudien in vier Bildungsländern. Wiesbaden: VS.

Titze, H. (1987): Das Hochschulstudium in Preußen und Deutschland, 1820-1944. Datenhandbuch zur deutschen Bildungsgeschichte, Bd. I, Teil 1. Göttingen: Vandenhoeck & Ruprecht.

Titze, H./Nath, A./Müller-Benedict, V. (1985): Der Lehrerzyklus. Zur Wiederkehr von Überfüllung und Mangel im höheren Lehramt in Preußen. In: Zeitschrift für Pädagogik 31, H. 1, S. 97-126.

Tosch, Frank (2006): Gymnasium und Systemdynamik. Regionaler Strukturwandel im höheren Schulwesen der preußischen Provinz Bandenburg 1890-1938. Bad Heilbrunn: Klinkhardt.

Tröhler, D. (2006): Öffentliche Schule, Gouvernance und Demokratie. In: Miller-Kipp, G./Zymek, B. (Hrsg.) (2006): Politik in der Bildungsgeschichte – Befunde, Prozesse, Diskurse. Bad Heilbrunn: Klinkhardt, S. 87-100.

Wehler, H.-U. (1998): Die Herausforderung der Kulturgeschichte. München: Beck.

Zymek, B. (1999): Schule, Schulsystem, Schulentwicklung. In: Baumgart, F./Lange, U. (Hrsg.): Theorien der Schule. Erläuterungen – Texte – Arbeitsaufgaben. Bad Heibrunn: Klinkhardt, S. 216-223.

Zymek, B. (2007): Nationale und internationale Standardisierungsprozesse in der Bildungsgeschichte. Das deutsche Beispiel. In: Jahrbuch für Historische Bildungsforschung 13, S. 307-334.

Zymek, B. (2009): Wettbewerb zwischen Schulen als Programm und Wettbewerb als Struktur des Schulsystems. In: Lange, U./Rahn, S./Seitter, W./Körzel, R. (Hrsg.): Steuerungsprobleme im Bildungswesen. Wiesbaden: VS, S. 80-100.

Zymek, B. (2013): Schulrecht und Schulentwicklung. Zum Verhältnis von Städten und Staat in der deutschen Schulgeschichte und heute. In: Recht der Jugend und des Bildungswesens 61, H. 4, S. 484-504.

Zuerst veröffentlicht in:
DDS – Die Deutsche Schule
107. Jahrgang 2015, Heft 4, S. 396-410
© 2015 Waxmann

Katharina Maag Merki/Herbert Altrichter

Educational Governance

Zusammenfassung

Die Educational-Governance-Forschung *wird hier beschrieben als ein Forschungsansatz einer interdisziplinären Bildungsforschung, der das Zustandekommen, die Aufrechterhaltung und die Transformation sozialer Ordnung und sozialer Leistungen im Bildungswesen unter der Perspektive der Handlungskoordination zwischen verschiedenen Akteurinnen und Akteuren in komplexen Mehrebenensystemen untersucht. Im folgenden Artikel wird zunächst die Herkunft und Entwicklung der Kategorie „Governance" in den Politik- und Sozialwissenschaften skizziert, bevor die zentralen Begriffe des Konzepts erläutert werden. Danach werden Forschungsstrategien und -methoden der Governance-Forschung dargestellt und offene Fragen sowie einige mögliche Entwicklungsperspektiven diskutiert.*
Schlüsselwörter: Governance, Steuerung, Bildungsstandards, Forschungsmethoden, Methodologie

Educational Governance

Summary

Research in Educational Governance *is a branch of interdisciplinary research in education which studies how social order and performance is produced, maintained and transformed by coordinated action of a multitude of actors in complex multi-level education systems. The paper begins with describing the origin and development of the concept "governance" in social and political sciences and explains the central categories of this approach. Strategies and methods of educational governance research are discussed. Finally, open questions and potential options for further development of this approach are raised.*
Keywords: governance, performance standards, research methods, methodology

1. Herkunft und Geschichte der Kategorie „Governance"

„Governance" als sozialwissenschaftliches Konzept ist in der deutschsprachigen Diskussion Ende der 1980er-/Anfang der 1990er-Jahre im Bereich der *Politikwissenschaften* aufgetaucht und markiert dort den zunehmenden Zweifel an einer Theorie politischer Steuerung – oder: des Regierens –, die sich auf die formal entscheidungsberechtigten Spitzen des Systems fokussiert (vgl. Mayntz 2001/2009, S. 29). Diese Konzentration auf die „Staatenlenker", auf die „legislators" auf der Ebene der Nationalstaaten, kam im Feld der Politik gleichsam von zwei Seiten unter Druck:

Einerseits gerieten durch die empirische Erforschung politischer Transformationen und der Implementation von Neuerungen „das Adressatenverhalten und die strukturellen Besonderheiten verschiedener Regelungsfelder" (Mayntz 2005/2009, S. 43) in den Blick. Dadurch wurde deutlich, dass auch die „Steuerungsobjekte" unterhalb der Ebene der Gesetzgebung aktiv sind und „dass Regierungen und Verwaltungen ihre Aufgaben meistens nicht autonom, sondern nur in Zusammenwirkung mit andern Akteuren, seien es solche aus dem öffentlichen oder dem privaten Sektor, erfüllen können, ferner dass zahlreiche kollektiv verbindliche Regeln ohne den Staat gesetzt und durchgesetzt werden" (Benz 2004a, S. 17). Politik erschien weniger als Lenkung von Staaten denn als „Management von Interdependenzen" (ebd.) zwischen einer Vielzahl von Akteuren.

Andererseits kam die traditionelle Steuerungstheorie gleichsam unter Druck von oben: Lange Zeit hatte sich diese auf den einzelnen Nationalstaat mit relativ klarer Identität, Grenzen und Mitgliedschaft konzentriert. Mit dem Entstehen der Europäischen Union und mit der Globalisierung internationaler Beziehungen musste sich der Blick auch auf Entscheidungsräume „oberhalb" des Nationalstaats richten. In dieser Perspektive erscheint der Staat nicht mehr als ein autonomes Regelungssubjekt. Nationalstaatliche Politik ist vielmehr von externen Bedingungen abhängig, die nicht nur durch legislative und regulatorische Prozesse auf europäischer Ebene, sondern auch aufgrund anderer gesellschaftlicher Dynamiken, z.B. als „Sekundäreffekte" der europäischen Marktintegration, entstehen (vgl. Mayntz 1998/2009, S. 19f.).

Mayntz (vgl. ebd., S. 14) versteht die Evolution der politikwissenschaftlichen Governance-Theorie als eine Entwicklung von einem „engeren Verständnis von Steuerung" zu einer weiteren Konzeptualisierung: „Nicht Intervention, das Steuerungshandeln von Akteuren, sondern die wie auch immer zustande gekommene Regelungsstruktur und ihre Wirkung auf das Handeln der ihr unterworfenen Akteure steht nun im Vordergrund. Die Governance-Perspektive geht damit nahtlos in eine institutionalistische Denkweise über" (Mayntz 2005/2009, S. 45). Die Aufmerksamkeit gilt den „Institutionen, die rationales Handeln über situative Anreize lenken" (ebd.). „In den Vordergrund schiebt sich jetzt die Frage nach den verschiedenen Formen der Regelung" (ebd., S. 44).

In einer politik- und sozialwissenschaftlichen Forschungsgruppe an der Fernuniversität Hagen erfolgte seit der Jahrtausendwende eine weiter führende konzeptuelle Ausarbeitung der Governance-Perspektive (z.B. Benz 2004a; Benz et al. 2007; Schimank 2009). Durch empirische Projekte wurden diese Konzepte auch für die Erforschung von Bildungssystemen nutzbar gemacht, beispielsweise für die Analyse der Transformationen der Steuerung der Universitätssysteme (Schimank 2005; Schiene/Schimank 2007; de Boer/Enders/Schimank 2007). Thomas Brüsemeister (2004a; 2004b), damals ebenfalls in Hagen, hat das Governance-Begriffsinventar zum ersten Mal zur empirischen Erforschung von Transformationen im Schulwesen verwendet. Ihm ging es darum zu verstehen, wie die aktuellen Veränderungen in den deutschsprachigen Schulsystemen, die unter der Marke eines „neuen Steuerungsmodells" propagiert wurden, von den Lehrpersonen wahrgenommen und in ihrem Handeln aufgegriffen werden. Schon in dieser Studie zeigte sich, dass dies an verschiedenen Schulstandorten in sehr unterschiedlicher Weise geschah, wodurch die „Implementierungsprobleme von Reformen" in den Blickpunkt traten. Altrichter, Brüsemeister und Heinrich (2005) nutzten das konzeptuelle Inventar, um unterschiedliche Aufmerksamkeitsschwerpunkte im Ablauf der aktuellen Modernisierungsbestrebungen in den deutschsprachigen Schulsystemen herauszuarbeiten. Die konzeptuelle Weiterentwicklung des Ansatzes und die Herstellung von Beziehungen zu anderen Diskursen in der Bildungsforschung (Altrichter/Brüsemeister/Wissinger 2007; Kussau/Brüsemeister 2007) standen im Zentrum der ersten Bände der Buchreihe *Educational Governance*, die seit 2007 im Verlag Springer VS, Wiesbaden, erscheint. Der Begriff und das Konzept sind aber auch in anderen Zusammenhängen bereits früh sichtbar geworden. So werden im Deutschen Institut für Internationale Pädagogische Forschung (DIPF), dessen „Arbeitseinheit Steuerung und Finanzierung des Bildungswesens" sich englisch „Center for Research on Educational Governance" nennt, empirisch-quantitative, bildungsökonomische und bildungsrechtliche Studien mit Governance-Überlegungen verbunden (von Kopp 2007; Brückner/Tarazona 2010; Rürup/Fuchs/Weishaupt 2010). Helmut Fend, der führende deutschsprachige Schultheoretiker, nutzt nicht nur den Begriff „Governance" (z.B. Fend 2008, S. 132), sondern hat mit der Idee der „Rekontextualisierung" ein einprägsames Bild für die Koordinationsprozesse in einem Mehrebenensystem geschaffen (vgl. Fend 2006, S. 174ff.).

Die rasch wachsende Zahl der Bände der Reihe *Educational Governance*, die auch zunehmend Dissertationen (Rürup 2007; Berkemeyer 2009; Kühn 2010; Preuß 2012) umfasst, ist wohl ein Hinweis darauf, dass das Governance-Konzept Anregungskraft für Bildungsforscher und -forscherinnen aus unterschiedlichen Theorie- und Forschungstraditionen gewonnen hat, die die Komplexität jener Bildungsreformen verstehen und empirisch erforschen wollen, die eine umfassende Systemveränderung von der politischen und administrativen Steuerung bis zum Schülerlernen in den Klassenzimmern zu betreiben beanspruchen.

2. Zentrale Konzepte

Ist diese Perspektive auf Steuerungsprozesse und soziale Koordination auch für die Bildungsforschung produktiv? Die Idee der „Steuerung" ist auch dem Bildungswesen nicht fremd. Steuerungsüberlegungen haben in der jüngeren Geschichte der deutschsprachigen Schulsysteme in verschiedener konzeptueller und verbaler Gestalt ihre Konjunkturen erlebt (vgl. Schimank 2009; Berkemeyer 2009). Jüngst – insbesondere seit dem „PISA-Schock" 2001 – hat aber der Druck auf Bildungspolitik und -verwaltung, rasch wirksame Schulreformen umzusetzen, deutlich zugenommen (vgl. Altrichter/Heinrich 2007). Der daraus entstandene Reformdiskurs wird mehr und mehr in einer „Steuerungs-Begrifflichkeit" geführt: Die Bildungspolitik will „Steuerungsimpulse" zur Steigerung der Qualität im Bildungswesen setzen; Lernstandserhebungen und Schulinspektionen sollen die Aufmerksamkeit von Einzelschulen auf Entwicklungsnotwendigkeiten „lenken" usw. Auch wenn mit der Educational-Governance-Perspektive unserer Meinung nach sicher nicht alle relevanten Fragen der Bildungsforschung thematisiert werden können, hat diese doch ein deutliches Potential, wenn es um die Analyse von Prozessen der Bildungsreform geht, die ja typischerweise den Anspruch haben, verschiedene Ebenen des Bildungssystems zu berühren und zu transformieren: Die Einführung von Bildungsstandards erfordert beispielsweise – so der Reformplan –, dass Lehrpersonen kompetenzorientiert unterrichten, Schülerinnen und Schüler ihr Lernen daran orientieren, Schulleitungen entsprechende Entwicklungsprozesse am Standort anregen und organisatorisch unterstützen, Fortbildungsinstitutionen entsprechende Fortbildung anbieten, Schulbuchverlage ihre Produkte verändern usw.

Im Folgenden verstehen wir die *Educational-Governance-Forschung* als einen Forschungsansatz einer interdisziplinären Bildungsforschung, der das Zustandekommen, die Aufrechterhaltung und die Transformation sozialer Ordnung und sozialer Leistungen im Bildungswesen unter der Perspektive der Handlungskoordination zwischen verschiedenen Akteurinnen und Akteuren in komplexen Mehrebenensystemen untersucht. Educational Governance ist ein analytisches Konzept: Spezifische Regulierungs- und Steuerungsverhältnisse oder Governance-Strukturen (z.B. Schulautonomie, Bildungsstandards) sollen mit den Mitteln der Educational-Governance-Forschung untersucht werden. Somit verfolgen wir mit diesem Begriff keine normative Bestimmung im Sinne einer „good governance", also der Vorstellung, dass „neue" Steuerungskonzeptionen (z.B. *New Public Management*, Output-Steuerung) besser sind als ältere Modelle. Der Wandel von Steuerungskonzeptionen ist somit nicht normative Voraussetzung, sondern zu untersuchender Gegenstand von Governance-Analysen (vgl. Blumenthal 2005, S. 1166).

Diese Definition weist auf zentrale Kategorien der Governance-Analyse im Bildungssystem hin: Im Zentrum steht die Untersuchung sozialer Steuerung oder Regulierung, die als Frage der *Handlungskoordination*, der wechselseitigen Handlungsanpassung, des „Managements von Interdependenzen zwischen (in der Regel kollektiven) Akteuren" (Benz 2004a, S. 25) verstanden wird. „Analytisch betrachtet wird mit Governance der Regelungsaspekt in komplexen Strukturen bezeichnet" (ebd., S. 17). Dazu müssen verschiedene Modi der Handlungskoordination unterschieden werden: Während in der politikwissenschaftlichen Forschung zunächst auf institutionelle Regelungsmechanismen, wie Staat, Markt, Netzwerk und Gemeinschaft (vgl. Pierre/Peters 2000, S. 17ff.; Benz 2004a, S. 20) rekurriert wurde, gibt es in der Zwischenzeit ergänzend vielfältigere, an die jeweiligen Analyseebenen und -felder angepasste Kategorienvorschläge (vgl. z.B. Lange/Schimank 2004, S. 20).

In Anerkennung der Schwierigkeit, zwischen Steuerungssubjekten und -objekten klar zu trennen, geht die Governance-Perspektive von einer *Vielzahl beteiligter Akteurinnen, Akteure und Akteurkonstellationen* bei gesellschaftlichen Regulationsprozessen aus. Dabei sind zunächst überindividuelle, „soziale" oder „korporative" Akteure gemeint. Diese sind „composite actors", Konstellationen individueller Akteurinnen und Akteure, die durch „Zusammenhandeln" (vgl. Fend 2006) entstehen und selbst schon das Ergebnis einer „Handlungskoordination" sind. Akteurinnen und Akteure wirken – bewusst oder unbewusst – in ihrem Handeln so zusammen, dass es aus der Beobachterperspektive erscheint, als verfolgten sie eine gemeinsame Zielsetzung. Die Handlungskoordination solcher „Akteurkonstellationen" kann sowohl explizit aus Verhandlungen (typisch für „korporative Akteure") als auch implizit aufgrund gemeinsamer Deutungsmuster und wechselseitiger Beobachtung (typisch für „kollektive Akteure" im Sinne sozialer Bewegungen) entstanden sein (vgl. Schimank 2002, S. 306ff.).

In ihrem Handeln stützen sich Akteurinnen und Akteure auf *Institutionen*, auf *institutionalisierte Regelsysteme*. Solche Regeln sollen Akteurinnen und Akteuren in prinzipiell unsicheren gesellschaftlichen Situationen eine gewisse Erwartungs- und Entscheidungssicherheit und damit relativ zielorientiertes und „ökonomisches" Handeln bei der gesellschaftlichen Aufgabe der Interdependenzbewältigung ermöglichen (vgl. Schimank 2007, S. 174). Solche Institutionen sind gleichermaßen sowohl vorausgesetzter Kontext des Handelns als auch Gegenstand von formellen und informellen Gestaltungsbemühungen der Akteurinnen und Akteure. In der Governance-Perspektive werden diese sozialen Institutionen auch zum zentralen Erklärungsgegenstand, weil in ihnen wesentliche Angebote zur Handlungskoordination „aufbewahrt" werden. Der Begriffskern analytischer Governance-Ansätze „lässt somit einerseits eine deutliche institutionalistische Prägung erkennen, enthält aber auch Anknüpfungspunkte für akteursorientierte Zugänge, insofern als Steuern bzw. Koordinieren weiterhin als intentionales Handeln gedacht werden soll" (Blumenthal 2005, S. 1167). Die Akteurs-/Prozessperspektive wird ebenso wie die Strukturperspektive als wichtig für die Erklärung der in Frage stehenden Phänomene angesehen (vgl. Altrichter 2015, S. 38f.).

Die Einsicht, dass „oberhalb" und „unterhalb" des nationalstaatlichen Regulierungsakteurs ebenfalls Steuerung geschieht, hat die Annahme eines *Mehrebenencharakters* von gesellschaftlicher Steuerung vorbereitet, die offensichtlich auch für das Bildungswesen relevant ist (vgl. Kussau/Brüsemeister 2007, S. 31ff.). Mehrebenensysteme entstehen immer dann, wenn bei gesellschaftlicher Gestaltung Grenzen zwischen Organisationen, aber auch die Grenzen von Staat und Gesellschaft überschritten werden müssen, „wenn zwar die Zuständigkeiten nach Ebenen aufgeteilt, jedoch die Aufgaben interdependent sind, wenn also Entscheidungen zwischen Ebenen koordiniert werden müssen" (Benz 2004b, S. 127).

Schließlich scheint die Idee der *Mischung oder der hybriden Formen* ein zentrales Motiv der Governance-Perspektive zu sein. Prozesse, die unterschiedlichen Logiken der Handlungskoordination folgen, koexistieren nicht nur „nebeneinander", sondern greifen oft ineinander und sind kausal aufeinander bezogen (vgl. Mayntz 1998/2009, S. 23f.). Der Anspruch der Governance-Analyse ist es, diesen Sachverhalt nicht bloß zu konstatieren, sondern die Feinstruktur dieser „Mischungen", dieser hybriden Formen der Handlungskoordination, kategorial und empirisch zu erfassen.

Vielzahl von Akteurinnen und Akteuren, Mehrebenencharakter, Erfassung hybrider Mischungen – diese Themen deuten an, dass der gegenstandsbezogene Anspruch des Governance-Ansatzes nicht gerade bescheiden ist: Die (offenbar steigende) *Komplexität von Gesellschaft wie von Bildungssystemen* soll durch Forschung umfassender als bisher thematisiert werden. Auf der anderen Seite sind die theoriebezogenen Ansprüche des Ansatzes deutlich geringer. Allenthalben findet man die Weigerung, die kategorialen Bemühungen als Disziplin, als „Governance-Theorie" bezeichnet zu sehen; stattdessen soll sie *„Perspektive"* oder *„Betrachtungsweise"* genannt werden: „Mit Betrachtungsweise ist nicht eine genaue Definition des Begriffs gemeint, sondern es sind die Aspekte angesprochen, auf die dieser Begriff die Aufmerksamkeit dessen lenkt, der sich mit der Wirklichkeit in systematischer Weise beschäftigt." (Benz 2004a, S. 19)

Diese vorsichtige Selbstpositionierung harmoniert mit dem Versuch,

> „die impliziten Annahmen eines Großteils der Forschung zu Governance möglichst gering zu halten, um so ein auf verschiedenste Konstellationen anwendbares Instrumentarium zu erhalten. Governance als Forschungsperspektive erhebt nicht den Anspruch, eine Theorie der Gesellschaft oder staatlichen Handelns für

das 21. Jahrhundert zu formulieren, sondern versteht sich als ‚organising frame-work‘ (Stoker 1998, S. 18), das mit verschiedenen Theorieansätzen kompatibel ist.“ (Blumenthal 2005, S. 1166; vgl. auch Ball 1997, S. 43)

Die relative Offenheit für spezifischere Theorien ist eine „Stärke“ des Ansatzes, wenngleich er natürlich auch bestimmte theoretische Affinitäten aufweist und bestimmte Blick- und Fragerichtungen nahelegt (vgl. Benz 2004a, S. 27).

3.   Forschungsstrategien und -methoden

Welche theoretischen und empirischen Vorgehensweisen entsprechen den Ansprüchen der Educational-Governance-Forschung? Nachfolgend sollen zentrale Punkte ihres Forschungsverständnisses vorgestellt und am Beispiel der Analyse der Implementation von Bildungsstandards erläutert werden. Bildungsstandards stellen eines der wesentlichen neuen Elemente dar, die im Zuge der Umformung der Steuerungsmodelle in den letzten 15 Jahren auf allen Bildungsstufen (zumindest in Deutschland und Österreich) eingeführt worden sind. Damit soll beispielhaft ein praktisches „Governance-Modell“ mit Hilfe des „Analyseansatzes Educational Governance“ untersucht werden. Die beschriebenen methodischen Herangehensweisen sind idealtypisch, ohne Anspruch auf Vollständigkeit, zu verstehen (vgl. Altrichter/Maag Merki 2016b).

1) *Governance-Studien beziehen unterschiedliche theoretische Ansätze in die eigenen Analysen mit ein. Sie sind damit für verschiedene sozialwissenschaftliche Theorieansätze offen. Allerdings zeichnet sich die Governance-Perspektive durch einen Satz von gemeinsamen Bestimmungsstücken aus, die die Aufmerksamkeit von Forscherinnen und Forschern auf bestimmte Aspekte der Wirklichkeit lenken und „kategoriale Brücken“ zwischen verschiedenen Einzeluntersuchungen ermöglichen.*

Die Analyse der Implementation von Bildungsstandards kann nicht ohne den Einbezug unterschiedlicher Theorietraditionen erforscht werden. Die Einführung von Bildungsstandards fokussiert zwar zentral die Individualebene, nämlich die Kompetenzen der Schülerinnen und Schüler; aufgrund der Komplexität der Umsetzung dieses neuen Steuerungselementes (vgl. Klieme et al. 2003) sind aber die Unterrichtsebene, die Schulebene und die Makroebene ebenfalls betroffen. Um die Regelungs- und Steuerungsprozesse sowie die Effekte dieser Steuerungsreform angemessen zu untersuchen, sind unterschiedliche Theoriebezüge notwendig, mit denen die Kernelemente einer Educational-Governance-Forschung (z.B. Handlungskoordination, Akteurinnen und Akteure, Mehrebenensystem, transintentionale Wirkungen) fokussiert werden können.

Zunächst kann die Effektivität der Einführung daran gemessen werden, inwiefern es gelingt, die Kompetenzen der Schülerinnen und Schüler klassen- und schulübergreifend zu erfassen und zu beurteilen. Hierzu dienen *Kompetenzmodelle* als Folie für die Identifikation der Stärken und Schwächen der Schülerinnen und Schüler. Nebeneffekte der Neuerung können beispielsweise durch Rückgriff auf Kategorien von *Schultheorien* und auf empirische Ergebnisse der *Implementationsforschung* beobachtet werden. Langfristig interessiert zudem, inwiefern die Kompetenzen über mehrere Jahre verbessert und der Unterricht der Lehrpersonen kompetenzorientiert gestaltet werden können. Dies kann unter Rückgriff auf *Unterrichtsqualitätsmodelle* untersucht werden, da diese zentrale Indikatoren für die Identifikation eines kompetenzorientierten Unterrichts zur Verfügung stellen. Aufgrund der Rückmeldungen, die die Schulen und Lehrpersonen im Rahmen der vergleichenden Kompetenzmessungen erhalten, können zudem *Theorien der Unterrichtsentwicklung, der Professionalisierung* oder *der Schulentwicklung* hilfreich sein, um die intendierten und transintentionalen Effekte erfassen zu können. Über *akteurszentrierte* und *institutionalistische Ansätze* (Neo-Institutionalismus, Akteurs- und Handlungstheorien) wird es zudem möglich sein, die Koordinationsleistungen der verschiedenen Akteurinnen und Akteure im Mehrebenensystem zu untersuchen.

2) *„Politik" oder die Gestaltung sozialer Ordnung und sozialer Leistungen tritt in unterschiedlichen Manifestationsformen auf, die alle für das Verständnis von Steuerungs- und Gestaltungsgeschehen interessant sind und daher von Governance-Studien thematisiert werden müssen.*

Um etwas über die Gestaltung sozialer Ordnungen und sozialer Leistungen bzw. die Prozesse und Wirkungen der Einführung von Bildungsstandards erfahren zu können, sind unterschiedliche Datenquellen als Manifestationsformen einzubeziehen. So interessieren beispielsweise *normative Regelsysteme* zu den gewünschten Wirkungen von Bildungsstandards oder *Umsetzungsvorgaben* für Lehrpersonen und Schulen, die *Handlungen und Transaktionen* zwischen den Lehrpersonen des gleichen Faches oder unterschiedlicher Fächer, Fachgremien, die die Bildungsstandards für die *Aus- und Weiterbildung* aufbereiten, *Unterrichtspraktiken* in Fächern, die mit bzw. nicht mit Bildungsstandards überprüft werden, *Orientierungen, Einstellungen oder Perspektiven* der verschiedenen Akteurinnen und Akteure im Bildungswesen oder kurz- und längerfristige Veränderungen in der *Interaktion* zwischen Lehrprofession, Schulaufsicht und Schuladministration.

3) *Governance-Studien müssen sich sowohl mit Akteurinnen und Akteuren als auch mit Strukturen befassen.*

Damit wird deutlich, dass Bildungsstandards im Kontext neuer Steuerungsmodelle nur dann in ihrer Komplexität erfasst werden können, wenn zum einen die Strukturen, beispielsweise *Vorgaben, Lehrpläne, Ressourcen, Aus- und Weiterbil-*

dungskonzepte und formale Rechenschaftssysteme, zum andern die Akteurinnen und Akteure, zunächst die *Schulleitungen, Lehrpersonen, Schülerinnen und Schüler, Eltern und Behörden* in den Fokus der Analysen gelangen. Interessant dabei ist aber auch, weitere, bislang weniger häufig untersuchte Akteursgruppen zu berücksichtigen, so beispielsweise Lehrerverbände, Elternvertretungen, politische Verbände (siehe hierzu als Beispiel für Lehrplanreformen Bosche/Lehmann 2014) und ihre Handlungen, Orientierungen, Perspektiven oder Einflusswege. Besonders interessieren die *Interdependenzen* zwischen den Akteurinnen und Akteuren und jene mit den entsprechenden Strukturen, da anzunehmen ist, dass nicht nur generelle Prozesse und Effekte zu finden sind, sondern dass diese auch in Abhängigkeit von ihrer Situationsspezifität variieren.

4) *Governance-Analysen unterscheiden zwischen Beobachter- und Teilnehmerperspektiven und beziehen diese systematisch aufeinander.*

Bei der Untersuchung der Implementation von Bildungsstandards kann zum einen unter Berücksichtigung einer Teilnehmerperspektive eine *systematische Analyse des Alltagswissens, der Orientierungen, der Diskurse oder Handlungsstrategien der Akteurinnen und Akteure* erfolgen. Woran orientieren sich Lehrpersonen im Umgang mit Bildungsstandards? Wie übersetzen sie die Vorgaben in ihren Unterricht? Wie agieren sie im Rahmen von Fachkollegien? Welche Konsequenzen ziehen Schulleitungen und Lehrpersonen aus den Resultaten von vergleichenden Prüfungen zur Erfassung der in den Bildungsstandards definierten Kompetenzen? Damit soll eine „Rekonstruktion der gesellschaftlichen Wirklichkeit aus der Perspektive der handelnden Subjekte in hermeneutisch-interpretativer Einstellung" (Osterloh/Grand 1997, S. 357) geleistet werden.

Zum anderen gehen Governance-Analysen über die Rekonstruktion der Teilnehmerperspektiven hinaus, indem sie *latente Strukturen oder implizite, handlungspraktische Orientierungsmuster* herausarbeiten, die erst in einer weitergehenden Analyse unter Berücksichtigung einer Metaperspektive deutlich werden. So können, wie dies beispielsweise Asbrand (2014) beschreibt, Orientierungen an bestimmte Kontexte, d.h. die konjunktiven Erfahrungsräume, zurückgebunden werden, was erlaubt, intendierte und nicht intendierte Wirkungen von Bildungsstandards zu beschreiben. Diese Beobachterperspektive kann als kritische Instanz Orientierungshilfen für das Verstehen sozialer Ordnungen und ihrer Transformation zur Verfügung stellen.

5) *Governance-Studien dürfen keinen engen Fokus wählen, sondern müssen Politiken in ihrem Kontext und ihrer historischen Bedingtheit untersuchen.*

Wie die internationale Diskussion zeigt, unterscheidet sich die Konzeption „Bildungsstandards" im internationalen Vergleich deutlich (vgl. Klieme et al. 2003).

Darüber hinaus sind Bildungsstandards oftmals *nur ein Element in einem umfassenden Steuerungsmodell*, wobei verschiedene Studien zeigen, dass der bildungspolitische Kontext und das entsprechende Rechenschaftssystem, beispielsweise, inwiefern die Schülerinnen und Schüler, Lehrpersonen und Schulen gravierende Konsequenzen zu befürchten haben, falls die entsprechenden Zielvorgaben nicht erreicht werden („High-Stakes-Systeme"), die Prozesse der Umsetzung sowie die Wirkungen von Bildungsstandards beeinflussen (vgl. Maag Merki 2016). Die Untersuchung von Prozessen und Wirkungen von Bildungsstandards sollte somit *in Abhängigkeit vom gesellschaftlichen, bildungspolitischen und historischen Kontext* erfolgen; andernfalls ist die Validität der Ergebnisse eingeschränkt, und die Ergebnisse sind nur für eine spezifische Situation, nicht aber situations- und kontextübergreifend gültig. Die Ergebnisse der Analysen von Bildungsstandards in Deutschland, in den USA oder in England sind somit nur bedingt vergleichbar, da neben der konkreten Umsetzung die entsprechenden Bildungssysteme historisch und in ihrem kulturellen und politischen Kontext unterschiedlich sind.

6) *Governance-Studien müssen sowohl die Ebene politischer Proklamation und Legitimation als auch jene tatsächlicher Handlung und ihrer Wirkungen in den Blick nehmen und zueinander in Beziehung setzen.*

Bei der Analyse der Implementation von Bildungsstandards sind sowohl die *politisch kommunizierten Erwartungen und Zielvorgaben*, wie sie beispielsweise von der Kultusminister-Konferenz in Deutschland[1] proklamiert werden, in den Blick zu nehmen als auch die konkret in der Praxis festgestellten (Nicht-)Veränderungen, Problemzonen oder divergenten Umsetzungsformen. Educational-Governance-Analysen gehen damit über eine „reine" Implementationsforschung hinaus, *indem theoretisch fundiert auch das politisch nicht Erwartete* untersucht wird. So zeigen verschiedene Befunde, dass die Einführung von Bildungsstandards oder zentralen Abschlussprüfungen kaum „evidenzbasiert" erfolgte, sondern hauptsächlich einer politischen Agenda folgte (vgl. Tillmann et al. 2008). Zudem sind bei der Umsetzung verschiedene Problemzonen aufgetaucht, die bei der Proklamation der Schulreform nur bedingt eingerechnet worden sind, so beispielsweise die Schwierigkeiten, die sich für Schulen und Lehrpersonen ergeben, aus den Ergebnissen von Vergleichsstudien zu lernen, Konsequenzen für ihre eigene schulische Praxis festzulegen und diese erfolgreich umzusetzen (vgl. Altrichter/Moosbrugger/Zuber 2016).

7) *Governance-Studien untersuchen Handlungen von Akteurinnen und Akteuren in sozialen Systemen mit dem Ziel, normative Konzepte mit den empirisch erfassten Wirkungen und Umsetzungsmodi zu konfrontieren sowie Wissen über die Implikationen von Koordinationskonstellationen zur Verfügung zu stellen, das es er-*

---

1   Vgl. URL: http://www.kmk.org/bildung-schule/qualitaetssicherung-in-schulen/bildungsstandards/ueberblick.html; Zugriffsdatum: 14.07.2015.

laubt, begründete Vorschläge für die Gestaltung solcher Konstellationen im Feld zu formulieren.

Damit können Ergebnisse aus Educational-Governance-Analysen zum einen dazu dienen, *deskriptiv Umsetzungsmodi, Implementationsprozesse sowie positive, negative, intendierte und nicht-intendierte Wirkungen herauszuarbeiten.* Zum andern lassen sich aber auch *Risikokonstellationen oder* im Gegensatz dazu *Bedingungen für eine zieladäquate Umsetzung von Bildungsstandards identifizieren.* So zeigen verschiedene Befunde, dass die bereits oben erwähnten „High-Stakes-Systeme" kaum einen funktionalen Kontext für produktive Schul-, Unterrichts- und Lernentwicklungen darstellen, sondern die Ziele (z.B. Kompetenzentwicklung für alle Schülerinnen und Schüler) vor allem dann erreicht werden könnten, wenn ein umfassendes Set an schulexternen und schulinternen Rahmenbedingungen implementiert wäre (vgl. Maag Merki 2016). Der Educational-Governance-Forschungsansatz proklamiert somit nicht ein neues Steuerungsmodell, stellt aber den verschiedenen an praktischer Steuerung beteiligten Akteurinnen und Akteuren *Wissen über die Implikationen von Koordinationskonstellationen in spezifischen Kontexten und kritische Punkte ihrer Prozessgestaltung* zur Verfügung.

8) *Governance-Studien untersuchen die Fragen der Gestaltung und Leistung des Bildungssystems mittels empirischer Verfahren, wobei*
9) *unterschiedliche Forschungsstrategien und -methoden eingesetzt werden.*

Die Erforschung von Bildungsstandards mit Mitteln der Governance-Forschung ist *eine dezidiert theoretische wie auch empirische.* Sie kann nur dann differenziert und ihrer Komplexität entsprechend valide erfolgen, wenn unter Berücksichtigung einer *interdisziplinären Perspektive unterschiedliche methodische Verfahren*, quantitative wie qualitative Forschungsansätze, Querschnitt- und Längsschnittstudien, Selbstbeschreibungen wie auch performanznahe Verfahren, unter Berücksichtigung *multiperspektivischer* (Schulen, Lehrpersonen, Behörden, Verbände etc.) wie auch *multidimensionaler Kriterien* (Kompetenzentwicklung, Unterrichtsqualität, Organisationsentwicklung etc.) herangezogen werden. Methodische Monokulturen sind aus Sicht der Educational-Governance-Forschung ebenso wenig ertragreich wie die Eingrenzung auf wenige „richtige" Aspekte, die anscheinend wesentlicher sind als andere.

4. Ausblick

Allen eben genannten Kriterien gleichzeitig in einer Forschungsstudie genügen zu wollen, wäre wohl ein „ungesunder" Anspruch an sich selbst und andere. Wiewohl die zuvor genannten Ansprüche ein besseres Verständnis von Governance-

Phänomenen versprechen und zur Weiterentwicklung von Forschungsstrategien herangezogen werden sollten, werden sie kaum in ihrer Gesamtheit von Einzelstudien zu erfüllen sein. Aus dem ergibt sich, dass mit den zuvor diskutierten Überlegungen weniger Kriterien für Einzelstudien, sondern letztlich *Ansprüche an einen Governance-Diskurs* formuliert sind. Seine Aufgabe ist es u.a., Beziehungen zwischen verschiedenen Ansätzen und Studien herzustellen, Forschungslücken zu identifizieren oder Anforderungen an zukünftige Forschungen zu beschreiben.

Der beschriebene Educational-Governance-Ansatz kann aus unserer Sicht aufgrund der theoretischen wie auch methodischen Konzeption einen Beitrag für die Erforschung des Bildungswesens leisten. Der auch immer wieder kritisierte breite Fokus dieses Ansatzes erfährt insofern eine Eingrenzung, als es eine Beschränkung auf zentrale Merkmale (Mehrebenensystem, Handlungskoordinationen von Akteurinnen und Akteuren etc.) gibt und nicht „Alles und Jedes" unter der Flagge *Educational-Governance-Forschung* zu subsumieren ist. Dennoch ist es das Ziel zukünftiger Forschung, den Begriff weiter zu schärfen und ihn gegenüber anderen Konzepten abzugrenzen. Zudem wird es notwendig sein, das analytische Verständnis eines Educational-Governance-Ansatzes gegenüber einer normativen Vorstellung von einer „good" Governance immer wieder deutlich herauszuarbeiten und einer möglichen Gefahr, als Teil des Wissenschaftssystems immer wieder auch als Teil des zu untersuchenden sozialen Systems wahrgenommen zu werden, entgegenzuarbeiten. So hat die Educational-Governance-Forschung systematisch auch ihre eigene Rolle – beispielsweise welche Fragestellungen in den Blick genommen und welche anderen vermieden werden – in regelmäßigen Abständen in Metaanalysen zu untersuchen. Aus einer methodischen Perspektive bleibt die Weiterentwicklung des methodischen Repertoires eine weitere zentrale „Baustelle" (vgl. Maag Merki/Langer/Altrichter 2014). So besteht die Gefahr, dass durch die Nutzung der immer wieder gleichen Verfahren, beispielsweise standardisierter Fragebogenerhebungen oder Interviewstudien, gewisse Prozesse, Handlungs- und Interpretationsmuster im Dunkeln bleiben. Ebenso sind Verbindungen zum nicht deutschsprachigen Diskurs über Governance-Transformationen derzeit noch spärlich und wurden erst in letzter Zeit gezielt gesucht (vgl. Altrichter 2010; Kuhlee/van Buer/Winch 2015). Damit bleibt die Zukunft interessant, und es ist zu hoffen, dass die Auseinandersetzung mit dem Educational-Governance-Forschungsansatz in der *Scientific Community* verstärkt und kritisch fortgeführt wird.

Anmerkung

Einige der Argumente dieses Beitrags wurden früher schon in Altrichter und Maag Merki (2016b) sowie Altrichter (2015) in ausführlicher Form zur Diskussion gestellt.

Literatur

Altrichter, H. (2010): Theory and Evidence on Governance: Conceptual and Empirical Strategies of Research on Governance in Education. In: European Educational Research Journal 9, H. 2, S. 147-158.

Altrichter, H. (2015): Governance – Steuerung und Handlungskoordination bei der Transformation von Bildungssystemen. In: Abs, H.J./Brüsemeister, T./Schemmann, M./Wissinger, J. (Hrsg.): Governance im Bildungssystem – Analysen zur Mehrebenenperspektive, Steuerung und Koordination. Wiesbaden: Springer VS, S. 21-63.

Altrichter, H./Brüsemeister, T./Heinrich, M. (2005): Merkmale und Fragen einer Governance-Reform am Beispiel des österreichischen Schulwesens. In: Österreichische Zeitschrift für Soziologie 30, H. 4, S. 6-28.

Altrichter, H./Brüsemeister, T./Wissinger, J. (Hrsg.) (2007): Educational Governance – Handlungskoordination und Steuerung im Bildungssystem. Wiesbaden: VS.

Altrichter, H./Heinrich, M. (2007): Kategorien der Governance-Analyse und Transformationen der Systemsteuerung in Österreich. In: Altrichter, H./Brüsemeister T./Wissinger, J. (Hrsg.): Educational Governance – Handlungskoordination und Steuerung im Bildungssystem. Wiesbaden: VS, S. 55-103.

Altrichter, H./Maag Merki, K. (Hrsg.) (2010): Handbuch Neue Steuerung im Schulsystem. Wiesbaden: Springer VS.

Altrichter, H./Maag Merki, K. (Hrsg.) (²2016a): Handbuch Neue Steuerung im Schulsystem. Wiesbaden: Springer VS.

Altrichter, H./Maag Merki, K. (²2016b): Steuerung der Entwicklung des Schulwesens. In: Dies. (Hrsg.): Handbuch Neue Steuerung im Schulsystem. Wiesbaden: VS, S. 1-27.

Altrichter, H./Moosbrugger, R./Zuber, J. (²2016): Schul- und Unterrichtsentwicklung durch Datenrückmeldung. In: Altrichter, H./Maag Merki, K. (Hrsg.): Handbuch Neue Steuerung im Schulsystem. Wiesbaden: VS, S. 235-277.

Asbrand, B. (²2014): Die dokumentarische Methode in der Governance-Forschung. Zur Rekonstruktion von Rekontextualisierungsprozessen. In: Maag Merki, K./Langer, R./Altrichter, H. (Hrsg.): Educational Governance als Forschungsperspektive. Strategien, Methoden, Ansätze. Wiesbaden: VS, S. 183-205.

Ball, S.J. (1997/2006): What is Policy? Texts, Trajectories and Toolboxes. In: Ders. (Hrsg.): Education Policy and Social Class. London: Routledge, S. 43-53.

Benz, A. (2004a): Governance: Modebegriff oder nützliches sozialwissenschaftliches Konzept? In: Ders. (Hrsg.): Governance – Regieren in komplexen Regelsystemen. Wiesbaden: VS, S. 11-28.

Benz, A. (2004b): Multilevel Governance – Governance in Mehrebenensystemen. In: Ders. (Hrsg.): Governance – Regieren in komplexen Regelsystemen. Eine Einführung. Wiesbaden: VS, S. 125-146.

Benz, A./Lütz, S./Schimank, U./Simonis, G. (Hrsg.) (2007): Governance – Ein Handbuch. Wiesbaden: VS.

Berkemeyer, N. (2009): Die Steuerung des Schulsystems. Theoretische und praktische Explorationen. Wiesbaden: VS.

Blumenthal, J. von (2005): Governance – eine kritische Zwischenbilanz. In: Zeitschrift für Politikwissenschaft 15, H. 4, S. 1149-1180.

Bosche, A./Lehmann, L. (²2014): Governance und die Suche nach Regelungsmechanismen. Methodologische Implikationen eines Forschungsansatzes. In: Maag Merki, K./Langer, R./Altrichter, H. (Hrsg.): Educational Governance als Forschungsperspektive. Strategien, Methoden, Ansätze. Wiesbaden: Springer VS, S. 237-257.

Brückner, Y./Tarazona, M. (2010): Finanzierungsformen, Zielvereinbarung, New Public Management, Globalbudgets. In: Altrichter, H./Maag Merki, K. (Hrsg.): Handbuch Neue Steuerung im Schulwesen. Wiesbaden: VS, S. 81-109.

Brüsemeister, T. (2004a): Schulische Inklusion und neue Governance. Münster: Monsenstein & Vannerdat.

Brüsemeister, T. (2004b): Das andere Lehrerleben. Lehrerbiographien und Schulmodernisierung in Deutschland und in der Schweiz. Bern: Haupt.

de Boer, H./Enders, J./Schimank, U. (2007): On the Way Towards New Public Management? The Governance of University Systems in England, the Netherlands, Austria, and Germany. In: Jansen, D. (Hrsg.): New Forms of Governance in Research Organisations. Dordrecht: Springer, S. 137-152.

Fend, H. (2006): Neue Theorie der Schule. Einführung in das Verstehen von Bildungssystemen. Wiesbaden: VS.

Fend, H. (2008): Schule gestalten. Wiesbaden: VS.

Klieme, E./Avenarius, H./Blum, W./Döbrich, P./Gruber, H./Prenzel, M./Vollmer, H.J. (2003): Zur Entwicklung nationaler Bildungsstandards. Eine Expertise. Bonn: Bundesministerium für Bildung und Forschung.

Kühn, S.M. (2010): Steuerung und Innovation durch Abschlussprüfungen? Wiesbaden: VS.

Kuhlee, D./van Buer, J./Winch, C. (Hrsg.) (2015): Governance in der Lehrerausbildung: Analysen aus England und Deutschland/Governance in Initial Teacher Education: Perspectives on England and Germany. Wiesbaden: Springer VS.

Kussau, J./Brüsemeister, T. (2007): Governance, Schule und Politik zwischen Antagonismus und Kooperation. Wiesbaden: VS.

Lange, S./Schimank, U. (2004): Governance und gesellschaftliche Integration. In: Dies. (Hrsg.): Governance und gesellschaftliche Integration. Wiesbaden: VS, S. 9-46.

Maag Merki, K. (²2016): Theoretische und empirische Analysen der Effektivität von Bildungsstandards, standardbezogenen Lernstandserhebungen und zentralen Abschlussprüfungen. In: Altrichter, H./Maag Merki, K. (Hrsg.): Handbuch Neue Steuerung im Schulsystem. Wiesbaden: VS, S. 151-181.

Maag Merki, K./Langer, R./Altrichter, H. (²2014): Educational Governance als Forschungsperspektive. Strategien. Methoden. Ansätze. Wiesbaden: Springer VS.

Mayntz, R. (1998/2009): New Challenges to Governance Theory. In: Ders. (Hrsg.): Über Governance. Institutionen und Prozesse politischer Regelung. Frankfurt a.M.: Campus, S. 13-27.

Mayntz, R. (2001/2009): Zur Selektivität der steuerungstheoretischen Perspektive. In: Ders. (Hrsg.): Über Governance. Institutionen und Prozesse politischer Regelung. Frankfurt a.M.: Campus, S. 29-40.

Mayntz, R. (2005/2009): Governance-Theory als fortentwickelte Steuerungstheorie? In: Ders. (Hrsg.): Über Governance. Institutionen und Prozesse politischer Regelung. Frankfurt a.M.: Campus, S. 41-52.

Osterloh, M./Grand, S. (1997): Die Theorie der Strukturation als Metatheorie der Organisation? In: Ortmann, G./Sydow, J./Türk, K. (Hrsg.): Theorien der Organisation. Opladen: Westdeutscher Verlag, S. 355-359.

Pierre, J./Peters, B.G. (2000): Governance, Politics and the State. Basingstoke: Palgrave Macmillan.

Preuß, B. (2012): Hochbegabung, Begabung und Inklusion. Schulische Steuerung im Mehrebenensystem. Wiesbaden: VS.

Rürup, M. (2007): Innovationswege im deutschen Bildungssystem. Die Verbreitung der Idee „Schulautonomie" im Ländervergleich. Wiesbaden: VS.

Rürup, M./Fuchs, H.-W./Weishaupt, H. (2010): Bildungsberichterstattung – Bildungs-monitoring. In: Altrichter, H./Maag Merki, K. (Hrsg.): Handbuch Neue Steuerung im Schulwesen. Wiesbaden: VS, S. 377-401.

Schiene, C./Schimank, U. (2007): Research Evaluation as Organisational Development. The Work of the Academic Advisory Council in Lower Saxony (FRG). In: Whitley, R./Gläser, J. (Hrsg.): The Changing Governance of the Sciences. Dordrecht: Springer, S. 171-190.

Schimank, U. (2002): Handeln und Strukturen. Einführung in die akteurtheoretische Soziologie. Weinheim: Juventa.

Schimank, U. (2005): Die akademische Profession und die Universitäten: „New Public Management" und eine drohende Entprofessionalisierung. In: Klatetzki, T./Tacke, V. (Hrsg.): Organisation und Profession. Wiesbaden: VS, S. 143-164.

Schimank, U. (2007): Neoinstitutionalismus. In: Benz, A./Lütz, S./Schimank, U./Simonis, G. (Hrsg.): Handbuch Governance. Theoretische Grundlagen und empirische An-wendungsfelder. Wiesbaden: VS, S. 161-175.

Schimank, U. (2009): Planung – Steuerung – Governance: Metamorphosen politischer Gesellschaftsgestaltung. In: Die Deutsche Schule 101, H. 3, S. 231-239.

Stoker, G. (1998): Governance as Theory: Five Propositions. In: International Social Science Journal 50, S. 17-28.

Tillmann, K.-J./Dedering, K./Kneuper, D./Kuhlmann, C./Nessel, I. (2008): PISA als bil-dungspolitisches Ereignis. Fallstudien in vier Bundesländern. Wiesbaden: VS.

von Kopp, B. (2007): ‚New Governance‘, gesellschaftlicher Wandel und civil society: Steuerung von Schule im Kontext von Paradoxien und Chancen. In: Trends in Bildung – international (TiBi) 15. URL: http://www.dipf.de/publikationen/tibi/tibi15_kopp.pdf; Zugriffsdatum: 01.07.2010.

Autorinnen und Autoren

Herbert Altrichter, Prof. Dr., geb. 1954, ist Professor für Pädagogik und Pädagogische Psychologie an der Johannes Kepler Universität Linz.
Anschrift: Institut für Pädagogik und Psychologie, Abteilung für Pädagogik und Pädagogische Psychologie, Altenberger Straße 69, 4040 Linz, Österreich
E-Mail: herbert.altrichter@jku.at

Detlef Fickermann, MA, geb. 1952, leitet die Stabsstelle Forschungskoordination und Datengewinnungsstrategie im Institut für Bildungsmonitoring und Qualitätsentwicklung (IfBQ), Hamburg.
Anschrift: Tornquiststr. 57, 20259 Hamburg
E-Mail: Detlef.Fickermann@ifbq.hamburg.de

Tim Freytag, Prof. Dr., geb. 1969, ist Professor für Humangeographie am Institut für Umweltwissenschaften und Geographie der Albert-Ludwigs-Universität Freiburg.
Anschrift: Institut für Umweltsozialwissenschaften und Geographie, Werthmannstr. 4, 79085 Freiburg i.Br.
E-Mail: tim.freytag@geographie.uni-freiburg.de

Hans-Werner Fuchs, Dr. phil. habil., geb. 1960, ist Referatsleiter in der Behörde für Schule und Berufsbildung der Freien und Hansestadt Hamburg.
Anschrift: Gartenholz 29, 22926 Ahrensburg
E-Mail: hans-werner.fuchs@freenet.de

Holger Jahnke, Prof. Dr., geb. 1970, ist Professor für Geographie und ihre Didaktik am Interdisziplinären Institut für Umwelt-, Sozial- und Humanwissenschaften, Abteilung Geographie, der Europa-Universität Flensburg.
Anschrift: Interdisziplinäres Institut für Umwelt-, Sozial- und Humanwissenschaften, Auf dem Campus 1, 24943 Flensburg
E-Mail: holger.jahnke@uni-flensburg.de

Beate Krais, Prof. Dr. rer. pol., geb. 1944, ist Professorin i.R. für Soziologie an der Technischen Universität Darmstadt.
Anschrift: Bamberger Str. 32, 10779 Berlin
E-Mail: krais@ifs.tu-darmstadt.de

Caroline Kramer, Prof. Dr., geb. 1961, ist Professorin für Humangeographie am Institut für Geographie und Geoökologie des Karlsruher Instituts für Technologie.
Anschrift: KIT, Institut für Geographie und Geoökologie, Kaiserstr. 12, 76131 Karlsruhe
E-Mail: caroline.kramer@kit edu

Katharina Maag Merki, Prof. Dr., geb. 1964, ist Professorin für Pädagogik mit dem Schwerpunkt Theorie und Empirie schulischer Bildungsprozesse an der Universität Zürich.
Anschrift: Institut für Erziehungswissenschaft, Freiestraße 36, 8032 Zürich, Schweiz
E-Mail: kmaag@ife.uzh.ch

Ralph Reimann, Dr., Dipl.-Psych., geb. 1968, ist wissenschaftlicher Mitarbeiter beim FWF Der Wissenschaftsfonds, Abteilung Strategie – Policy, Evaluation, Analyse.
Anschrift: FWF, Haus der Forschung, Sensengasse 1, 1090 Wien, Österreich
E-Mail: ralph.reimann@fwf.ac.at

Lutz R. Reuter, Prof. Dr. iur., geb. 1943, ist Professor i.R. für Erziehungswissenschaft, insbesondere Bildungspolitik, an der Helmut-Schmidt-Universität Hamburg.
Anschrift: Helmut-Schmidt-Universität Hamburg, Fakultät für Geistes- und Sozialwissenschaften, Holstenhofweg 85, 22043 Hamburg
E-Mail: reuter@hsu-hh.de

Barbara Schober, Prof. Dr., Dipl.-Psych., geb. 1970, ist Universitätsprofessorin am Institut für Angewandte Psychologie: Arbeit, Bildung, Wirtschaft an der Universität Wien.
Anschrift: Institut für Angewandte Psychologie, Universitätsstr. 7, 1010 Wien, Österreich
E-Mail: barbara.schober@univie.ac.at

Ralph Schumacher, Dr., geb. 1964, ist Leiter des MINT-Lernzentrums an der ETH Zürich.
Anschrift: ETH Zürich, MINT-Lernzentrum, Clausiusstrasse 59, 8092 Zürich, Schweiz
E-Mail: ralph.schumacher@ifv.gess.ethz.ch

Knut Schwippert, Prof. Dr., geb. 1965, ist Universitätsprofessor für Erziehungswissenschaft mit dem Schwerpunkt Empirische Bildungsforschung, Internationales Bildungsmonitoring und Bildungsberichterstattung an der Universität Hamburg.
Anschrift: Universität Hamburg, Fakultät für Erziehungswissenschaft, Binderstraße 34, 20146 Hamburg
E-Mail: knut.schwippert@uni-hamburg.de

Christiane Spiel, Prof. Dr. phil. Dr. rer. nat., geb. 1951, ist Universitätsprofessorin für Bildungspsychologie und Evaluation und Vorstand des Instituts für Angewandte Psychologie: Arbeit, Bildung, Wirtschaft der Fakultät für Psychologie an der Universität Wien.
Anschrift: Institut für Angewandte Psychologie, Universitätsstr. 7, 1010 Wien, Österreich
E-Mail: christiane.spiel@univie.ac.at

Elsbeth Stern, Prof. Dr., geb. 1957, ist Professorin für Lehr- und Lernforschung an der ETH Zürich.
Anschrift: ETH Zürich, Institut für Verhaltenswissenschaften, Clausiusstrasse 59, 8092 Zürich, Schweiz
E-Mail: elsbeth.stern@ifv.gess.ethz.ch

Dagmar Strohmeier, PD Dr. rer. nat., geb. 1973, ist Professorin für Interkulturelle Kompetenz am Masterstudiengang Soziale Arbeit, Fakultät für Gesundheit und Soziales, an der Fachhochschule Oberösterreich.
Anschrift: FH Oberösterreich, Campus Linz, Garnisonstr. 21, 4020 Linz, Österreich
E-Mail: dagmar.strohmeier@fh-linz.at

Petra Wagner, PD Dr. rer. nat., geb. 1969, ist Professorin für Psychologie am Studiengang Soziale Arbeit, Fakultät für Gesundheit und Soziales, an der Fachhochschule Oberösterreich.
Anschrift: FH Oberösterreich, Campus Linz, Garnisonstr. 21, 4020 Linz, Österreich
E-Mail: petra.wagner@fh-linz.at

Manfred Weiß, Prof. Dr., geb. 1942, ist assoziierter Wissenschaftler am Deutschen Institut für Internationale Pädagogische Forschung (DIPF) in Frankfurt a.M.
Anschrift: Im alten Grund 10, 65812 Bad Soden
E-Mail: m.weiss42@t-online.de

Peter Zedler, Prof. Dr., geb. 1945, ist Professor i.R. für Allgemeine Erziehungswissenschaft an der Universität Erfurt.
Anschrift: Goethestraße 34, 99096 Erfurt
E-Mail: p.zedler@t-online.de

Bernd Zymek, Prof. Dr., geb. 1944, ist Professor i.R. für Allgemeine und Historische Erziehungswissenschaft am Fachbereich Erziehungswissenschaft und Sozialwissenschaften der Universität Münster.
Anschrift: Heintzmannsheide 21, 44797 Bochum
E-Mail: zymek@uni-muenster.de

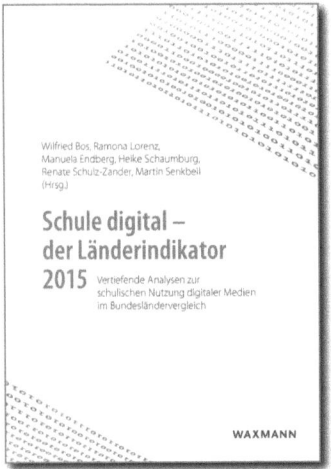

Wilfried Bos, Ramona Lorenz,
Manuela Endberg, Heike Schaumburg,
Renate Schulz-Zander, Martin Senkbeil
(Hrsg.)

Schule digital – der Länderindikator 2015

Vertiefende Analysen zur
schulischen Nutzung
digitaler Medien im
Bundesländervergleich

2015, 238 Seiten, br., 29,90 €,
ISBN 978-3-8309-3400-4
E-Book: 26,99 €,
ISBN 978-3-8309-8400-9

Mit dem Länderindikator 2015 wird erstmalig eine bundeslandspezifische Betrachtung der schulischen Nutzung digitaler Medien in Deutschland realisiert. Auf Grundlage einer repräsentativen Befragung von Lehrkräften werden Analysen zum kompetenten Umgang mit digitalen Medien vorgelegt, die aktuelle Befunde und Handlungsbedarfe aufgreifen.

In diesem Band werden die Aspekte der schulischen Ausstattung mit digitalen Medien, ihrer Nutzung in Lehr- und Lernkontexten sowie der IT-bezogenen Einstellungen der Lehrkräfte und Fähigkeiten der Schülerinnen und Schüler behandelt. Die Ergebnisse zeigen, dass die Integration digitaler Medien in der Schule in einigen Bundesländern recht weit vorangeschritten ist, in anderen Ländern aber noch Nachholbedarf besteht.

www.waxmann.com

Heike Wendt, Tobias C. Stubbe,
Knut Schwippert, Wilfried Bos
(Hrsg.)

10 Jahre international vergleichende Schulleistungsforschung in der Grundschule

Vertiefende Analysen zu IGLU
und TIMSS 2001 bis 2011

2015, 262 Seiten, br., 39,90 €,
ISBN 978-3-8309-3333-5
E-Book: 35,99 €,
ISBN 978-3-8309-8333-0

Die *Internationale Grundschul-Lese-Untersuchung* (IGLU) findet seit 2001 alle fünf Jahre statt und richtet den Fokus auf die Lesekompetenz von Schülerinnen und Schülern am Ende der Grundschulzeit. An der *Trends in International Mathematics and Science Study* (TIMSS) im Grundschulbereich, die alle vier Jahre die Mathematik- sowie die Naturwissenschaftskompetenz beleuchtet, beteiligt Deutschland sich seit 2007.

2011 wurden IGLU und TIMSS erstmals parallel durchgeführt, daher können hier vertiefende Analysen beider Studien zusammengeführt werden. Zudem liegen mit der dritten Beteiligung an IGLU Trenddaten vor, die es erlauben, Entwicklungen der Grundschule in Deutschland in den letzten zehn Jahren nachzuzeichnen.

Marcus Pietsch, Barbara Scholand,
Klaudia Schulte (Hrsg.)

Schulinspektion in Hamburg

Der erste Zyklus 2007–2013:
Grundlagen, Befunde,
Perspektiven

HANSE – Hamburger Schriften zur Qualität im Bildungswesen, Band 15, 2015, 458 Seiten, br., 39,90 €, ISBN 978-3-8309-3278-9

Die Schulinspektion ist seit rund zehn Jahren fester Bestandteil der Bildungsentwicklung in Deutschland. Sie soll schulische Prozesse evaluieren, prozessuale Mindeststandards in Schule und Unterricht sichern und die Schulentwicklung stimulieren.

In Hamburg wurde die Schulinspektion im Jahr 2007 offiziell eingerichtet. Seither bewegt sie sich in einem Spannungsfeld von Administration, Praxis und Wissenschaft. Dieser Band trägt der besonderen Stellung der Schulinspektion insofern Rechnung, als er Akteure aus den verschiedenen Bereichen mit ihren spezifischen Perspektiven zu Wort kommen lässt. Die Autoren stammen aus der Empirischen Bildungs- und Educational-Governance-Forschung, sind in Bildungsadministration und Schulinspektion tätig oder gehören zur Gruppe der schulischen Stakeholder.

www.waxmann.com